Hans Goller

Das Rätsel Seele

Hans Goller

Das Rätsel Seele

Was sagt uns die Wissenschaft?

Butzon & Bercker

„Orientierung durch Diskurs“

Die Sachbuchsparte bei Butzon & Bercker, in der dieser Band erscheint, wird beratend begleitet von Michael Albus, Christine Hober, Bruno Kern, Tobias Licht, Cornelia Möres, Susanne Sandherr und Marc Witzenbacher

Bibliografische Information der Deutschen Nationalbibliothek

Die Deutsche Nationalbibliothek verzeichnet diese Publikation in der Deutschen Nationalbibliografie; detaillierte bibliografische Daten sind im Internet über http://dnb.d-nb.de abrufbar.

Das Gesamtprogramm von Butzon & Bercker finden Sie im Internet unter www.bube.de

ISBN 978-3-7666-2411-6
E-Book (Mobi): ISBN 978-3-7666-4320-9
E-Book (PDF): ISBN 978-3-7666-4321-6
E-Pub: ISBN 3-978-3-7666-4319-3

Umschlag: Mauritius H05682104 Mauritius images/Avalon und Fotolia_97379398
Umschlaggestaltung: Christoph Kemkes, Geldern
Satz: Schröder Media GbR, Dernbach
Printed in Germany

Inhalt

Vorwort

Ist die Seele bloß ein veralteter Begriff, für den die moderne Wissenschaft keine Verwendung mehr hat? Hat die Seele als Urbild des Lebens und Erlebens an Bedeutung verloren? Die Psychologie gebraucht den Begriff „Seele" nicht. Ist sie deshalb eine völlig seelenlose Wissenschaft oder befasst sie sich doch mit dem seelischen Erleben? Viele Hirnforscher betrachten das Gehirn als Organ der Seele. Demnach erzeugt das Gehirn das Bewusstsein, und der Hirntod ist zugleich das Ende des Bewusstseins. Ist der Tod des Gehirns auch der Tod der Seele? Sind Hirntote als Entseelte zu betrachten?

Im Alltag ist uns die Einheit von Körperlichem und Seelischem selbstverständlich. Das bewusste Erleben ist das vertrauteste und zugleich rätselhafteste Geschehen. Philosophen versuchen seit Langem zu ergründen, in welchem Verhältnis Leib und Seele, Körper und Geist, zueinander stehen. Gibt es eine vom Körper unterscheidbare, immaterielle Seele, oder existiert letztlich nur Materielles? Kann es ein Bewusstsein auch ohne einen Körper geben? Werden wir das Verhältnis von Körper und Geist jemals wirklich verstehen?

Was geschieht mit uns nach dem Tod? Ist der Tod das definitive Ende des Menschen? Gibt es ein Leben jenseits der Todesgrenze? Kann nur die Seele unseren Tod überleben? Ist der christliche Glaube an die Auferstehung der Toten vollkommen unvernünftig? Was bedeutet Hoffnung auf ein ewiges Leben in unserem Universum, in dem in einigen Milliarden Jahren jede Form des Lebens restlos beseitigt sein wird?

Das Buch erörtert, wie unterschiedlich moderne Wissenschaften mit dem Begriff „Seele" verfahren. Kapitel I zeigt, wie wir im Alltag über Seelisches sprechen und welche Vorstellungen wir von der Seele haben. Kapitel II erörtert, wie verschieden die drei Hauptrichtungen der gegenwärtigen Psychologie den Begriff „Seele" indirekt aufgreifen und deuten. Kapitel III diskutiert, was Hirnforscher unter „Seele" verstehen und wie sie nach den neurobiologischen Grundlagen des Seelischen suchen. Kapitel IV befasst sich mit philosophischen Deutungen des Verhältnisses von Leib und Seele, von Körper und Geist. Kapitel V setzt sich mit den Vorstellungen von einem Leben nach dem Tod auseinander.

Ich möchte das Buch allen widmen, die sich fragen, was uns im Grunde als Menschen ausmacht und was mit dem Ausdruck „Seele“ eigentlich gemeint ist. Ich glaube, die Auseinandersetzung mit dem Thema „Seele“ kann dazu ermutigen, den Menschen als ganzen in seiner Lebendigkeit, seiner Einmaligkeit und seiner Ahnung von etwas Göttlichem oder Übernatürlichem nicht aus dem Blick zu verlieren.

Dem Kollegen Josef Quitterer danke ich für die kritische Durchsicht des Manuskriptes. P. Robert Miribung SJ danke ich für sein lebhaftes Interesse am Thema des Buches und für seine hilfreichen Anmerkungen. Herrn Dr. Bruno Kern und Herrn Dr. Berthold Weckmann danke ich für die Anregung, eine Monografie über die Seele zu schreiben, und für ihre sorgfältige verlegerische Betreuung.

Innsbruck, im Januar 2017
Hans Goller

I.
Die Seele in unserer Alltagssprache

Wie *sprechen* wir im Alltag über die Seele? Welchen Begriff von der Seele haben wir und wie verwenden wir die damit zusammenhängenden Begriffe: Körper, Mensch, Bewusstsein, Geist, Leben und Tod? Mit „Seele" meinen wir etwas Innerliches, etwas, was unabtrennbar und wesentlich zu jedem Menschen gehört, was nicht körperlich, aber eng mit dem Körper verbunden ist. Den Menschen begreifen wir als Wesen mit einem bestimmten Körper und einer bestimmten Seele, als ein einzigartiges seelisch-körperliches Lebewesen. Rein seelische oder unkörperliche Wesen bezeichnen wir nicht als Menschen, sondern als „Geister" oder „Engel". Nur lebenden Menschen schreiben wir eine Seele zu. Beim Reden über die Seele, so entdeckte Manuela Di Franco in ihrer Analyse der Alltagssprache, verwenden wir vor allem Bilder und Metaphern (vgl. Di Franco 2009).

Unserer Alltagsvorstellung zufolge verlässt die Seele den Menschen im Tod. Zurück bleibt ein „entseelter" Körper, eine Leiche. Lebendig und beseelt zu sein bedeutet für uns, zu empfinden und zu fühlen. Totes oder Entseeltes halten wir hingegen für empfindungslos. Dies äußert sich auch in unseren Handlungen. Nur unter der Voraussetzung, dass Tote nichts mehr spüren, empfinden und fühlen, können wir sie ruhigen Gewissens begraben oder verbrennen, ohne befürchten zu müssen, dass die Seele mit dem Körper unter der Erde vermodert oder im Krematorium eingeäschert wird. „Die Vorstellung, als lebendige Seele in einem toten Körper eingeschlossen zu sein, mithin in einem Grab, ist unerträglich. Also muss die Seele beim Tod verschwinden – ganz und gar oder wenigstens aus diesem bewegungsunfähigen Körper." (Di Franco 2009, 15) Die Ungewissheit über das Fortbestehen der Seele nach dem Tod ist ein zentraler Aspekt unseres Begriffs der Seele. Was mit der Seele nach ihrer Trennung vom Körper geschieht, darüber gibt es verschiedene Ansichten, die stark religiös und kulturell geprägt sind (siehe Kapitel V).

Als charakteristische Merkmale dessen, was wir im Alltag unter „Seele" verstehen, nennt Di Franco die Innerlichkeit, die Unkörperlichkeit, die Unsterblichkeit und vor allem die *Unfassbarkeit* der Seele. „Die Seele kann so wenig begriffen werden, wie sie ergriffen werden kann, und die Unbegreiflichkeit gründet gerade in der Ungreifbarkeit: Wir *sehen* die Seele nicht und können sie weder ertasten, noch schmecken oder hören." (Di Franco 2009, 17) Der Psychiater Daniel Hell beschreibt die Unfassbarkeit der Seele so: „Die Seele ist eher von dem her beschreibbar, was sie nicht ist, als von dem her, was sie ist. Sie ist weder ein objektivierbares Ding, noch hat sie einen lokalisierbaren Ort. Sie lässt sich weder in Definitionen einschließen, noch ist sie auf irgendeine Weise von irgendjemandem in Besitz zu nehmen." (Hell 2009, 13)

Mit dem Begriff „Seele" eng verwandt sind die Begriffe „Geist", „Bewusstsein", „Ich" und „Selbst". Mit diesen Begriffen meinen wir immer etwas unüberwindbar Individuelles. Sie verweisen auf das Innerliche, Unkörperliche und Einmalige des Menschen. Die Gefühle lokalisieren wir in der Seele, die Gedanken hingegen verorten wir im Geist. Als Ersatz für „Geist" verwenden wir gelegentlich auch den Ausdruck „Kopf". Beispielsweise wenn wir sagen, dass wir etwas „im Kopf nicht aushalten" oder dass wir uns über etwas „den Kopf zerbrechen". „Den Geist lokalisieren wir im Kopf, genauer gesagt im Gehirn, und je mehr wir über die Funktionsweisen des Gehirns erfahren, desto mehr neigen wir dazu, den Geist mit dem Gehirn zu identifizieren. Ob Geist letztlich genau und nur Gehirn *ist*, spielt in unserem Alltag nur eine unwesentliche Rolle." (Di Franco 2009, 21) Mühelos unterscheiden wir zwischen geistigem „Kopfzerbrechen" und körperlichen „Kopfschmerzen", zwischen der bloßen Vorstellung eines körperlichen Schmerzes und dem tatsächlich empfundenen Schmerz. Die Gedanken selbst empfinden wir nicht als körperlich. „Den Prozess der geistigen Bewusstwerdung dessen, was in unserer Seele vor sich geht, nennen wir ‚Selbstbetrachtung', ‚Innenschau' oder ‚Introspektion'. Daran ist für uns gewöhnlich nichts Wunderliches." (Di Franco 2009, 23)

Seelische und körperliche Empfindungen

Im Alltag unterscheiden wir ohne Schwierigkeiten zwischen seelischen und körperlichen Empfindungen. Sträuben sich uns etwa vor Entsetzen die Haare, kommen wir nicht auf die Idee, uns wärmer anzuziehen, sehr wohl aber dann, wenn wir eine Gänsehaut haben, weil wir frieren. Ebenso wenig verwechseln wir den traurigen Kloß im Hals mit erkältungsbedingten Halsschmerzen. Seelisches zeigt sich in körperlichen Regungen. Di Franco fragt: „Wie könnte es überhaupt wahrgenommen und empfunden werden, wenn es sich in keiner Weise äußern würde, und wie anders, wenn nicht *körperlich*, könnte es sich *äußern*? Worin genau unterscheiden sich letztlich seelische und körperliche Empfindungen?" (Di Franco 2009, 28) Unser Sprechen über seelische und körperliche Empfindungen legt einen engen Zusammenhang zwischen beiden nahe. Diesen Zusammenhang bringen wir ausdrücklich zur Sprache, wenn wir sagen, dass unsere seelischen Regungen zu bestimmten körperlichen Zuständen führen, dass sie sich darin zeigen oder ausdrücken. Wir fühlen zum Beispiel Zorn und Wut in uns „hochsteigen", wir „kochen" oder „schäumen" vor Wut, das Gesicht fleckt sich rot, wir sind „wutentbrannt". „Beispielsweise *äußert* sich Verliebtheit, ein seelischer Zustand, in beschleunigtem Herzschlag, Zittern, Schlaflosigkeit, Verdauungsstörungen und Ähnlichem, jedenfalls Körperlichem. Ebenso sinnvoll können wir sagen: ‚Ich habe einen Kloß im Hals, *weil* ich traurig bin'." (Di Franco 2009, 28)

Im Gegensatz zu Temperaturen, Farben und Klängen scheinen Gefühle, wie auch die Seele selbst, völlig innerlich, von außen nicht sichtbar und nur der erlebenden Person selbst zugänglich zu sein. „Kein anderer kann je meine eigenen Gefühle empfinden. Ebenso wenig kann ich die Gefühle eines anderen haben. Ich kann zwar *mit* jemandem fühlen. Ich kann mit ihm traurig sein oder Mitleid haben und mich *für* ihn freuen oder seine Freude teilen. Ich empfinde dann aber nicht *seine* Gefühle, seine Freude oder seine Trauer, sondern nur mein eigenes Mitgefühl.“ (Di Franco 2009, 31) Unsere seelischen Empfindungen können wir natürlich anderen mitteilen, indem wir darüber sprechen. Äußerungen über die eigene seelische Befindlichkeit beginnen wir typischerweise mit den Worten „ich fühle mich“ und ergänzen sie durch Eigenschaftswörter, die diesen Zustand näher charakterisieren. Zum Beispiel: Ich fühle mich beschwingt, gedrückt, leer, voller Angst oder ausgeglichen. In unserem Sprechen über seelische Regungen zeigt sich eine Abgrenzung und gleichzeitige Verknüpfung von Seele und Körper, von seelischen und körperlichen Zuständen. Gefühle äußern sich körperlich: vor Scham erröten, vor Angst zittern, vor Furcht erstarren. Wir äußern unsere Gefühle sprachlich und nichtsprachlich im Tonfall der Stimme, in Gestik und Mimik. Erstaunlicherweise verwenden wir beim Sprechen über Seelisches dieselben oder ähnliche Ausdrücke wie in der Rede über Körperliches. Wenn wir unser Inneres als hart oder weich, als hell oder dunkel, als leicht oder schwer und als kalt oder warm bezeichnen, dann reden wir über die Seele wie über einen Gegenstand mit handfesten Eigenschaften. Wir bezeichnen uns als gespalten und entzweit, als zerrissen oder hin- und hergerissen, als schwankend oder ausgeglichen, als gequält, gepeinigt und getrieben. Wir fühlen uns abgestumpft oder sind unbelastet. Wir zittern innerlich, wir können beben, bewegt, erregt und erschüttert sein (vgl. Di Franco 2009, 38–39). Über die Seele sprechen wir außerdem wie über einen Raum. Diesen inneren Raum bestimmen wir näher als tief, als leer oder erfüllt oder als ausgebrannt. Die Augen, die wir auch „Fenster zur Seele“ nennen, eröffnen uns einen Blick in das Innere eines Menschen. Über die Seele sprechen wir zudem wie über ein tiefes und weites Gewässer. Wir nennen die Seele unergründlich und abgründig wie einen geheimnisvollen See oder das Meer. Wir sind der Ansicht, dass stille Wasser tief gründen. Der Ausdruck „Seele“ geht höchstwahrscheinlich auf den Ausdruck „See“ zurück. Als Erklärung für diese Wortherkunft wird in der Literatur auf die alte germanische Vorstellung verwiesen, derzufolge die Seelen der Ungeborenen und Toten im Wasser wohnten.

Der Sprachwissenschaftler Peter-Arnold Mumm fragt, was wir in der Alltagssprache mit dem Wort „Seele" bezeichnen. Eine Analyse der Eintragungen des Wortes „Seele" im *Digitalen Wörterbuch der Deutschen Sprache* zeigt, dass wir mit diesem Wort in erster Linie den Gesamtbereich des Empfindens und Erlebens, vorwiegend der Gefühlsregungen, bezeichnen. Unsere Rede von der Seele meint zudem einen besonderen Intensitätsgrad des Erlebens. Das belegen Redewendungen wie: „Ihrem Gesang fehlt die Seele"; „etwas lastet mir schwer auf der Seele"; „jemanden in tiefster Seele hassen"; „in tiefster Seele ergriffen sein". „Seele" bezeichnet hier nicht den Ort, an dem Wahrnehmungen und Empfindungen stattfinden, sondern den Intensitätsgrad des Erlebens. „*Mit Seele* musizieren heißt, nicht nur schöne Töne zu produzieren, sondern die eigenen Gefühle rückhaltlos hineinzulegen; *aus tiefster Seele hassen* bezeichnet einen mit größter Intensität und Vollständigkeit gehegten Hass." (Mumm 2012, 182) In der Rede von der Seele geht es um etwas, das für uns eine persönliche Bedeutung und Wichtigkeit hat, um die Intensität der Beziehung zu unseren Mitmenschen und zur Welt.

Darauf aufbauend, so Mumm, wird die Seele in der alltäglichen Rede zu einer Instanz verfestigt. „Die *Seele eines Kindes* ist keine einzelne intensive Empfindung, sondern der Inbegriff des Wahrnehmungs- und Empfindungshorizonts, den man einem Kind zutraut. In der Wendung *Seele von Mensch* bezeichnet *Seele* ebenfalls die Totalität eines Wahrnehmungs- und Empfindungshorizonts, allerdings nur in Bezug auf solche Menschen, denen man besonders viel Gutmütigkeit und Einfühlungsvermögen zutraut." (Mumm 2012, 182)

Über die Seele sprechen wir in Metaphern

Wir verfügen über eine Fülle von Redewendungen, um über die Zustände und Regungen unserer Seele zu sprechen. Dabei gehen wir stillschweigend davon aus, dass die Seele nichts Körperliches ist und folglich weder körperliche Eigenschaften noch Zustände haben kann. „Wie also ist es zu verstehen, wenn wir unsere Seele als ‚tief' oder ‚leicht' bezeichnen, wenn wir sagen, dass sie ‚bebt', ‚zittert', ‚spaltet' und ‚reißt'? Wie soll etwas beben, das nicht körperlich ist? Wie kann es zittern und gespalten sein?" (Di Franco 2009, 41) Alle diese Äußerungen meinen wir in einem übertragenen Sinn. Wir verwenden Bilder und Metaphern, um über die Seele zu sprechen.

Obwohl wir mit „Seele" etwas Innerliches und Unkörperliches meinen, schreiben wir ihr körperliche Eigenschaften zu, etwa wenn wir sagen: Die Seele ist tief, sie ist abgründig und birgt viele Gefühle. Damit machen wir die Seele zu einem Gegenstand, zu einer Art Behälter für Gefühle. Diese Äußerung ist nur sinnvoll, wenn wir sie nicht wörtlich, sondern im übertragenen Sinn meinen. Mit Ausdrücken für Körperliches beschreiben wir etwas Unkörperliches. Über seelische Zustände sprechen wir vorwiegend in Metaphern. Der Ausdruck „Metapher" bedeutet, dass ein Satz oder ein Ausdruck nicht wörtlich, sondern im übertragenen Sinn, also bildhaft, gemeint ist. Wenn es darum geht, etwas zu benennen und zu beschreiben, für das es in der Sprache auf Anhieb keine geeigneten Ausdrücke gibt, dann scheinen Metaphern ein besonders geeignetes Mittel der Rede zu sein. Di Franco betont wiederholt, dass wir gar nicht anders können, als in Metaphern über die Seele zu reden. Die Seele entzieht sich einer eindeutigen Bestimmung in Raum und Zeit. Sie ist weder fassbar noch körperlich. Die Analyse der Metaphern der Seele zeigt, dass die Rede über das Seelische die Rede über das Körperliche voraussetzt. „Das Seelische ist nicht unabhängig vom Körperlichen zu denken, und über das Seelische, das Unkörperliche, kann nicht gesprochen werden, ohne vom Körperlichen zu reden." (Di Franco 2009, 98) Zu unserer metaphorischen Redeweise über das Seelische gehört auch das Sprechen darüber, dass Körper und Geist wechselseitig aufeinander einwirken. Die wissenschaftliche Untersuchung der körperlichen Seite des seelischen Erlebens erfolgt zurzeit sehr intensiv durch die Hirnforschung und die Neurowissenschaften (siehe Kapitel III). Die Beziehung zwischen Leib und Seele, Körper und Geist, ist Gegenstand der Leib-Seele-Debatte in der Philosophie (siehe Kapitel IV).

Die Metaphern, die wir in der Rede über die Seele verwenden, erschließen uns überhaupt erst den Bereich des Seelischen. „Es ist daher unumgänglich, metaphorisch über das Seelische zu sprechen. Nur mittels dieser und allenfalls weiterer indirekter Ausdrucksweisen kann das Unfassbare sprachlich fassbar gemacht werden." (Di Franco 2009, 110) Dass wir Gefühlsregungen und Seelenzustände überhaupt in Sprache fassen können, verdanken wir den Metaphern.

Das Seelische ist letztlich unbegreiflich. Trotzdem sprechen wir darüber, und unsere Rede über die Seele lässt sich auch darstellen. Beim Sprechen über die Seele verwenden wir indirekte und bildhafte Redensarten, mit deren Hilfe das Unfassbare für uns sprachlich fassbar wird. Das metaphorische Sprechen erschließt uns erst den Bereich des Seelischen. Die Seele selbst ist kein Gegenstand, der direkt beobachtet und erforscht werden kann. Seelisches äußert sich jedoch in körperlichen Erscheinungen, im Sprechen, im Verhalten und Handeln. Diese können Gegenstand psychologischer Forschungen sein (siehe Kapitel II).

Frühe Bilder und Vorstellungen von der Seele

Wann tauchen die ersten Vorstellungen von einer Seele auf? Welche archäologischen Funde und Befunde weisen auf die Existenz derartiger Vorstellungen hin? Allgemein gelten Bestattungen und Grabbeigaben als Beleg für den Glauben an ein Jenseits und an die Existenz einer Seele. Religiöse Handlungen und Rituale sind jedoch schwer empirisch nachzuweisen, weil sie nicht notwendigerweise archäologische Relikte erzeugen (vgl. Lang 2012). Sorgfältig gebaute Gräber und reiche Grabbeigaben gelten vielfach als Hinweis auf Vorstellungen von einem Leben nach dem Tod. Erste derartige Bestattungen datieren in die Zeit ab etwa 120.000 v. Chr. „Mit dem Jungpaläolithikum (ca. 35.000–10.000 v. Chr.) entwickelte sich dann eine differenzierte Behandlung von Toten, bei der die Körperbestattung mit Beigaben in sorgfältig hergerichteten Gräbern den Glauben an ein Jenseits erschließen lässt." (Lang 2012, 81) Noch vor rund hundert Jahren, so Amei Lang, wurde die Existenz paläolithischer Gräber vehement bestritten. Manche Experten waren der Meinung, die Menschen der Eiszeit hätten keinerlei religiöse Ideen und Gefühle gehabt und der Tod hätte ihnen nichts bedeutet. Es hätte auch noch keinen Glauben an die Existenz einer Seele gegeben. Die moderne Religionswissenschaft kommt zu einem ähnlichen Ergebnis und spricht den mittel- und jungpaläolithischen Bestattungen ebenso wie den Höhlenmalereien einen religiösen Hintergrund ab (vgl. Lang 2012, 81).

Wie lässt sich etwas Unsichtbares wie die Seele bildlich darstellen? Im Alten Ägypten gab es die Darstellung des Seelenvogels. Dieser Vogel war mit einem menschlichen Kopf ausgestattet, der dem Toten ähnlich sah. Der Seelenvogel war die bildliche Darstellung davon, was nach dem Tod eines Menschen als dessen Identität zu betrachten war (siehe Abb. 1). Aus dem Mittelalter sind Darstellungen bekannt, auf denen zu sehen ist, wie beim Eintreten des Todes einer Person ein kleines „Menschlein" aus dem Mund entweicht (siehe Abb. 2). Die Seele stellte man sich vielfach auch als Tier vor, wobei vor allem Vögel als geflügelte Lebewesen die Seele repräsentierten. Der Schmetterling ist zum Beispiel ein frühes Sinnbild des seelischen Erlebens. „Vögel, Schmetterlinge und andere beflügelte Lebewesen drücken die Beweglichkeit und Lebendigkeit ‚beseelter' Organismen aus." (Hell 2009, 49) Ein frühes Symbol für die Seele ist auch der Hauch oder der Atem. Sowohl das hebräische Wort *ruah* (Ruach) als auch der griechische Ausdruck *psyché* bezeichnen den Atem.

Abb. 1: Die Ba-Seele als Vogel mit Menschenkopf

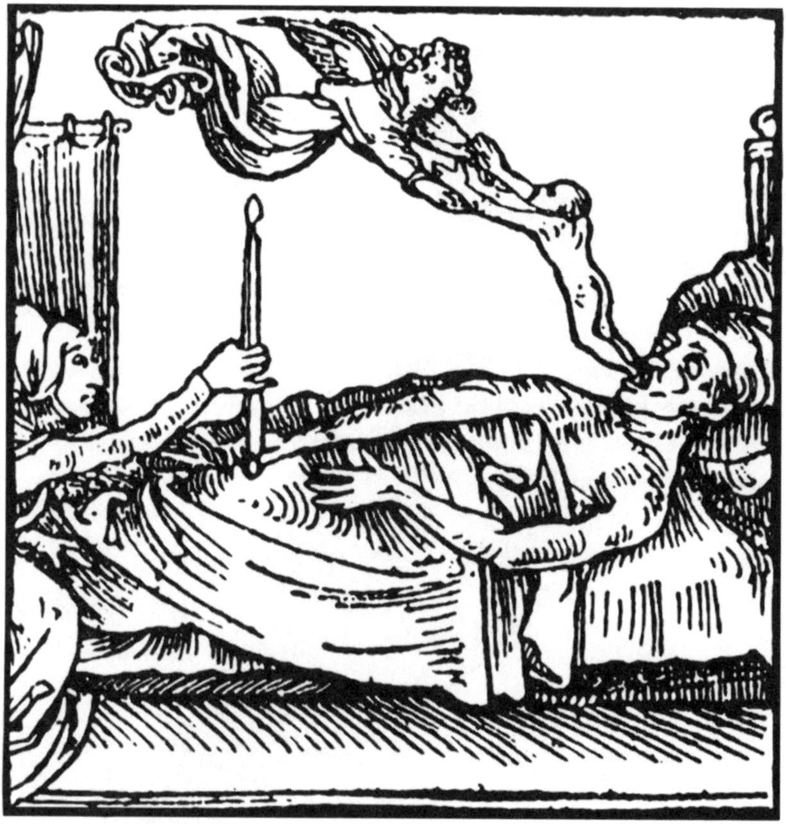

Abb. 2: Die Seele entweicht aus dem Mund eines Sterbenden (Holzschnitt von Jörg Nadler)

Der Sprachwissenschaftler Peter-Arnold Mumm weist allerdings darauf hin, dass das Wort *psyché* beim griechischen Dichter Homer, im Gegensatz zum klassischen Griechisch, noch nicht die lebendige, empfindende Seele, sondern die Totenseele bezeichnet. Von der Wortherkunft kann *psyché* nicht auf „atmen" zurückgeführt werden, denn das zugrunde liegende Tätigkeitswort heißt blasen, kalt machen. Der Ausdruck *psyché* ist als Lehnbildung aus dem Akkadischen zu verstehen und bedeutet: wehen, blasen, kalt machen. In seiner vorhomerischen Bedeutung ist *psyché* als „windartiger Totengeist" zu verstehen. Diese Vorstellung wurde ursprünglich aus Mesopotamien übernommen. Erst später entwickelte sie sich über die „Schattenseele“ zur klassischen Seelenauffassung, in der die Seele teils das Organ der Empfindung, teils vom Körper abtrennbar ist (vgl. Mumm 2012, 181). *Psyché* bezeichnet in seiner ältesten Überlieferung bei Homer nicht die Atemseele, den atmenden oder lebenden Menschen, sondern stets nur die Schattenseele, den Totengeist, also das, was vom Menschen übrig bleibt, wenn er aufhört zu atmen. Nach mesopotamischer Vorstellung verlässt der Atem mit dem Tod den Körper als Wind. Der Atem wird vom Leichnam fortgeblasen und begibt sich in seiner windartigen Natur in die Unterwelt. „Im Atem kann das Individuum sich spüren und sich seiner Lebendigkeit versichern. Der letzte Atemzug im Leben wird nicht als etwas angesehen, das keine Selbstvergewisserung mehr zulässt, sondern als verselbstständigte Selbstempfindung, die dann als wenig machtvoller Windgeist fortexistiert.“ (Mumm 2012, 186) In Mesopotamien umfasste der Totengeist sowohl den Innenaspekt als auch den Außenaspekt der Seele. Bei der Übertragung ins Griechische entfiel mit dem Merkmal des kalten Hauchs der Innenaspekt. Die *psyché* hatte deshalb das Merkmal des verselbstständigten, kalt gewordenen Atems nicht mehr. Sie war nur noch das Schattenbild des Verstorbenen. In der weiteren griechischen Entwicklung wurde dieses Schattenbild dann wieder in das lebendige Individuum zurückgeholt. Damit bekam die Seele eine Doppelnatur: „Die Schattenseele wurde nach und nach als eine Instanz angesehen, die bereits im lebendigen Menschen tätig ist, und zwar als Organ der Empfindung; die Empfindung umgekehrt wurde damit als etwas gedeutet, das von eben dem Organ in uns ausgeht, das nach dem Tod fortexistiert.“ (Mumm 2012, 186) Die Literatur in der Zeit nach Homer schrieb der *psyché* im lebenden Menschen immer stärker die emotionalen und intellektuellen Eigenschaften sowie den Willen zu, die früher dem unbestatteten Körper zugedacht waren. Erst in relativ späterer Zeit lässt sich am griechischen Sprachgebrauch ablesen, dass das Wort *psyché* mit der Vorstellung verknüpft ist, der Mensch besitze einen Wesenskern, der unabhängig vom Körper zu denken ist, der als Träger seiner Lebenskraft, seines Empfindens und seines Bewusstseins gilt und der zudem sein religiös-moralisches Selbst darstellt (vgl. Marinković 2010, 314).

Welche ursprünglichen Vorstellungen von der Seele finden sich in der Bibel? Peter Marinković fragt, ob in den Schriften des Alten Testamentes, insbesondere in deren griechischer Version, der Septuaginta, Ansätze zu finden sind, die auf einen Glauben an die Unsterblichkeit der Seele hinweisen (vgl. Marinković 2012). Die Septuaginta ist die älteste Übersetzung der hebräisch-aramäischen Bibel in die altgriechische Alltagssprache. Das zentrale Schlüsselwort für das Verständnis der Seele in der Hebräisch-Aramäischen Bibel ist *nephesh*. Dieses Wort ist mit einer Reihe von Bedeutungen verbunden: Lebensatem, Schlund, Rachen, Kehle, Atem oder atmendes Wesen, Verlangen, Begehren oder Lust, die Person als ganze, Leben, Lebendigkeit und Blut. In der Septuaginta wird das Wort *nephesh* mit dem Wort *psyché* übersetzt. An keiner Stelle der hebräisch-aramäischen Bibel bezeichnet *nephesh* einen körperlosen Teil des Lebewesens, der den Tod des Körpers überlebt. Darin finden sich ausschließlich Seelenkonzepte, die *nephesh* nicht vom Körper trennen. Im Buch Genesis heißt es: „Da formte Gott, der Herr, den Menschen aus Erde vom Ackerboden und blies in seine Nase den Lebensatem. So wurde der Mensch zu einem lebendigen Wesen." (Gen 2,7) Diese Stelle ist aufschlussreich für das Lebens- und Todesverständnis der hebräischen Bibel. Gott gibt dem Menschen das Leben, indem er ihn mit *nephesh* ausstattet und dadurch zu einem Lebewesen werden lässt. „Ein Mensch, der stirbt, ist gemäß den Texten der hebräischen Bibel voll und ganz tot." (Marinković 2012, 188)

In der Septuaginta ist *psyché* der Hauptbegriff für „Seele". In zirka 680 von 754 möglichen Fällen wird dort der hebräische Ausdruck *nephesh* mit *psyché* übersetzt. Damit umfasst das griechische Wort *psyché* die Bandbreite der Bedeutungen, die in der hebräischen Bibel mit *nephesh* verbunden sind. *Psyché* bedeutet demnach Sitz des Lebens, der körperlichen Empfindungen, der

Gefühle, des Willens, der Entscheidung, des Denkens und der religiösen und moralischen Ideen. Das entspricht im Wesentlichen dem Verständnis von Seele bei den vorsokratischen Philosophen und auch dem des antiken Philosophen Aristoteles. In der Septuaginta finden sich weitgehend Vorstellungen von der Seele, in denen die Seele nicht getrennt vom Köper gesehen wird. Die Septuaginta enthält allerdings auch Texte über „Seele" und „Unsterblichkeit", die in der hebräischen Bibel nicht überliefert sind. Das Buch der Weisheit, das wahrscheinlich in Ägypten gegen Ende des ersten Jahrhunderts v. Chr. verfasst wurde, enthält folgenden Text: „Unsicher sind die Berechnungen der Sterblichen und hinfällig unsere Gedanken; denn der vergängliche Leib beschwert die Seele, und das irdische Zelt belastet den um vieles besorgten Geist." (Weish 9,14–15) Die meisten Interpreten deuten diese Stelle im Sinne eines Leib-Seele-Dualismus. Unsterblichkeit ist hier jedoch nicht als naturgegebene Eigenschaft der Seele zu verstehen, sondern als eine von Gott zugedachte Gabe (vgl. Marinković 2012, 190–191). Das vierte Makkabäerbuch zeigt am Beispiel der Märtyrer des Makkabäeraufstandes, wie diesen nach ihrem Tod ausgleichende Gerechtigkeit dadurch widerfährt, dass sie von Gott „unsterbliche Seelen empfangen" und „dem Chor der Väter zugesellt" werden (4 Makk 18,23). „Erst in der späthellenistisch-römischen Zeit tauchen in jüdischen Schriften Konzepte einer ‚unsterblichen Seele' auf, in der biblischen Tradition insbesondere im Buch der Weisheit Salomos und im 4. Makkabäerbuch." (Marinković 2012, 194).

Die hebräischen Schriften des christlichen Alten Testamentes zeichnen ein ganzheitliches Bild vom Menschen. Erst die in der hellenistischen Zeit verfassten Schriften unterscheiden zunehmend zwischen „Leib" und „Seele". In der Folgezeit wird die Seele als etwas Unkörperliches gesehen, das sich im Wechsel der Lebensvorgänge durchhält, den Körper belebt und das psychische Leben hervorbringt und trägt. Die Seele gilt als Träger der Vitalität oder Lebendigkeit des Menschen, seiner Empfindungen, seiner Emotionen, seines Wissens und Wollens.

Das Frühjudentum und das frühe Christentum ringen um die geistige Innenseite des Menschen, wie sie der deutsche Begriff „Seele“ zu fassen versucht (vgl. Heckel 2010). Die christliche Hoffnung auf ein Leben nach dem Tod zwingt, darüber nachzudenken, wie die Identität des Menschen über den Tod hinaus gewährleistet werden kann. Dieser Frage widmet sich eingehender Kapitel V.

Zusammenfassung

Was verstehen wir im Alltag unter „Seele“? Den Menschen betrachten wir als ein Wesen mit einem bestimmten Körper und einer bestimmten Seele. Wir unterscheiden zwischen körperlichen und seelischen Empfindungen. Mit „Seele“ meinen wir unsere Empfindungen, unsere Gefühle und Stimmungen sowie die Intensität, mit der wir diese erleben. Als wesentliche Eigenschaften der Seele betrachten wir ihre Innerlichkeit, Unkörperlichkeit, Unsterblichkeit und Unfassbarkeit. Obwohl wir mit „Seele“ etwas Unkörperliches meinen, schreiben wir ihr körperliche Eigenschaften zu. Über Seelisches können wir nicht sprechen, ohne vom Körperlichen zu sprechen. In unserer Rede über die Seele verwenden wir vorwiegend Bilder, Vergleiche und Metaphern. Diese erschließen uns überhaupt erst den Bereich des Seelischen.

Wie lässt sich die Seele, etwas Unfassbares und Unstoffliches, darstellen? Sehr frühe Vorstellungen von der Seele enthalten das Bild des kalten Atems oder des windartigen Totengeistes sowie Bilder von geflügelten Wesen wie Vögeln oder Schmetterlingen. Spätere Vorstellungen sehen die Seele als einen vom Körper unabhängigen Träger der Lebenskraft, der Empfindungen und des Bewusstseins. In der hebräisch-aramäischen Bibel wird die Seele mit Leben, Lebendigkeit und Blut, mit körperlichen Empfindungen, mit Gefühlen, mit dem Begehren und mit der Person als ganzer in Verbindung gebracht. Sie wird keineswegs als etwas

Unkörperliches verstanden, das den Tod des Körpers überleben kann. Zum Großteil trifft das auch auf die Septuaginta, die griechische Übersetzung der hebräischen Bibel, zu. Allerdings finden sich dort auch Texte über die Unsterblichkeit der Seele, die in der hebräisch-aramäischen Bibel nicht überliefert sind. Erst in späteren Schriften aus der hellenistischen Zeit wird zwischen „Leib" und „Seele" unterschieden. Die Seele wird zunehmend als unstoffliche Substanz, als Grundlage oder Träger aller Lebensprozesse und sämtlicher geistiger Tätigkeiten aufgefasst.

II.
„Seelenkunde“?
Die Seele in der Psychologie

Psychologie ohne Seele

Wörtlich übersetzt bedeutet Psychologie „Lehre von der Seele" oder „Seelenkunde", und Psychiatrie „Seelenheilkunde". Beide Disziplinen sind, wie der Psychiater Daniel Hell betont, jedoch weit davon entfernt, eine Seelenlehre oder eine Seelenheilkunde zu vertreten. Hell bezeichnet die gegenwärtige Psychologie und Psychiatrie als weitgehend seelenlose Wissenschaften. Beide verstehen sich nicht mehr im wörtlichen Sinne als Seelenlehre und Seelenheilkunde, sondern definieren sich zunehmend als angewandte Neurowissenschaft. Beide Disziplinen bemühen sich um eine naturwissenschaftliche Objektivierung ihrer Aussagen. Abbildungen des Gehirns ersetzen dabei die früheren Seelensymbole. Je mehr sich die Psychologie und die Psychiatrie auf das Beobachtbare und Machbare konzentrierten, desto stärker kam ihnen das Seelische abhanden. Die Seele sei kein objektivierbares Phänomen. Nicht nur in der Medizin und in den Naturwissenschaften habe die Seele als Urbild des Lebens und Erlebens an Bedeutung verloren, sondern auch in den Geisteswissenschaften. Dort habe der Begriff „Geist" das Erbe des ursprünglich umfassenderen Begriffs „Seele" angetreten (vgl. Hell, 2005, 26–37; 2009, 60).

Die zeitgenössische akademische Psychologie verwendet den Begriff „Seele" nicht. Er ist weder in ihren Theorien noch in ihren Forschungsprogrammen zu finden. Ein Standardlehrbuch der Psychologie aus dem Jahr 1978 definiert Psychologie als die „Wissenschaft vom Verhalten der Lebewesen" (Zimbardo & Ruch, 1978, 24). Von „Seele" ist in diesem Lehrbuch lediglich einmal die Rede, und zwar im Kapitel über die physiologischen Grundlagen des Verhaltens. Dort erwähnen die Autoren, dass die Forscher der Antike und des Mittelalters zwischen physikalischen, physiologischen und psychologischen Fragestellungen nicht unterschieden. Sie versuchten vielmehr, den Einfluss der Seele auf die Wahrnehmung zu ergründen. Erst der französische Philosoph René Descartes habe zu Beginn des 17. Jahrhunderts die richtigen Fragen gestellt. Er betrachtete den Körper als eine

Maschine, die man wissenschaftlich untersuchen kann. Die Tätigkeiten von Körper und Gehirn trennte er von denen der Seele und des Geistes. Dadurch ermöglichte er die wissenschaftliche Erforschung des lebendigen Körpers. „Nach Descartes interagieren Seele und Körper in der Zirbeldrüse, dem einzigen Teil des Gehirns, der nicht in jeder der beiden Hirn-Hemisphären abgebildet ist." (Zimbardo & Ruch 1978, 37) In der zwanzigsten Auflage dieses von Philip Zimbardo begründeten Lehrbuchs definieren die Autoren Psychologie als „die wissenschaftliche Untersuchung des Verhaltens von Individuen und ihrer kognitiven Prozesse" (Gerrig & Zimbardo 2015, 2). Gegenstand der Psychologie ist demnach vor allem das beobachtbare Verhalten von Menschen und Tieren. Doch menschliches Verhalten lasse sich nicht verstehen, ohne die kognitiven Prozesse, die Arbeitsweise des menschlichen Geistes, zu berücksichtigen. Viele menschliche Aktivitäten wie Denken, Planen, Schlussfolgern, Fantasieren und Träumen finden als private, innere Ereignisse statt. Im Stichwortverzeichnis dieses Lehrbuches sucht man ebenfalls vergeblich nach dem Wort „Seele", man findet dort aber den Begriff „Seelsorger". Die Autoren beschreiben Seelsorger als „Mitglieder einer religiösen Gruppe, die sich auf die Behandlung psychischer Probleme spezialisiert haben und häufig Spiritualität mit praktischer Problemlösung kombinieren" (Gerrig & Zimbardo 2015, 206, 743).

Traditionell enthält der Begriff „Seele" die Vorstellung, dass es etwas vom Körper Getrenntes oder Trennbares gibt, das man Seele, Psyche oder Selbst nennt. Die gegenwärtige Psychologie ist, zumindest der Fachterminologie nach, jedoch eine Psychologie ohne Seele. Seele scheint für sie nur ein historischer Begriff zu sein, der weder in der Theoriebildung noch bei der Formulierung von Forschungsfragen eine nennenswerte Rolle spielt. Forschung und Lehre der Psychologie blühen und gedeihen auch ohne den Begriff „Seele". In den aktuellen Lehrbüchern der Psychologie und in den Datenbanken der psychologischen Forschungsliteratur ist jedenfalls kaum etwas zum Begriff „Seele" zu finden. Deutlich weniger als ein Hundertstel Prozent der jährlichen Fachpublikationen führen den Ausdruck „Seele" im Titel, wobei mehr als drei Viertel davon bereits vom Titel her erkennen lassen, dass der Begriff „Seele" nur metaphorisch gebraucht wird. Die Verwendung der Ausdrücke „seelisch", „psychisch", „mental" und „geistig" zeigt jedoch, dass die Seele in der Psychologie als Eigenschaftswort weiterlebt, im englischen Sprachraum vor allem in Form des Adjektivs „mental" (vgl. Mack 2015, 167–168).

Im 19. Jahrhundert erhob man den Anspruch, seelische Phänomene zu objektivieren. Damit begann die Psychologie, sich als eigenständiges akademisches Fach zu etablieren. Der Mediziner und Zoologe Carl Vogt (1817–1895) bezeichnete die Seele als unnötige Hypothese. Alle Fähigkeiten, die wir unter dem Namen „Seelentätigkeiten" begreifen, sind nichts anderes als Funktionen der Hirnsubstanz. In *Physiologische Briefe für Gebildete aller Stände* betont er: „Um mich einigermaßen grob hier auszudrücken: dass die Gedanken in demselben Verhältnis etwa zu dem Gehirn stehen wie die Galle zu der Leber oder der Urin zu den Nieren. Eine Seele anzunehmen, die sich des Gehirnes wie eines Instrumentes bedient, mit dem sie arbeiten kann, wie es ihr gefällt, ist reiner Unsinn." (Vogt 1847, 323)

Der Theologe, Philosoph und Pädagoge Friedrich Albert Lange (1828–1875) fragte: Heißt Psychologie nicht Lehre von der Seele? Wie soll man sich eine Wissenschaft vorstellen, die es zweifelhaft erscheinen lässt, ob sie überhaupt ein Objekt hat? In seinem Werk *Geschichte des Materialismus* prägte er die Redewendung von der „Psychologie ohne Seele". Diese wurde vielfach zitiert, um die Psychologie dahingehend zu kritisieren, dass sie ihren Gegenstand verfehlt oder gar keinen hat (vgl. Mack 2015, 171). Friedrich Lange vermutete jedoch, dass hier eine Verwechslung von Name und Sache vorliegt. Den Ausdruck „Seele" betrachtete er als überlieferten Namen für eine große, aber keineswegs genau abgegrenzte Gruppe von Erscheinungen. Der Begriff „Seele" stamme aus einer Zeit, in der man die gegenwärtigen Anforderungen strenger Wissenschaftlichkeit noch nicht kannte.

Psychologie verstand Lange als objektive Wissenschaft, die auf der Physiologie aufbaut und in der die Selbstbeobachtung (Introspektion) durch die Fremdbeobachtung ersetzt wird. Naturwissenschaftliche Methoden sollten auf seelische Erscheinungen angewendet werden. Die Psychologie sollte sich ähnlich den Naturwissenschaften von der Philosophie und der Theologie lösen, denn eine Seele könne man empirisch nicht feststellen. Der Name „Seele" sei jedoch durchaus brauchbar, solange es irgendetwas zu tun gibt, was nicht von einer anderen Wissenschaft vollständig mit besorgt wird (vgl. Lange 1875). Um welche konkreten Erscheinungen es sich handelt, die für die Existenz der Seele sprechen, bleibt jedoch unklar. Die Rede von der Psychologie ohne Seele unterstellt, dass es früher eine Psychologie mit Seele gab und dass die Psychologie ohne Seele ein Verlust ist. Dem ist aber nicht so, betont Wolfgang Mack, denn vor Friedrich Lange gab es an den Universitäten gar keine selbstständige wissenschaftliche Disziplin mit dem Namen „Psychologie". „Die moderne Psychologie begann nicht als empirische Wissenschaft von der Seele, sondern als empirische Bewusstseinspsychologie, als empirische Wissenschaft der seelischen Erscheinungen, und war daher eigentlich von Beginn an eine Psychologie ohne Seele." (Mack, 2015, 181)

Die Psychologie als Lehre von der Seele hat in der Philosophie eine lange Tradition. Die Geschichte der akademischen Psychologie ist hingegen verhältnismäßig kurz. Als sich die Psychologie gegen Ende des 19. Jahrhunderts als eigenständiges Fach etablierte, war die Seele im Sinne der Philosophie und Theologie nicht ihr Hauptgegenstand. Sie orientierte sich an den Naturwissenschaften und deren Forschungsmethoden. Gustav Theodor Fechner (1801–1887), Professor für Physik in Leipzig, der auch Medizin und Philosophie studiert hatte, untersuchte die Beziehung zwischen objektiven, physikalischen Reizen und subjektiven Empfindungen. Damit begründete er die sogenannte Psychophysik, ein Forschungsgebiet, das sich mit den gesetzmäßigen Wechselbeziehungen zwischen objektiv messbaren physikalischen Reizen und dem subjektiven Erleben befasst. Wie schwach darf ein akustischer Reiz sein, damit er gerade noch gehört wird? Wie schwach darf ein Lichtreiz sein, um gerade noch gesehen zu werden? Die Experimente der Psychophysik setzen die Stärke von Empfindungen wie Sehen, Hören, Schmecken, Riechen und Berühren zur Stärke der Reize in Beziehung. Man kann diese Experimente durchaus verstehen als Öffentlichmachen von Seelischem, damit es für mehrere Beobachter gleichermaßen wahrnehmbar und überprüfbar wird. Seelisches äußert sich über den Körper und ist durch körperliche Reaktionen erkennbar. Es entspricht der Auffassung des griechischen Philosophen Aristoteles, dass die Erforschung der Seele über die Erforschung des Körpers möglich ist, denn die Seele ist vom Körper nicht trennbar. Man könnte Aristoteles deshalb sogar als Begründer der wissenschaftlichen Psychologie betrachten (vgl. Hinterhuber 2012, 223).

Wilhelm Wundt (1832–1920), der Medizin, Physiologie und Philosophie studierte, gilt in der Geschichte der Psychologie als Gründungsvater der modernen empirisch-experimentellen Psychologie. Er gründete 1879 in Leipzig das erste Institut für experimentelle Psychologie. In seinem Werk *Grundzüge der physiologischen Psychologie* versuchte er, Psychologie als eigenständiges Fach darzustellen, indem er die Fragestellungen der Psychologie sowohl gegen jene der Philosophie als auch gegen jene der Physiologie abgrenzte. In seinen *Vorlesungen über die Menschen- und Thierseele* (1836) fragte er: „Wie ist es möglich [...], an der Seele, die sich ja ganz unserer sinnlichen Anschauung entzieht, Experimente anzustellen?' Die Antwort ist: ‚Durch die Sinne, durch Körperbewegungen steht die Seele in fortwährender Verbindung mit der Außenwelt. Auf die Sinne und auf die Bewegungen können wir nach Willkür äußere Einwirkungen anwenden, die Erfolge beobachten und aus diesen Erfolgen Rückschlüsse machen auf die Natur der psychischen Prozesse.'" (Zit. nach Mack 2015, 182)

Seelisches ist demnach über die Ausdruckserscheinungen erfassbar. Diese lassen sich objektiv feststellen und untersuchen. Bewusste Erfahrungen eröffnen einen Zugang zum Seelischen.

Für Wundt war Psychologie die Wissenschaft von den unmittelbaren Erfahrungen und deshalb Bewusstseinspsychologie. Er versuchte, den Geist dadurch zu erforschen, dass er sich besonders der experimentellen Untersuchung der Elemente der Empfindung wie Intensität, Dauer und Lage widmete. Das Wort „Seele" verstand er als Sammelbegriff für seelische Ereignisse und Eigenschaften, als einen „Hilfsbegriff" der Psychologie, vergleichbar dem Hilfsbegriff „Materie" in der Naturwissenschaft. Psychologische und physiologische Tatsachen betrachtete Wundt nicht als verschiedene Erfahrungsobjekte, sondern als unterschiedliche Standpunkte gegenüber ein und derselben Erfahrung. „Diese Begriffserläuterung Wundts macht deutlich, dass das Substantiv Seele allenfalls ein grammatisches Subjekt ist, von dem man seelische Prädikate aussagen kann. Das heißt, die Seele gibt es allenfalls als Ordnungsbegriff für seelische Eigenschaften." (Mack 2015, 183)

Franz Brentano (1838–1917) wollte eine neue Psychologie gründen und definierte diese als Wissenschaft von den psychischen Erscheinungen. In seiner Schrift *Psychologie vom empirischen Standpunkt* meint er: „Denn mag es eine Seele geben oder nicht, die psychischen Erscheinungen sind ja jedenfalls vorhanden. Und der Anhänger der Seelensubstanz wird nicht leugnen, dass alles, was er in Bezug auf die Seele feststellen könne, auch eine Beziehung zu den psychischen Erscheinungen habe." (Brentano 1874, 34) Brentano war Philosoph und ehemaliger katholischer Priester. Seiner Meinung nach lassen sich die Ergebnisse der empirischen Psychologie sowohl mit der Annahme einer Seele als auch mit der Annahme einer Psychologie ohne Seele vereinbaren. Der Seelenbegriff werde vor allem im Rahmen der Diskussion über die Unsterblichkeit der Seele verwendet. Klammere man diesen Aspekt aus, dann brauche man für die empirische Psychologie keinen Seelenbegriff (vgl. Mack 2015, 183–184). Brentano sah in der Intentionalität des Psychischen den entscheidenden Unterschied zum Physischen. Psychisches bezieht sich, anders als Physisches, immer auf etwas, auf reale oder vorgestellte Gegenstände und Sachverhalte. Wahrnehmungen, Gedanken, Vorstellungen, Erinnerungen, Wünsche und Gefühle beziehen sich auf Inhalte und Bedeutungen. „Ich sehe, dass es schneit; ich denke, dass die Rechnung stimmt; ich erinnere mich an die Person; ich freue mich über das Geschenk; ich wünsche mir, dass die Situation sich ändert." Psychisches bezieht sich immer auf etwas und bedeutet etwas. Das Problem der Intentionalität des Psychischen ist in der Philosophie des Geistes als „Brentanos Problem" bekannt, als die Frage nach der Entstehung von Bedeutung.

Argumente gegen die Verwendung des Seelenbegriffs

Die moderne Psychologie führt in ihrem Titel immer noch das Wort „Psyche", obwohl der Begriff „Seele" in ihren Theorien und Forschungsfragen nicht zu finden ist.

Warum wird der Begriff „Seele" in der Psychologie nicht verwendet? Gegen seine Verwendung werden vor allem zwei Argumente angeführt: Erstens ein erkenntnistheoretisches, demzufolge sich die Existenz einer Seele empirisch nicht beweisen lässt, und zweitens ein physiologisches, demzufolge es eine zentrale Steuerungsinstanz gibt, das menschliche Gehirn. Das Gehirn repräsentiert Erleben und Verhalten in Form neuronaler Aktivitätsmuster und stimmt diese aufeinander ab. Aus der Gesamtheit der Hirnprozesse entsteht die Einheit und Ganzheit der Person. Solange die technischen Voraussetzungen zur Erforschung des Gehirns fehlten, habe der Begriff Seele durchaus seine Berechtigung gehabt. Durch den enormen Wissenszuwachs in der Hirnforschung und den Neurowissenschaften werde dieser Begriff jedoch durch exakte Beschreibungen von Hirnvorgängen ersetzt.

In psychologischen Fachkreisen ist es beinahe verpönt, sich zum Begriff „Seele" zu äußern. Am ehesten gesteht man diesem Begriff noch eine Bedeutung innerhalb des religiösen Sprachgebrauchs zu. Aber auch dort ist dieser Begriff nicht besonders populär. Selbst Theologen scheuen vor dem Gebrauch des Begriffs

„Seele“ zurück und verwenden ihn kaum noch zur systematischen Begründung von Glaubensinhalten. Psychologen, Kognitionswissenschaftler und Neurowissenschaftler betrachten den Begriff „Seele“ als Bestandteil eines veralteten Begriffssystems zur Erklärung des menschlichen Verhaltens. Angesichts der Forschungsergebnisse in den Neurowissenschaften sei dieser Begriff nicht mehr nötig. Der Molekularbiologe, Gentechnik-Pionier und Nobelpreisträger Francis Crick drückt diese Überzeugung mit folgenden Worten aus: „Ein moderner Neurobiologe braucht die religiöse Vorstellung einer Seele nicht, um das Verhalten von Menschen und anderen Lebewesen zu erklären. Man erinnert sich hier daran, wie Napoleon, als Pierre-Simon Laplace ihm das Sonnensystem erklärt hatte, fragte: Und wo kommt Gott in all das hinein? Worauf Laplace erwiderte: ‚Sire, ich brauche diese Hypothese nicht.‘“ (Crick, 1994, 21) Aufgrund der Fortschritte in den Neurowissenschaften glaubt Crick, in Zukunft das Bewusstsein naturwissenschaftlich erklären zu können. Wenn wir einmal genau wissen, wie das Gehirn Informationen verarbeitet, dann haben wir das Rätsel des Bewusstseins gelöst. Crick ist überzeugt, dass unser Geist sich durch die Wechselwirkungen zwischen den Nervenzellen und anderen Zellen erklären lässt. Der Hirnforschung gehe es vor allem darum, die wahre Natur der menschlichen Seele zu erfassen. Wenn wir uns selbst verstehen wollen, dann müssen wir das Verhalten und die Arbeitsweise der Nervenzellen verstehen. In seinem Buch *Was die Seele wirklich ist* formuliert Crick folgende „erstaunliche Hypothese“: „‚Sie‘, Ihre Freuden und Leiden, Ihre Erinnerungen, Ihre Ziele, Ihr Sinn für Ihre eigene Identität und Willensfreiheit – bei alledem handelt es sich in Wirklichkeit nur um das Verhalten einer riesigen Ansammlung von Nervenzellen und dazugehörigen Molekülen. Lewis Carrolls Alice aus dem Wunderland hätte es vielleicht so gesagt: ‚Sie sind nichts weiter als ein Haufen Neurone.‘ Diese Hypothese ist so weit von den Vorstellungen der meisten Menschen entfernt, dass man sie wahrlich als erstaunlich bezeichnen kann.“ (Crick, 1994, 17)

Der Philosoph Paul Churchland vertritt eine ähnliche Auffassung. Er vergleicht das zukünftige Schicksal des Seelenbegriffs mit dem naturwissenschaftlichen Fortschritt. Im Laufe der Wissenschaftsgeschichte haben bestimmte Theorien sich als unhaltbar herausgestellt und wurden durch empirisch besser bestätigte Theorien ersetzt. Auf ähnliche Weise werde der Glaube an die Existenz einer Seele früher oder später als antiquierte Vorstellung aus unserem Sprachgebrauch verschwinden. Wer weiterhin an dieser überholten Vorstellung festhält, ähnelt Menschen, die früher daran glaubten, dass die Erde der Mittelpunkt des Universums sei (vgl. Churchland 1990, 195).

Der Neurobiologe Hans Flohr vermutet die Gründe für das Festhalten an der Vorstellung einer immateriellen Seele in tiefsitzenden ideologisch bedingten Widerständen. Der Versuch, Bewusstsein oder das Mentale naturalistisch zu erklären, sei ein Angriff auf diejenigen Welt- und Menschenbilder, die dem Menschen eine metaphysische Dimension zuschreiben. Er bezieht sich auf Sigmund Freud, der von drei großen Kränkungen sprach, von drei empfindlichen Demütigungen, welche die Wissenschaft uns Menschen zugefügt habe: die kosmologische, die biologische und die psychologische Kränkung. Die kosmologische Kränkung geht auf Kopernikus und seine Entdeckung zurück, dass die Erde nicht der Mittelpunkt des Weltalls ist. Kopernikus verdrängte die Erde und damit den Menschen aus dem Mittelpunkt des Weltalls. Die biologische Kränkung fügte uns Charles Darwin zu, indem er uns mit seiner Evolutionstheorie auf unsere tierische Herkunft aufmerksam machte. Der Mensch, der sich vom Tier durch göttliche Abstammung, durch Vernunft und durch eine unsterbliche Seele unterschied, wurde zu einem Tier unter Tieren. Die psychologische Kränkung stammt von Sigmund Freud. Freud war überzeugt, diese Kränkung habe uns Menschen am empfindlichsten getroffen. Nach den beiden ersten Kränkungen blieb uns zumindest noch die Hoffnung, wenigstens Herr im eigenen Haus zu sein. Freud glaubte jedoch, mit seiner psychoanalytischen Theorie gezeigt zu haben, dass wir Menschen nicht einmal Herr im eigenen Haus sind, sondern Hausknechte der uns beherrschenden Triebe. Hans Flohr zufolge steht uns zurzeit eine vierte Kränkung ins Haus, und zwar mit weit verheerenderen Folgen für unser überliefertes Selbstverständnis als alle bisherigen Demütigungen durch die Wissenschaft: die reduktionistische Theorie des Geistes. Ihr zufolge ist der Geist (die Seele) nichts anderes als das Gehirn (vgl. Flohr, 2002).

Derartige Behauptungen sind nicht unumstritten und erfordern zumindest eine weitere Begründung. Wer für die Abschaffung des Seelenbegriffs argumentiert, der lange Zeit zur Erklärung bestimmter Phänomene verwendet wurde und weiterhin verwendet wird, muss Gründe dafür angeben. Ein bloßer Hinweis auf die Geschichte der Wissenschaft reicht nicht aus. Im Unterschied zum geozentrischen Weltbild setzen viele Menschen im Alltag die Existenz einer Seele faktisch voraus und verwenden diesen Begriff zur Erklärung menschlichen Erlebens und Verhaltens. Es müsste vorerst genauer ermittelt werden, welches Begriffssystem die faktische Annahme einer Seele überflüssig machen könnte. Die Beweislast liegt folglich bei denen, die eine Änderung des alltäglichen Begriffssystems fordern. Sie müssen Gründe angeben, die ausreichend erklären, warum der Seelenbegriff überflüssig ist. Dies ließe sich grundsätzlich durch zwei unterschiedliche Beweisführungen erreichen: 1. Man müsste zeigen, dass alles, was mit dem Seelenbegriff erklärt wird, mit einer neurobiologischen Theorie ebenso gut oder sogar besser erklärt werden kann. Ist es möglich, unser Erleben und Verhalten mit den Begriffen der Hirnforschung tatsächlich besser auszudrücken und zu erklären als mit den Begriffen der Alltagspsychologie? 2. Man müsste wissenschaftlich beweisen, dass es so etwas wie eine Seele gar nicht gibt. Dieser Beweis ist jedoch praktisch nicht durchführbar, denn in der Regel verstehen Menschen, welche die Existenz einer Seele voraussetzen, unter „Seele“ etwas Immaterielles, etwas, was wissenschaftlich prinzipiell nicht erfassbar ist. Die Nichtexistenz einer immateriellen Seele müsste mit den Mitteln der positiven Wissenschaften bewiesen werden, und das ist unmöglich. Damit bleibt als einzige Möglichkeit die erste Beweisführung. Sollte sich tatsächlich herausstellen, dass alles, was bisher durch die Annahme einer Seele erklärt wurde, genauso gut oder sogar besser durch eine neurobiologische Theorie erklärt werden kann, dann könnte man zumindest in psychologischen und philosophischen Fachdiskussionen auf die Annahme einer Seele verzichten (vgl. Quitterer, 2005, 111–113).

Wiederkehr des Seelenbegriffs

Erstaunlicherweise scheint der Seelenbegriff zurzeit eine Art Renaissance zu erleben. Der Psychiater und Psychotherapeut Daniel Hell spricht von einem „Aufschwung für die Seele", von der „Wiederkehr der Seele", von „Seelenangst" und „Seelenhunger" (vgl. Hell 2005, 7–50). Die Seele symbolisiert von alters her das, was lebt und gegenwärtig ist. Seele meint immer etwas Letztes, nicht auf anderes Zurückführbares. Seele steht für das, was wir nur an uns selbst, gleichsam „aus erster Hand" erfahren können. Wir erfahren uns als seelisch, wenn wir auf unser Erleben und Tun achten. Das seelische Erleben ist genauso wirklich wie die objektivierbaren Beobachtungen. Das Seelische kann Menschen, die alles rational begreifen und bestimmen wollen, auch Angst machen, denn was wir empfinden und fühlen, lässt sich nicht in den Griff bekommen. „Wer sich dem konkreten seelischen Erleben aussetzt, verlässt den sicheren Hafen abstrakter logischer Gesetzmäßigkeiten. Nicht zufällig leitet sich das deutsche Wort ‚Seele' von der See ab, die in ihrer Tiefe unergründlich ist und im Sturm wild aufbegehrt." (Hell 2009, 35) Seelische Erfahrung ist nicht nur sinnlich, sie stiftet auch Sinn, der naturwissenschaftlich nicht erfassbar ist. Menschen dürsten nach einem Verständnis für ihr Erleben. „Die Seele steht für die Einmaligkeit und Unverwechselbarkeit des Menschen. Es gibt keinen anderen Begriff, welcher der Individualität des Menschen und seiner Teilhabe an einem Umfassenderen so gerecht wird wie die Seele." (Hell 2009, 69).

Der Neurobiologe und Philosoph Gerhard Roth findet es sinnvoll, den Begriff „Seele“ auch in der Hirnforschung zu verwenden. Seele bezeichnet nach Roth die Einheit kognitiver und emotionaler Zustände und Leistungen. Das Seelische sei umfassender als das rein Kognitiv-Rationale. Roth geht davon aus, dass das Gehirn unsere Wahrnehmungen, Gedanken, Gefühle, Vorstellungen und Erinnerungen konstruiert. Er wehrt sich jedoch gegen den Vorwurf, Hirnforscher würden behaupten, das Seelische sei nichts anderes als das Feuern von Neuronen. Bewusstsein, betont er, ist nicht identisch mit neuronalen Zuständen des Gehirns, denn diese haben nichts an sich, was dem Bewusstsein zukommt. Seelisches, insofern es individuell erlebt wird, ist jedoch unabtrennbar an Hirnstrukturen und Hirnprozesse gebunden. Seelisches hört zum Zeitpunkt des Ganzhirntodes auf und stirbt gemeinsam mit den Hirnstrukturen, die es ermöglichen. Ob es darüber hinaus eine unsterbliche Seele gibt, könne weder bewiesen noch bestritten werden. Roth unterscheidet zwischen „Realität“ und „Wirklichkeit“. Als „Wirklichkeit“ bezeichnet er die uns vertraute Erlebniswelt. Diese wird von unserem Gehirn konstruiert. „Realität“ nennt er die objektive Welt, die Welt an sich, die bewusstseinsunabhängige Welt. Roth geht von der Unterscheidung des Philosophen Immanuel Kant aus, der zwischen den „Dingen für uns“ (den Phainomena) und den „Dingen an sich“ (Noumena) unterschied, und betont:

„Uns ist bewusstseinsmäßig nur die Wirklichkeit direkt zugänglich, auch wenn wir zutiefst davon überzeugt sein mögen, dass es eine bewusstseinsunabhängige Realität gibt. Über diese Realität können wir natürlich beliebig spekulieren, eine gesicherte Erkenntnis über sie ist jedoch nicht möglich, denn sie würde – so Kant – alle Grenzen unserer Erfahrung überschreiten. Diese prinzipielle Unerkennbarkeit gilt selbstverständlich auch für dasjenige reale Gehirn, das vermutlich unsere Erlebniswelt hervorgebracht hat und das schon allein aus logischen Gründen nicht mit unserem wirklichen Gehirn identisch sein kann. Der Produzent (das reale Gehirn) kann keine echte Teilmenge seines Produkts (unserer bewusst erfahrbaren Welt) sein.“ (Roth & Strüber 2015, 237–238)

Was wir als „seelisch“ erleben, dürfen wir Roth zufolge unter keinen Umständen mit der realen Natur des Seelischen verwechseln, denn dieses bleibt uns für immer verschlossen. Roth unterscheidet zwischen einem *realen* Gehirn und einem *wirklichen* Gehirn. Das reale Gehirn konstruiert das wirkliche Gehirn und mit ihm die Welt, wie wir sie erleben und wie die Wissenschaften sie uns beschreiben. Gehirnforschung erfolgt ausschließlich innerhalb der Wirklichkeit und kann nur „wirkliche Gehirne“ untersuchen, jedoch niemals „reale Gehirne“. Über die Eigenschaften des realen Gehirns, über „reale Neurone“, können wir nur Vermutungen anstellen. Die Realität sei radikal anders als die Wirklichkeit, die wir direkt oder mit den Methoden der Wissenschaft erfahren können. Bezüglich der Realität meint Roth:

„Hier mag es Gott, eine unsterbliche Seele, einen anderen Raum und eine andere Zeit geben (oder ein raum- und zeitloses Existieren). Niemand verbietet uns, über die Realität zu spekulieren, aber es sind Spekulationen innerhalb unserer Erfahrungswelt, der Wirklichkeit, nicht der Realität. Wie die Realität aussieht, kann niemand wissen. Deshalb kann auch niemand etwas Plausibles über die Existenz oder Nichtexistenz einer unsterblichen Seele aussagen, wenn es in unserer Erfahrungswelt keinerlei Hinweise dafür gibt.“(Roth, 2005, 38)

Der Psychiater Hartmann Hinterhuber spricht von einer Wiederaneignung des Seelenbegriffs. Körper und Seele seien zwei Perspektiven des Lebendigen, zwei Möglichkeiten, ein und dasselbe Lebewesen zu betrachten. Die beiden Perspektiven müssen nicht erst „zusammengesetzt“ werden, denn beide seien ohne die jeweils andere nicht möglich (vgl. Hinterhuber 2012, 230).

Zurzeit gibt es, ganz im Sinne der Wiederkehr des Seelenbegriffs, eine differenzierte interdisziplinäre Diskussion über die Funktion und den sinnvollen Gebrauch des Begriffs „Seele“ (vgl. Gasser & Quitterer 2010; Dierken & Krüger 2015).

Psychologie als Wissenschaft vom Erleben und Verhalten

Die heutige akademische Psychologie versteht sich als empirische Wissenschaft vom äußeren Verhalten und vom inneren Erleben des Menschen. Sie unterscheidet zwischen äußerlich beobachtbaren Verhaltensweisen wie Sprechen, Stehen, Gehen, Lesen, Schreiben, Trinken, Essen und Schlafen einerseits und nicht direkt beobachtbaren Vorgängen und Inhalten des Bewusstseins wie Empfinden, Fühlen, Denken, Wünschen, Wollen und Träumen andererseits. Gegenstand psychologischer Forschung kann alles werden, was erlebbar ist und was sich im Verhalten äußert. Diese Gegenstandsbestimmung wird in der heutigen akademischen Psychologie weitgehend akzeptiert. Im Folgenden werden Erleben und Verhalten näher beschrieben.

Erleben und Bewusstsein

Was ist Bewusstsein? Was ist Erleben? Bewusstsein ist so grundlegend, dass jeder Versuch, es zu definieren, bereits das, was definiert werden soll, voraussetzt. Ohne Bewusstsein ist es nicht möglich, Bewusstsein zu beschreiben und zu erforschen.

Der Ausdruck „Bewusstsein" bezieht sich auf eine Reihe von Phänomenen wie Wachheit, gerichtete Aufmerksamkeit, Wahrnehmen, Denken, Fühlen, Wollen, Körperbewusstsein, Zeitbewusstsein, willentliche Verhaltenskontrolle, Wissen, Meinungen und Überzeugungen. Man kann Bewusstsein auch beschreiben als die Fähigkeit zu erleben, zu erkennen, sich selbst in Kontrast zu anderen Menschen und der Umwelt wahrzunehmen und sich als Individuum zu begreifen. Den vielen Formen und Zuständen des Bewusstseins ist gemeinsam, dass sie von einem Individuum oder einem Lebewesen erlebt werden. Der Philosoph John Searle beschreibt Bewusstsein als „diejenigen Zustände der Sinnesempfindung oder des Gewahrseins, die typischerweise einsetzen, wenn wir am Morgen aus einem traumlosen Schlaf erwachen, und die den ganzen Tag über da sind, bis wir wieder einschlafen. Bewusstsein kann auch anders als durch den Schlaf aussetzen: wenn man stirbt, in ein Koma fällt oder auf andere Art ‚bewusstlos' wird." (Searle 2001, 54)

Der Ausdruck „Erleben" meint alle inneren Prozesse und Zustände, die nur der Selbstbeobachtung unmittelbar zugänglich sind. Man kann zwar Beispiele für bewusstes Erleben anführen, aber keine klare Definition geben. Bewusstes Erleben ist äußerst reich, bunt und vielfältig. Es reicht von lebhafter Farbwahrnehmung bis zum Erleben des schwächsten Hintergrundaromas, von stechenden Schmerzen bis zum Erleben bildhafter Vorstellungen und Fantasien. Bewusstes Erleben geht mit charakteristischen Gefühlsqualitäten einher. Es fühlt sich auf eine ganz bestimmte Weise an, etwas zu sehen, etwas zu hören, etwas zu riechen, etwas zu betasten, etwas zu schmecken, etwas zu wünschen und zu wollen. Jeder Inhalt des Bewusstseins ist durch Gefühle „eingefärbt": Er ist erfreulich oder unerfreulich, angenehm oder unangenehm, interessant oder langweilig. Gefühle wie Freude, Trauer, Ärger, Wut, Überraschung, Scham und Ekel können das bewusste Erleben sehr stark prägen. Stimmungen wie Heiterkeit, Ängstlichkeit und Niedergeschlagenheit bilden den atmosphärischen Hintergrund für unser gesamtes Erleben. Derselbe Sachverhalt erscheint uns anders, je nachdem, ob wir freudig oder ärgerlich, sanft oder zornig gestimmt sind. Ohne diese Gefühlsqualität wäre unser Wissen psychisch irrelevant, und unsere menschliche Welt wäre so kalt und steril wie die Welt der Computer. Nur in extremen Ausnahmezuständen wie etwa in einer schweren Depression kann es geschehen, dass ein Mensch völlig teilnahmslos und gefühllos den Mitmenschen und der Welt gegenübersteht. Der Verlust der Freude und des Interesses an allen Aktivitäten geht mit einem Zustand der Gefühllosigkeit einher, den die Betroffenen als Stillstand des Erlebens, als Seelenfinsternis oder sogar als Tod bei lebendigem Leib beschreiben (vgl. Kuiper 2000: Lyssy 2001).

Aktualbewusstsein und Hintergrundbewusstsein

Gerhard Roth unterscheidet zwischen Aktualbewusstsein und Hintergrundbewusstsein. Das *Aktualbewusstsein* umfasst alles, was wir im Moment bewusst erleben. Seine Inhalte wechseln ständig und umfassen beispielsweise Aufmerksamkeit, Wahrnehmungen von Vorgängen in der Umwelt und im eigenen Körper, das Erleben von Gefühlen, Wünschen, Vorstellungen, Erinnerungen, Absichten und Bedürfnissen. Der Ausdruck *Hintergrundbewusstsein* bezieht sich auf das Erleben der eigenen Identität und Kontinuität durch die Zeit, auf das Körperbewusstsein und auf das Bewusstsein, dass wir die Urheber unserer Wahrnehmungen, Gefühle, Gedanken und Handlungen sind, dass wir wissen, wo unser Körper sich zurzeit befindet, und dass wir zwischen Realität und Vorstellung unterscheiden können. Aktualbewusstsein und Hintergrundbewusstsein bilden gemeinsam den charakteristischen Strom unseres Bewusstseins, der nur im Tiefschlaf und in der Bewusstlosigkeit unterbrochen ist (vgl. Roth 2003, 196–198; Roth & Strüber 2015, 209 ff.).

Das Bewusstsein der eigenen Identität, das Selbsterleben oder Ich-Bewusstsein, umfasst mehrere unterschiedliche Aspekte. Darauf hat der Psychiater Christian Scharfetter aufmerksam gemacht. Er unterscheidet fünf Dimensionen des Selbsterlebens bzw. des Ich-Bewusstseins. Diese fünf Gewissheiten oder Sicherheiten können Menschen verloren gehen, die an einer schweren psychischen Störung aus der Gruppe der sogenannten Schizophrenien leiden. Die fünf Dimensionen des Selbsterlebens sind: Die *Ich-Vitalität* (ich bin lebendig), die *Ich-Aktivität* (ich bestimme mein Denken und Verhalten), die *Ich-Konsistenz* (ich bin in der geistigen und körperlichen Beschaffenheit einheitlich), die *Ich-Demarkation* (ich kann mich von anderen Wesen und Dingen abgrenzen und unterscheiden) und die *Ich-Identität* (ich bin dieselbe Person im Verlauf des Lebens und in den verschiedenen Lebenslagen) (vgl. Scharfetter 1999). Die Erschütterung dieser für psychisch gesunde Personen selbstverständlichen Gewissheiten führt bei den Betroffenen zu großem Leid, unsäglicher Not und Verzweiflung. Sie sind nicht mehr Herr ihrer eigenen Gedanken und Empfindungen. Sie sind überzeugt, Einflüsterungen oder Einflüssen von außen ausgeliefert zu sein. Man spricht von Ich-Störungen, von einem Verlust der Ich-Grenzen. Die Betroffenen können sich nicht mehr eindeutig identifizieren, sie können nicht mehr sagen, wer sie eigentlich sind. „Ich werde beeinflusst, in mir ist noch jemand anderer." Sie haben häufig den Eindruck, Gedanken und Gefühle werden ihnen eingegeben oder abgezogen, sodass nur Gefühle der Leere und Kälte übrig bleiben. Andere Menschen oder übernatürliche Kräfte beeinflussen ihr Verhalten, und sie fühlen sich diesen ohnmächtig ausgeliefert. Sie können sich nicht mehr eindeutig abgrenzen, weder von anderen Personen noch von der Umwelt. Um sich zu vergewissern, dass sie noch lebendig sind, fügen sie sich Verletzungen und Schmerzen zu. „Ich muss mein Blut sehen, damit ich weiß, dass ich noch lebe." Der Schweizer Psychiater Eugen Bleuler (1857–1939), der den Begriff „Schizophrenie" 1911 prägte, sah das Wesen dieser Störung in einer Spaltung des Bewusstseins und der Gesamtpersönlichkeit, in einer mangelhaften Einheit von Denken, Fühlen und Wollen.

In unserem Erleben erfahren wir uns als Subjekt und unterscheiden uns ein Leben lang von anderen Menschen. Das Erleben ist subjektiv und privat und nur der erlebenden Person unmittelbar zugänglich. Ein direktes Wissen vom Erleben anderer Menschen besitzen wir nicht. Es hat noch kein Mensch das Erleben eines anderen von innen her erfahren. Im strengen Sinne haben wir kein Wissen vom Erleben unserer Mitmenschen. Diese verraten uns jedoch viel von ihrer momentanen Befindlichkeit durch ihren Gesichtsausdruck, ihr Aussehen, ihren Blick, ihre Haltung, ihren Gang, ihre Sprechweise, durch die Lautstärke und die Tonhöhe ihrer Stimme sowie durch ihre Gesten. Gegenstand wissenschaftlicher Forschung kann das Erleben insoweit werden, als es intersubjektiv erfassbar und nachprüfbar ist. Objektiv erfassbar sind sprachliche Äußerungen, das Ausdrucksverhalten und messbare körperliche Veränderungen, die mit dem Erleben einhergehen.

Verhalten und Handeln

Verhalten ist in der Psychologie ein Sammelbegriff für alle objektiv beobachtbaren und registrierbaren Lebensvorgänge, Reaktionen und Aktivitäten eines Organismus, eines Individuums oder einer Gruppe. Dazu zählen Reflexreaktionen, willkürliche Bewegungen, Gewohnheiten und bewusstes, absichtliches Handeln. Objektiv bedeutet intersubjektiv nachprüfbar. Die jüngere Verhaltenspsychologie unterscheidet zwischen „offenem" und „verdecktem" Verhalten. Das *offene Verhalten* umfasst alle objektiv beobachtbaren Vorgänge wie Körperbewegungen, verbale Äußerungen, physiologische Abläufe und Prozesse. Der Begriff *verdecktes Verhalten* bezeichnet Phänomene wie Denken, Fühlen, Wollen und Empfinden, die von außen nicht direkt erfassbar sind, jedoch aus dem Ausdrucksverhalten erschlossen werden können. In welcher Gemütslage sich unsere Mitmenschen befinden, beurteilen wir auch im Alltag an ihrem Gesichtsausdruck, an der Lautstärke und am Anspannungsgrad ihrer Stimme, an ihrer Gestik, an körperlichen Veränderungen wie Erröten, Blässe, Schwitzen und Zittern und anhand ihrer sprachlichen Äußerungen.

Die Verhaltenspsychologie unterscheidet zudem zwischen automatisiertem und bewusst kontrolliertem Verhalten. Der Großteil unseres alltäglichen Verhaltens und Handelns läuft ganz automatisch ab. Sehr viele Tätigkeiten erledigen wir tagtäglich auf die gleiche Weise wie beispielsweise aufstehen, sich waschen, sich anziehen, frühstücken und zur Arbeit gehen. Zu den Verhaltensweisen, die automatisch ablaufen, zählen nicht nur alle unwillkürlichen Reaktionen, sondern auch gelernte Tätigkeiten und Verhaltensweisen aller Art wie gehen, sprechen, lesen, mit dem Rad fahren, ein Auto lenken, schwimmen, Handwerkszeuge benutzen, sportliche Tätigkeiten, mit Instrumenten musizieren oder mit zehn Fingern die Tastatur eines Computers bedienen. Solche Fertigkeiten eignen wir uns durch intensives Üben an, bis sie automatisiert sind. Anschließend ist es nicht mehr nötig, dass wir uns bewusst daran erinnern, *wie* wir sie ausführen. Je automatisierter sie ablaufen, desto besser und sicherer führen wir sie aus. Gewohnheiten und Rituale erleichtern uns das alltägliche Leben und schaffen Freiraum für andere Tätigkeiten. Wir müssen uns nicht jeden Tag neu bewusst überlegen, welches Aufstehritual oder welches Zubettgehen-Ritual wir heute verwenden. Automatisierte Verhaltensweisen ermöglichen uns, mehrere Dinge gleichzeitig zu tun, etwa einen Wagen durch den Stadtverkehr zu steuern, Musik zu hören und mit den Mitfahrenden zu diskutieren. Dabei müssen wir uns nicht bewusst daran erinnern, mit welchem Fuß wir die Bremse betätigen, wenn die Verkehrsampel an der nächsten Kreuzung rot ist. Leuchtet die Ampel rot, tritt der richtige Fuß ganz automatisch auf die Bremse. In der Fahrschule, während des Lernens, erfolgte das Treten auf die Bremse, die Betätigung der Kupplung und des Gaspedals sowie das korrekte Schalten der Gänge ganz bewusst und überlegt. Durch wiederholtes Einüben wurden diese Tätigkeiten zur Routine, sodass wir sie unbewusst ausführen können. Je vollständiger wir sie automatisiert haben, desto weniger belasten wir unser Bewusstsein mit ihnen und desto sicherer führen wir sie aus. Wenn wir unsere Aufmerksamkeit auf automatisierte Tätigkeiten lenken, dann werden diese sogar gestört. Es bleibt zwar eine Art begleitendes Bewusstsein, dass wir zum Beispiel Fahrrad fahren oder mit dem Auto unterwegs sind, aber nicht mehr, *wie* wir das tun.

Bei automatisierten Tätigkeiten ist die parallele Informationsverarbeitung am Werk, beim bewusst kontrollierten Verhalten hingegen die serielle Verarbeitung. Serielle Informationsverarbeitung verlangt intensive Aufmerksamkeit, volle Zuwendung, Zeit und Mühe. Beim Erlernen einer neuen Fertigkeit geschieht die Verarbeitung der Information seriell und nicht parallel. Es ist nicht möglich, während des Lernens mehrere Dinge gleichzeitig zu erledigen. Wer beginnt, die Tastatur eines Computers blind mit zehn Fingern zu bedienen, muss sich zuerst ganz bewusst einprägen, welcher Finger für welchen Buchstaben zuständig ist. Hier folgt ein Schritt nach dem anderen, ein Buchstabe nach dem anderen. Der Lernende kann nicht gleichzeitig die Nachrichten im Fernsehen verfolgen, sich mit jemandem unterhalten oder die nächste Mahlzeit zubereiten. Die einzelnen Schritte der kontrollierten Informationsverarbeitung werden im Kurzzeitgedächtnis gespeichert. Die Kapazität des Kurzzeitgedächtnisses ist sehr begrenzt und zwingt uns dazu, unsere Aufmerksamkeit zu bündeln. Neue Informationen müssen erst integriert werden, und das erfordert Aufmerksamkeit, Zeit und Mühe. Das Verlernen automatisierter Verhaltensweisen und Fertigkeiten benötigt ebenfalls eine kontrollierte Informationsverarbeitung.

Handlungen und Widerfahrnisse

Wir verhalten uns immer, aber wir handeln nicht immer. Auch Nichtstun ist eine Art, sich zu verhalten. Handlungen sind Verhaltensweisen, die Menschen mit der Absicht vollziehen, ein bestimmtes Ziel zu erreichen. Ein Verhalten ist nur dann eine Handlung, wenn es in einer Weise beschrieben werden kann, durch die es absichtlich wirkt (vgl. Davidson 1990, 321; Runggaldier 1996, 43f.). Eine bestimmte Handbewegung ist nur dann ein Gruß und nicht eine gymnastische Übung oder ein Tick, wenn wir auch grüßen wollen. Wir können unterscheiden, ob etwas unsere Hand bewegt oder ob wir selbst sie bewegen. „Handlungen sind etwas, was wir *tun*, im Unterschied zu dem, was uns widerfährt, und dabei etwas, was *wir* tun, im Unterschied zu dem, was zum Beispiel unser Gehirn tut.“ (Greve 1996, 106) Beispiele für menschliche Handlungen sind: einen Vertrag unterzeichnen, Einkäufe tätigen, Freunde anrufen, zum Arzt gehen, Hausarbeiten verrichten, ein Fest vorbereiten, ein Buch lesen, einen Berg besteigen, den nächsten Urlaub planen.

Handlungen unterscheiden sich von Geschehnissen, die uns widerfahren, wie zum Beispiel sich freuen, sich ärgern, sich langweilen, nießen müssen, auf der Treppe stolpern, sich erkälten oder mit dem Augenlid zucken. Am Zustandekommen dieser Verhaltensweisen sind wir nicht willentlich beteiligt. Donald Davidson illustriert den Unterschied zwischen Handlungen und bloßen Geschehnissen mit folgendem Beispiel:

„Heute morgen wurde ich durch das Geräusch des Übens auf der Geige geweckt. Ich döste ein wenig, dann stand ich auf, wusch mich, rasierte mich, zog mich an, ging nach unten, und im Vorbeigehen machte ich im Flur ein Licht aus. Ich goss mir etwas Kaffee ein, stolperte über die Kante des Esszimmerteppichs und verschüttete meinen Kaffee, während ich nach der Zeitung tastete. Einige dieser Einzelheiten halten Dinge fest, die ich getan habe; andere registrieren Dinge, die mir zugestoßen sind, Dinge, die mir auf dem Weg zum Esszimmer widerfahren sind. Zu den Dingen, die ich getan habe, gehören: dass ich aufstand, mich wusch, mich rasierte, nach unten ging und meinen Kaffee verschüttete. Zu den Dingen, die mir zugestoßen sind, gehören: dass ich geweckt wurde und über die Teppichkante stolperte. Das Dösen ist vielleicht ein Grenzfall." (Davidson 1990, 73)

Die Grenze zwischen Handlungen und Widerfahrnissen ist nicht immer scharf und eindeutig. Bedürfnisse, Gefühle, Vorlieben und Abneigungen bestimmen unsere Handlungen nicht weniger, als unsere Entscheidungen es tun. Wir entscheiden uns nicht für die Emotionen, die wir momentan erleben, und wir wählen auch nicht unsere Vorlieben und Abneigungen aus.

Als zentrale Merkmale einer menschlichen Handlung gelten Absichtlichkeit, Kontrollierbarkeit und Bewusstheit. Einer handelnden Person unterstellen wir, dass sie mit dem, was sie tut oder nicht tut, ein Ziel verfolgt, dass sie das, was sie tut oder unterlässt, absichtlich macht und dass sie sich dessen, was sie tut oder nicht tut, zumindest teilweise bewusst ist. Der Begriff „Handlung" ist ohne die Erlebnisperspektive der handelnden Person nicht vollständig. Auch Roboter und Schlafwandler zeigen koordiniertes Verhalten, das von innen gesteuert wird und der Situation weitgehend angemessen ist, aber sie erleben ihr Verhalten nicht. Damit ein Verhalten eine Handlung im vollen Sinn des Wortes ist, muss die handelnde Person es erfahren als von ihr selbst vollzogen. Es genügt nicht, dass irgendetwas in ihr die Bewegungen steuert und dadurch integriertes Verhalten zustande kommt.

Psychologie und das „Seelenproblem"

Die Psychologie als empirische Wissenschaft befasst sich nicht nur mit dem beobachtbaren Verhalten, sondern auch damit, wie dieses mit dem Erleben und mit den Körperprozessen zusammenhängt. Sie sucht nach den äußeren und inneren Bedingungen, Ursachen und Wirkungen des menschlichen Erlebens und Verhaltens. Auf diese Weise erforscht sie eine Fülle von Phänomenen, die sie nach philosophischer Tradition „psychisch" oder „seelisch" nennt. Weiterhin offen bleiben allerdings Fragen, die das „Seelenproblem" betreffen. Was ist die Quelle der Lebendigkeit? Was ist der Ursprung menschlichen Verhaltens und Handelns? Worauf gründet das Erleben der eigenen Identität und Selbigkeit durch die Zeit? Unser Körper verändert sich im Laufe der Jahre. Die meisten seiner Zellen werden ausgetauscht, sodass wir alle fünf bis zehn Jahre beinahe einen völlig neuen Körper haben. Im Laufe der Jahre verändern wir uns auch psychisch und geistig. Trotz dieser Veränderungen sind wir davon überzeugt, während unseres gesamten Lebens dieselbe Person zu sein. Wie ist die Einheit und Ganzheit von Körper und Geist in unserem Erleben zu erklären?

Der Begriff „Seele" kann uns eine Hilfe sein, den Menschen als ganzen nicht aus dem Blick zu verlieren. Der Psychiater und Philosoph Karl Jaspers (1883–1969) bezeichnet die Seele als ein Ganzes aus Innenwelt und Umwelt. Wir können die Seele nicht als einen Gegenstand mit Eigenschaften erfassen. Erfassen und untersuchen können wir nur, was uns gegenständlich geworden ist. Seelisches zeigt sich in körperlichen Begleiterscheinungen, im Ausdrucksverhalten, in Handlungen und sprachlichen Mitteilungen. „In allen diesen Tatbeständen, die aufweisbar in der Welt sind, haben wir Wirkungen der Seele vor uns, Erscheinungen, in denen wir die Seele unmittelbar wahrnehmen, oder von denen wir auf die Seele zurückschließen. Die *Seele* selber wird uns *nicht Gegenstand.*" (Jaspers 1973, 8) Nach Jaspers können wir aus dem Seelenleben einzelne Zusammenhänge herausgreifen, doch das „Ganze" des Seelenlebens und das Ganze einer individuellen Person vermögen wir nicht zu fassen. Was das Ganze eigentlich ist, bleibt immer offen. Zwar erfahren wir die Seele als bewusstes Erleben in uns und wir vergegenwärtigen uns das Erleben der Mitmenschen, sei es aus dem beobachtbaren Verhalten, sei es aus Mitteilungen über das je eigene Erleben, doch auch dieses Erleben ist Erscheinung. Jaspers vergleicht das unmittelbar zugängliche, wirklich erlebte Seelenleben mit dem Schaum, der über den Tiefen des Ozeans an der Wasseroberfläche schwimmt. Die Tiefen sind unzugänglich und nur indirekt auf theoretischen Umwegen erschließbar (vgl. Jaspers 1973, 9, 464).

Die empirische Psychologie kann die Seele als Einheitsgrund unseres psychischen, geistigen und körperlichen Lebens und Erlebens, unserer Einmaligkeit und Unverwechselbarkeit als Person, als solche nicht zum Gegenstand ihrer Forschung machen. Sie kann auch die Frage, wie Körper und Geist aufeinander einwirken, das sogenannte traditionelle Leib-Seele-Problem, nicht entscheiden, wohl aber empirische Fragen, die mit diesem Problem zusammenhängen, aufgreifen und zu klären versuchen. Empirisch erforschen kann die Psychologie stets nur einzelne Erscheinungsformen oder Einzelaspekte des Seelischen (vgl. Hinterhuber 2012, 219). Auf welch unterschiedliche Weise der Begriff des „Seelischen" oder „Psychischen" in der akademischen Psychologie aufgegriffen und gedeutet wurde und wird, zeigen die drei Hauptrichtungen der gegenwärtigen Psychologie: Tiefenpsychologie, Verhaltenspsychologie (Behaviorismus) und Humanistische Psychologie. Diese unterscheiden sich stark voneinander darin, welchen „Erscheinungsformen des Seelischen" sie ihr Hauptaugenmerk widmen und was sie als akzeptablen Untersuchungsgegenstand der Psychologie betrachten. Ebenso stark klaffen ihre Auffassungen darüber auseinander, was den Menschen als Menschen ausmacht.

Tiefenpsychologie

Tiefenpsychologie ist eine Bezeichnung für psychologische und psychotherapeutische Ansätze, die versuchen, menschliches Erleben und Verhalten durch unbewusste seelische Vorgänge zu erklären und zu deuten. Die bekannteste tiefenpsychologische Schule ist die von Sigmund Freud begründete Psychoanalyse. Den Begriff „Tiefenpsychologie" führte Eugen Bleuler ein. Freud verwendete ihn, um sein Verständnis der Psychologie von der Bewusstseinspsychologie, welche die damalige akademische Psychologie dominierte, abzugrenzen. Die von ihm entwickelte psychoanalytische Theorie ist wohl die bekannteste Theorie des Menschen. Psychoanalytische Begriffe spielen nicht nur in der Psychologie und Psychiatrie eine Rolle, sie fanden auch Eingang in die Pädagogik, Soziologie, Philosophie, Theologie und Literatur. Die Vorstellungen vieler Menschen von sich selbst und vom Erleben und Verhalten anderer Menschen werden immer noch stark von tiefenpsychologischen Anschauungen geprägt.

Die psychoanalytische Theorie Freuds enthält folgende Grundaussagen: 1. In unserem Seelenleben ist nichts zufällig und ohne Grund; 2. Der Großteil des Seelenlebens ist uns nicht bewusst, wir wissen nichts von ihm, und doch determiniert er unser Erleben, Verhalten und Handeln; 3. Das Triebleben in uns ist nicht völlig zu bändigen. Freud stellte die traditionelle abendländische Ansicht, der Mensch sei ein vernunftbegabtes Lebewesen, ein *animal rationale*, grundlegend infrage. Er charakterisierte den

Abb. 3: Sigmund Freud (1856–1939)

Menschen als „ein Wesen von schwacher Intelligenz, das von seinen Triebwünschen beherrscht wird" (Freud 1927, 182). Das Bemühen von uns Menschen um vernünftiges und realitätsgerechtes Handeln steht seiner Ansicht nach in einem dauernden Konflikt mit den auf Lustgewinn erpichten Impulsen unserer Triebe. Freud zufolge müssen wir Menschen uns der Einsicht beugen, dass wir nicht leben, sondern gelebt werden, und zwar von unbekannten und unbeherrschbaren Mächten (vgl. Freud 1923). Psychotherapie könne das Leiden der Menschen nicht beheben, wohl aber dazu beitragen, „hysterisches Elend in gemeines Unglück zu verwandeln", und gegen dieses könne man sich mit einem wiedergenesenen Seelenleben besser zur Wehr setzen (Freud 1895, 311–312).

Freud wollte, im Gegensatz zur Bewusstseinspsychologie seiner Tage, eine psychologische Theorie begründen, die hinter das Bewusstsein führt. Dazu entwickelte er theoretische Modelle darüber, was sich jenseits des beobachtbaren Verhaltens und jenseits des bewussten Erlebens abspielt. Als Bezeichnung für diesen Ansatz wählte er den Ausdruck „Metapsychologie". Metapsychologie ist der allgemeinste und abstrakteste Teil seines psychoanalytischen Gedankengebäudes. In ihr erörterte er die Frage nach dem Ursprung und dem Wesen des Seelischen. Von unserem Seelenleben ist uns zweierlei bekannt: erstens unser Organismus mit seinem Nervensystem als Schauplatz desselben, und zweitens unser bewusstes Erleben, das uns unmittelbar gegeben ist. „Alles dazwischen ist uns unbekannt, eine direkte Beziehung zwischen beiden Endpunkten unseres Wissens ist nicht gegeben. Wenn sie bestünde, würde sie höchstens eine genaue Lokalisation der Bewusstseinsvorgänge liefern und für deren Verständnis nichts leisten." (Freud 1953, 9)

Freud betrachtete das Unbewusste als das eigentlich Psychische. Das Bewusstsein gleicht einem riesigen Eisberg, der unter Wasser treibt und dessen Spitze gerade noch aus dem Wasser herausragt. Was vom Eisberg an der Oberfläche sichtbar ist, steht für das Bewusste, alles andere ist das Unbewusste. Unbewusste

Beweggründe bestimmen unser Erleben, Verhalten und Handeln. Wir wissen nichts von ihnen und erleben sie auch nicht direkt. Freud vermutete ihre Wirksamkeit dort, wo unser Verhalten und Handeln von dem abweichen, was wir uns zu tun vorgenommen haben, wie zum Beispiel wenn wir uns versprechen, verlesen oder verschreiben. Er betonte die vitale Triebdynamik, die dem Verhalten aller Lebewesen zugrunde liegt, und sah in ihr die eigentlichen psychischen Vorgänge und Prozesse. Den psychischen Vorgängen schrieb er drei Bewusstseinsqualitäten zu: Sie sind entweder bewusst, vorbewusst oder unbewusst. „Was wir bewusst heißen, brauchen wir nicht zu charakterisieren, es ist das Nämliche wie das Bewusstsein der Philosophen und der Volksmeinung. Alles andere Psychische ist für uns das Unbewusste." (Freud 1953, 20) Bewusst werden kann uns nur, was wir in irgendeiner Weise einmal wahrgenommen oder gehört haben. Bewusstes und Vorbewusstes sind eng miteinander verbunden. Jeder Gedanke, jedes Gefühl, das ins Bewusstsein tritt, war unmittelbar vorher vorbewusst und wird es früher oder später wieder sein. Das Vorbewusste umfasst alles, woran wir uns ohne Mühe erinnern können. Die Inhalte des Unbewussten hingegen können wir uns nicht willentlich bewusst machen. Sie sind nicht direkt erlebbar und äußern sich nur indirekt in unserem Erleben und Verhalten, etwa in Form von Träumen, Fehlleistungen und psychischen Störungen. Zwar drängen sie, von starker Triebenergie getrieben, ins Bewusstsein, werden aber durch eine aktive Kraft, den sogenannten „Zensor", daran gehindert. Der Zensor, eine Art Überwachungsinstanz, verwehrt allem, was unser Selbstbild und unsere Wertvorstellungen sprengen könnte, den Zugang zum Bewusstsein. Er sorgt für Ruhe und Ordnung. Freud bezeichnete diesen Vorgang mit dem Ausdruck „Verdrängung". Als Inhalte des Unbewussten gelten Triebe, Erlebnisse, Wünsche und Gefühle, die für uns derart beschämend und beängstigend sind, dass wir sie „verdrängt", das heißt ins Unbewusste abgedrängt, haben. Verdrängtes ist im Unbewussten jedoch nicht wie Gerümpel auf dem Dachboden abgestellt, sondern behält seine Kraft und Dynamik bei, bestimmt unser Erleben, Verhalten und Handeln und versucht, in verkleideter Form als Fehlleistungen, als Trauminhalte und als psychische Störungen am Zensor vorbei ins Bewusstsein zu schlüpfen. Aus tiefenpsychologischer Sicht gelten Fehlleistungen, Trauminhalte und Symptome psychischer Störungen als Hinweise auf unbewusste Konflikte. Die eigentlichen Ursachen psychischer Störungen werden auch in unbewussten Konflikten gesehen.

Das Seelenleben als Konflikt

Freud betrachtete das Seelenleben als ein Konfliktgeschehen zwischen drei sich widerstreitenden Tendenzen in uns. Unser Verhalten und Handeln ist stets ein Kompromiss zwischen dem, wozu wir Lust haben, dem, was wir eigentlich tun sollten, und dem, was sich in unserer gegenwärtigen Situation tatsächlich verwirklichen lässt. Es gibt also mehrere „Seelen in unserer Brust". „Es", „Ich" und „Über-Ich" sind die Namen der drei Tendenzen oder seelischen Provinzen in uns. „Psychischer Apparat" ist ein anderer Ausdruck, den Freud dafür verwendete. Unser Seelenleben ist demnach eine Funktion des psychischen Apparates. Zur Kenntnis dieses Seelenapparates sei er durch das Studium der individuellen Entwicklung des menschlichen Wesens gekommen (vgl. Freud 1953, 9).

„Es" nennt Freud die älteste der drei psychischen Provinzen: „... sein Inhalt ist alles, was ererbt, bei Geburt mitgebracht, konstitutionell festgelegt ist, vor allem also die aus der Körperorganisation stammenden Triebe, die hier einen ersten uns in seinen Formen unbekannten psychischen Ausdruck finden" (Freud 1953, 9). Das Es ist das Energiereservoir, das alles seelische Leben antreibt. In ihm wirken die ursprünglichen biologischen, sexuellen und aggressiven Triebe in animalischer und nichtsozialisierter Form und drängen auf unverzügliche Befriedigung. Das Es ist nicht nur Sitz der archaischen Motive und Triebe, der sexuellen und aggressiven Kräfte, sondern auch ein Sammelbecken für alles, was wir im Laufe des Lebens, von der frühesten Kindheit an, verdrängt haben. Freud nennt das Es den dunklen Kern unseres Wesens. In ihm herrscht ein Denken, das keine Zeitvorstellung, keine Logik, keine Kausalität und keine Moral kennt und auch zwischen Fantasie und Wirklichkeit nicht unterscheiden kann. Das gesamte Es ist unbewusst.

Unter dem Einfluss der uns umgebenden realen Außenwelt entwickelte sich aus dem Es heraus eine besondere Organisation, die zwischen Es und Außenwelt vermittelt. „Diesem Bezirk unseres Seelenlebens lassen wir den Namen des *Ichs*." (Freud 1953, 10). Das Ich ist das Organ der Anpassung, der Selbsterhaltung und Selbstbehauptung von uns Menschen im Sinne einer realitätsgerechten Steuerung des Es. Das Ich versucht, die Triebansprüche des Es den Gegebenheiten der Realität anzupassen und mit den Wertmaßstäben des Über-Ichs in Einklang zu bringen. Für die Beziehung zwischen Ich und Es wählte Freud das Bild des Reiters auf dem Pferd. Die Energie und Kraft des Tieres sind durchaus positiv zu sehen und dienen dem Vorankommen, sofern der Reiter die Zügel fest in der Hand behält. Das Ich „... gleicht so im Verhältnis zum Es dem Reiter, der die überlegene Kraft des Pferdes zügeln soll, mit dem Unterschied, dass der Reiter dies mit eigenen Kräften versucht, das Ich mit geborgten. Dieses Gleichnis trägt ein Stück weiter. Wie dem Reiter, will er sich nicht vom Pferd trennen, oft nichts anderes übrig bleibt, als es dahin zu führen, wohin es gehen will, so pflegt auch das Ich den Willen des Es in Handlung umzusetzen, als ob es der eigene wäre" (Freud 1923, 294). Dem Ich stehen für seine schwierige Vermittlungsaufgabe zwischen Es, Über-Ich und Außenwelt die sogenannten Ich-Funktionen zur Verfügung wie willkürliche Muskelkontrolle, Wahrnehmung, Denken, Erinnern, Urteilen und Planen. Im Gegensatz zum Es, das nach dem *Lustprinzip* funktioniert, arbeitet das Ich nach dem *Realitätsprinzip*. Es kennt Zeitorientierung, Logik, Kausalität, Moral und den Unterschied zwischen Fantasie und Wirklichkeit. Die vorherrschenden Bewusstseinsqualitäten im Ich sind das Vorbewusste und Bewusste, doch das Ich reicht auch tief ins Unbewusste hinein. Die Abwehrmechanismen, die das Ich einsetzt, sind unbewusst. Im Ich gibt es sowohl Bewusstes, Vorbewusstes und Unbewusstes. Unbewusste Kräfte bewegen und bestimmen das Ich. Wenn die ungestümen und unbewussten Triebansprüche des Es mit dem Über-Ich oder der Außenwelt in Konflikt geraten, entsteht Angst. Angst signalisiert dem Ich, dass das innere Gleichgewicht in Gefahr ist, und mobilisiert schützende Gegenmaßnahmen in Form von Abwehrmechanismen. Diese sind zwar Teil des Ich, sind jedoch genauso unbewusst wie die Triebimpulse und die sie begleitenden Ängste. Einerseits ist ein gewisses Ausmaß an Abwehr notwendig, denn wollten wir alles Angstmachende, das uns je zugestoßen ist oder zustoßen könnte, ständig im Bewusstsein haben, bliebe uns wenig Kraft zum Leben. Andererseits bedeutet Abwehr immer auch Einengung der Wahrnehmung, der Erlebnisfähigkeit und Genussfähigkeit. Abwehrmechanismen wie Verdrängung, Projektion, Rationalisierung und Verschiebung sind letztlich unzweckmäßig. Zwar ermöglichen sie eine gewisse Konfliktbewältigung, aber diese wird dem Ich nicht gerecht. Im Dienste der gesunden Anpassung steht die Beherrschung der Triebimpulse, die Abwehr gehört in den Bereich der Pathologie, des Abnormen und Krankhaften. Auf den ersten Blick scheinen Abwehrmechanismen zwar ein Gewinn zu sein, der sich aber bald als Verlust herausstellt. Alle Abwehrmechanismen, mit Ausnahme der Sublimierung, verfälschen die Selbstwahrnehmung und Fremdwahrnehmung und belasten die Beziehungen zu den Mitmenschen. Nach Freud verlangt psychische Gesundheit Einsicht in die Härte des Lebens und der Wirklichkeit sowie die Kunst, den nicht erfüllten Triebwünschen eine passende Ersatzbefriedigung zu verschaffen. Als Kriterien psychischer Gesundheit nennt er: Genussfähigkeit, Leistungsfähigkeit, Liebesfähigkeit und Frustrationstoleranz.

„Als Niederschlag der langen Kindheitsperiode, während der der werdende Mensch in Abhängigkeit von seinen Eltern lebt, bildet sich in seinem Ich eine besondere Instanz heraus, in der sich dieser elterliche Einfluss fortsetzt. Sie hat den Namen des *Über-Ichs* erhalten.“ (Freud 1953, 10) Das Über-Ich setzt die Aufgaben fort, die zunächst allein Personen der Außenwelt, den Eltern und Bezugspersonen, zukamen, wie beispielsweise zu überwachen, zu belohnen und zu strafen. Das Über-Ich belohnt den Menschen für moralisches Verhalten und bestraft ihn für sozial nicht sanktioniertes Verhalten, indem es Schuldgefühle weckt. Es hat Gewissensfunktion und repräsentiert die moralischen und ethischen Wertvorstellungen, die Gebote und Verbote der Eltern beziehungsweise der Gesellschaft. Viele Gebote, Verbote und moralische Wertvorstellungen sind uns bewusst, doch gibt es von Person zu Person in verschiedenem Ausmaß Wertvorstellungen und soziale Anforderungen, die bereits in frühester Kindheit übernommen wurden und die nicht bewusst sind. Sie werden sogar verleugnet, obwohl die Person konkret danach handelt (vgl. Kriz 1994, 38).

Bei aller Verschiedenheit repräsentieren Es und Über-Ich die Einflüsse der Vergangenheit, das Es die ererbten und das Über-Ich die im Wesentlichen von anderen übernommenen. „Eine Handlung des Ichs ist dann korrekt, wenn sie gleichzeitig den Anforderungen des Es, des Über-Ichs und der Realität genügt, also deren Ansprüche miteinander zu versöhnen weiß.“ (Freud 1953, 10) Das Ich als Diener dieser drei Herren hat also die schwierige Aufgabe, den Einflüssen aller drei gerecht zu werden. Dabei erlebt es den Einfluss des mächtigsten dieser Herren, des unbewussten Es, gar nicht direkt, sondern nur indirekt als Träume, Fehlleistungen und Symptome psychischer Störungen und damit als vermeintlich eigene Zustände. Das bewusste Ich hat keine Einsicht in die unbewussten Kräfte, die es beherrschen. Es wird weitgehend von Ereignissen determiniert, die in der frühen Kindheit oder gar in der Vorgeschichte des Menschen liegen (vgl. Roth & Strüber 2015, 307). Ursprünglich verwendete Freud die Bezeichnungen Es, Ich und Über-Ich als Metaphern zur Beschreibung von Erleben und Verhalten, er verfiel jedoch der Personifizierung dieser Konstrukte. In seinem Gefolge sprechen und schreiben tiefenpsychologisch orientierte Autoren über die drei Instanzen, als handle es sich um drei selbstständige Wesen mit je eigener Macht, zu denken, zu wollen und zu handeln.

Freud verstand das Seelenleben als Funktion des seelischen Apparates, von Es, Ich und Über-Ich. Als er dieses Strukturmodell der Seele entwarf, hatte er bereits längere Zeit als neurobiologischer Forscher und Nervenarzt gearbeitet. Er wollte eine Brücke schlagen zwischen dem Physischen und dem Psychischen, dem Körperlichen und dem Seelischen, und bemühte sich, sein Modell der Seele auf eine neurophysiologische Grundlage zu stellen. Für ihn war es selbstverständlich, dass jedes brauchbare psychologische Modell mit dem Wissensstand auf dem Gebiet der Anatomie und Physiologie des Nervensystems vereinbar sein müsse. Es könne keine Psychologie unabhängig von der Physiologie des Nervensystems geben. Nur Esoteriker und Okkultisten würden sich die Freiheit nehmen, seelische Vorgänge zu postulieren, die neurophysiologisch unmöglich sind. In seiner Schrift *Jenseits des Lustprinzips* bemerkt er: „Die Biologie ist wahrlich ein Reich der unbegrenzten Möglichkeiten, wir haben die überraschendsten Aufklärungen von ihr zu erwarten und können nicht erraten, welche Antworten sie auf die von uns an sie gestellten Fragen einige Jahrzehnte später geben würde. Vielleicht gerade solche, durch die unser ganzer künstlicher Bau von Hypothesen umgeblasen wird.“ (Freud 1920, 65)

Der südafrikanische Neurowissenschaftler und Psychoanalytiker Mark Solms hält Freuds Strukturmodell der Seele mit seinen drei Instanzen Es, Ich und Über-Ich für nicht mehr haltbar (vgl. Solms 2011). Er beruft sich auf aktuelle Erkenntnisse der Bewusstseinsforschung und kündigt eine neue Ära der Psychoanalyse an. Es gelte, das Beste aus den Neurowissenschaften und der Psychoanalyse zu vereinen und Freuds Thesen weiterzuentwickeln. Im Seelenmodell von Freud ist das Es völlig unbewusst. Solms hingegen betont, dass nach neueren Erkenntnissen der Hirnforschung das Es keineswegs unbewusst ist, sondern ganz im Gegenteil von Anfang an bewusst. Das Es ist von Geburt an bewusst, das Ich ist es hingegen nicht. Das sei die große Überraschung! Das Bewusstsein beginnt aus dem Es heraus. Das Ich wird vom Es mit Bewusstsein versorgt und nicht vom Wahrnehmungssystem, wie Freud glaubte. Der Organismus ist sich der primären Gefühle stets bewusst. Primäre Gefühle bilden die Grundlage des gesamten emotionalen Lebens und sind der Anfang des Bewusstseins überhaupt. Solms argumentiert im Sinne des Neurologen Antonio Damasio, demzufolge die ursprünglichen Gefühle spontane Spiegelbilder von Körperzuständen sind. Es sind Zustände wie Lust oder Schmerz, Körperleichtigkeit oder Körperschwere, Energie oder Mattigkeit, Anspannung oder Entspannung. Die ursprünglichen Gefühle dienen dazu, die Bedürfnisse des Organismus zu erfüllen. Sie sind das Urbild für alle anderen Gefühlserlebnisse. Neurowissenschaftler unterscheiden zwischen einem *primären* und einem *sekundären* Bewusstsein. Das primäre Bewusstsein entsteht aus dem Inneren des Organismus heraus. Es ist ein angeborenes System der Bewertung. Wir Menschen teilen es mit den Säugetieren, vielleicht sogar mit den Reptilien und den Vögeln. Sein Credo lautet: „Ich fühle, und deshalb bin ich" (vgl. Damasio 1999, 2000). Ein angenehmer Zustand bedeutet, die Bedürfnisse des Organismus sind oder werden befriedigt, ein unangenehmer Zustand bedeutet, sie sind weder erfüllt noch werden sie befriedigt. Selbst Tiere wissen es, wenn sie sich gut fühlen, und sie wissen, dass sie in Gefahr sind, wenn sie sich schlecht fühlen. Wir Menschen wissen das erst recht. Das ursprüngliche „Selbstbewusstsein" erwächst aus dem Es. Das *sekundäre* Bewusstsein, das autobiografische Bewusstsein, entsteht in unserer Entwicklung später. Mit seiner Hilfe können wir mühelos durch die Zeit reisen, uns an frühere autobiografische und andere Ereignisse erinnern, unsere Zukunft planen oder überlegen, was wir in den nächsten Jahren noch erleben wollen. Das Ich weist das primäre Bewusstsein in seine Schranken und dirigiert es gemäß den Anforderungen der realen Umwelt. Das Ich ist der Wächter des Es. Solms geht es in seiner Theorie primär um das Gleichgewicht zwischen emotionalen und kognitiven Prozessen.

„Ja, wir sind ja immer davon ausgegangen, das ‚Es' mit seinen Trieben und Gefühlen sei unbewusst und dass wir dieses Unbewusste über die Sprache ins Bewusstsein zurückholen können beziehungsweise müssen. Aber wenn es denn diese widerstreitenden Pole gibt, auf der einen Seite das primäre Bewusstsein mit seinen Gefühlen und auf der anderen Seite das sekundäre Bewusstsein mit seinen Kontrollmechanismen, dann sollte es unsere allererste Aufgabe als Psychoanalytiker sein, auf eine bessere Balance zwischen den beiden Polen hinzuwirken, zwischen den mächtigen Trieben und ihrer Hemmung. Es sollte künftig noch mehr als bisher darum gehen, Gefühle zu „managen", als sie hervorzuwühlen." (Solms 2011, 45)

Der Psychiater Hartmann Hinterhuber würdigt Freuds Seelenapparat als den Versuch, die Psychoanalyse naturwissenschaftlich zu fundieren und die neuzeitliche Fragmentierung von Leib und Seele, von Natur und Geist, in den Natur- und Geisteswissenschaften aufzuheben. Freuds Modell der Seele ist und bleibt ein neurophysiologisches. Das Biologische spielt nach Freud für das Psychische die Rolle des unterliegenden gewachsenen Felsens (vgl. Hinterhuber 2001, 144; 2012, 226). Der holländische Psychoanalytiker Piet Kuiper hingegen bemerkt, es habe keinen Sinn, zwischen dem Erleben und dem zentralen Nervensystem so etwas wie einen psychischen Apparat einzuschieben. Der psychische Apparat, das heißt die organische Grundlage der seelischen Funktionen, ist das Gehirn, und das erforscht man nicht, indem man einen Analysanden nach seinen Einfällen fragt, sondern mithilfe von Neuroanatomie und Neurophysiologie (vgl. Kuiper 1975, 35).

Freud legt in seiner Sicht des Seelischen den Schwerpunkt auf das Unbewusste. Unbewusste Einflüsse bestimmen unser Erleben, Verhalten und Handeln. Als Quelle der Lebendigkeit nennt er die vitale Triebdynamik des unbewussten Es. Das Es ist der Energiespeicher, aus dem heraus alles seelische Leben gespeist und angetrieben wird. Freuds Verständnis des Seelischen ist vor allem ein kausales Woher und weniger ein finales Wohin und Wozu. Menschliches Sein deutet er als Getriebensein. Das Bild von der seelischen Natur des Menschen, das er entwarf, ist insgesamt ziemlich düster und pessimistisch.

Nach Freud gehört die Vorstellung, es gebe eine vom Körper abtrennbare Seele, die den Tod überdauert, einer vorwissenschaftlichen, mythischen Epoche der Menschheitsgeschichte an. Die Annahme einer unsterblichen Seele betrachtete er als Illusion, die der Bewältigung der Todeserfahrung dient. Als Illusion bezeichnete er auch die Vorstellung, es gebe einen göttlichen Vater, der sich um jeden einzelnen Menschen sorgt. Beide Illusionen entstammen kindlichem Wunschdenken. Menschen können jedoch so selbstständig werden, dass sie ohne diese Illusionen auskommen (vgl. Hampe 2010).

Verhaltenspsychologie

Die Verhaltenspsychologie befasst sich mit der Beschreibung, Erklärung, Vorhersage und Kontrolle des Verhaltens. Ihr Ursprung liegt im *Behaviorismus*, jener Richtung, welche die amerikanische Psychologie zirka fünfzig Jahre lang dominierte und die sich ausschließlich auf das beobachtbare und messbare Verhalten konzentrierte. Nach dem Willen ihrer Vertreter soll die Psychologie, ähnlich den Naturwissenschaften, eine objektive Wissenschaft sein und nur intersubjektiv überprüfbare Daten akzeptieren. Die in der Bewusstseinspsychologie verwendete Methode der Introspektion lehnen die Behavioristen als unwissenschaftlich ab. Markenzeichen des Behaviorismus sind Objektivität und strenge methodische Standards bei der experimentellen Überprüfung präzise formulierter Hypothesen.

Die prominentesten Vertreter des Behaviorismus sind John B. Watson (1878–1958) und Burrhus F. Skinner (1904–1990). Watson, ein radikaler Behaviorist, war der Ansicht, sämtliche Erfahrungen lassen sich auf Drüsensekretionen und Muskelbewegungen zurückführen. Als Gegenstand psychologischer Forschung akzeptierte er nur das beobachtbare Verhalten und dessen Wechselwirkung mit beobachtbaren Umweltbedingungen. Begriffe wie Empfinden, Wahrnehmen, Denken, Fühlen und Wollen strich er aus dem wissenschaftlichen Vokabular, sofern sie subjektive Zustände bezeichnen, die objektiv nicht überprüfbar sind. Das subjektive Erleben war für ihn kein akzeptabler Forschungsgegenstand der Psychologie. Er betonte die Bedeutung der Umwelteinflüsse für das menschliche Verhalten. B. F. Skinner gilt als der bekannteste Vertreter des Behaviorismus. Seiner Meinung nach lassen sich Aussagen über seelische Ereignisse als Aussagen über Verhalten identifizieren. In seiner experimentellen Analyse des Verhaltens klammerte er subjektive Zustände als Ursachen des Verhaltens aus. Er entwarf eine äußerst sparsame Theorie zur Erklärung tierischen und menschlichen Verhaltens, indem er sich auf folgende Fragen konzentrierte: welche Reize lösen Verhalten zuverlässig aus, und vor allem, wie beeinflussen die auf das Verhalten unmittelbar folgenden Konsequenzen dessen zukünftige Auftrittshäufigkeit? Wenn eine genaue Kenntnis dieser beiden Gegebenheiten es ermöglicht, Verhalten zuverlässig vorherzusagen und zu kontrollieren, dann erübrigen sich Spekulationen darüber, was im Lebewesen oder im Individuum vor sich geht, was es denkt, fühlt oder beabsichtigt. Diese Form der Verhaltenspsychologie trägt den Namen „Black-Box-Psychologie". Ende der Sechziger- und Anfang der Siebzigerjahre des vergangenen Jahrhunderts fand die sogenannte „kognitive Wende" in der Verhaltenspsychologie statt. Verhaltensforscher distanzierten sich zunehmend von der Black-Box-Psychologie und interessierten sich für kognitive Prozesse. Phänomene wie Empfinden, Denken, Fühlen und Wollen, die nur aus dem Ausdrucksverhalten erschlossen werden können, bezeichneten sie als „verdecktes Verhalten".

Abb. 4: John B. Watson (1878–1958)

Abb. 5: Burrhus F. Skinner (1904–1990)

Behavioristen gehen davon aus, dass der Großteil unseres Verhaltens gelernt ist und von Umwelteinflüssen bestimmt wird. Da wir Menschen kaum angeborene Verhaltensweisen besitzen, können wir unser Überleben nur durch Lernen, durch eine ständige Auseinandersetzung mit unserer Umwelt sichern. Wie passen wir uns den mannigfaltigen Anforderungen der sozialen und dinglichen Umwelt an? Wie erwerben wir Verhaltensweisen, Gewohnheiten, Vorlieben und Abneigungen? Wie können wir schädliche Gewohnheiten und Verhaltensweisen wieder verlernen? Behavioristen betrachten gestörtes oder abnormes Verhalten als unter Belastung erworbenes Fehlverhalten. Dieses unterliegt den gleichen Lerngesetzen wie normales Verhalten auch und wird nicht, wie in der Tiefenpsychologie, als Symptom unbewusster Konflikte gesehen.

Behavioristen unterscheiden zwischen „respondentem" und „operantem" Verhalten. *Respondentes Verhalten* umfasst alle unwillkürlichen Reaktionen, die unter der Kontrolle des vegetativen oder autonomen Nervensystems stehen. Es sind automatische Reaktionen, die durch bestimmte äußere oder innere Reize ausgelöst werden, wie beispielsweise Reflexe und emotionale Reaktionen. *Operantes Verhalten* hingegen umfasst alle spontanen, willkürlichen Verhaltensweisen, die auf die Umwelt wirken. Es unterliegt der Kontrolle des zentralen Nervensystems. Im Deutschen ist dafür auch der Ausdruck „Wirkverhalten" gebräuchlich. Es handelt sich um Aktivitäten, die bereits im Verhaltensrepertoire des Lebewesens vorhanden sind. Den beiden Verhaltensklassen entsprechen unterschiedliche Lernformen: Dem respondenten Verhalten entspricht im Großen und Ganzen die *Klassische Konditionierung* und dem operanten Verhalten die *Operante Konditionierung*.

Die Klassische Konditionierung

Der russische Physiologe und Nobelpreisträger Iwan Petrowitsch Pawlow (1849–1936) gilt als Vater der Klassischen Konditionierung. Er untersuchte die Entstehung von sogenannten bedingten (gelernten) Reflexen. Beim Anblick von Futter reagiert ein hungriger Hund automatisch mit Speichelfluss. Diese ungelernte Reiz-Reaktions-Verbindung ist ein unbedingter Reflex. Andere unbedingte Reflexe sind zum Beispiel der Kniesehnenreflex, die Pupillenkontraktion und der Lidschlussreflex, die durch spezifische Reize ausgelöst werden. In seinem klassischen Experiment bot Pawlow einem hungrigen Hund einen Glockenton zusammen mit etwas Futter dar. Da Hunde auf Glockentöne normalerweise nicht mit Speichelfluss reagieren, wird der Glockenton neutraler Reiz genannt. Die beiden Reize, Glockenton und Futter, bot Pawlow seinem Versuchstier viele Male gemeinsam dar. Als er nach dieser Prozedur dem Hund nur noch den Glockenton darbot, reagierte dieser ebenfalls mit Speichelfluss. Vor dem Experiment konnte nur Futter den Speichelfluss auslösen. Der Glockenton wurde durch die gemeinsame Darbietung mit dem Futter zu einem konditionierten (bedingten) Reiz, der die konditionierte (bedingte) Reaktion Speichelfluss hervorrief. Der Hund lernte durch das Experiment eine neue Reiz-Reaktions-Verbindung, einen sogenannten bedingten Reflex.

Für die Schutzreflexe der Skelettmuskulatur ist diese Form der Konditionierung dann am wirksamsten, wenn der neutrale Reiz – zum Beispiel ein rotes Licht – eine Sekunde vor dem unkonditionierten Reiz – zum Beispiel einem Luftstoß gegen das Auge – verabreicht wird. Bei der Konditionierung von Reaktionen, die unter der Kontrolle des autonomen Nervensystems stehen, liegt das optimale Zeitintervall zwischen fünf und fünfzehn Sekunden. Die zeitliche und räumliche Nähe der beiden Reize allein genügt jedoch nicht für eine effektive Konditionierung. Der neutrale Reiz (Glockenton) muss auch eine zuverlässige Vorhersage des unbedingten Reizes (Futter) ermöglichen.

Ausgangsbasis für die Klassische Konditionierung sind angeborene Reiz-Reaktions-Verbindungen wie zum Beispiel Schreckreize, die eine Veränderung der Puls-, Herz- und Atemfrequenz hervorrufen, oder Helligkeitsveränderungen, die zu einer Ver-

Abb. 6: Iwan Petrowitsch Pawlow (1849–1936)

engung oder Erweiterung der Pupillen führen. Diese Form des Lernens erklärt, warum viele Reize und Ereignisse Reaktionen auslösen, die unter der Kontrolle des autonomen Nervensystems stehen. Für uns Menschen können auch Worte, Symbole und Erinnerungen zu konditionierten Reizen werden. Worte und Symbole vermitteln nicht nur eine Bedeutung, sie lösen auch emotionale Reaktionen aus, die wir durch Klassische Konditionierung erworben haben. Worte wie Prüfung, Zahnarzt, Arbeitsverlust, Urlaub, Wirtschaftskrise und Symbole aller Art, die wir mit persönlichen Erlebnissen verbinden, rufen in uns gleiche oder ähnliche emotionale Reaktionen wie die ursprünglichen Erlebnisse hervor. Personen, die in einem Experiment angewiesen wurden, sich schmerzhafte Erlebnisse wie physische Verletzungen oder Demütigungen vorzustellen, zeigten entsprechende emotionale Reaktionen (vgl. Mahoney 1977, 52). Abgesehen von besonders schwachen und ungewöhnlichen Reizen, kann beinahe alles, was ein Tier oder Mensch wahrnimmt, zu einem konditionierten Reiz werden. Unsere erworbenen Vorlieben und Abneigungen, unsere Tendenzen, auf bestimmte Menschen, Gegenstände, Orte, Situationen und Ideen emotional positiv oder negativ zu reagieren, sind wahrscheinlich durch Klassische Konditionierung entstanden. Da wir Vorlieben und Abneigungen nicht aufgrund bewussten Überlegens und Denkens erworben haben, können wir sie durch Denken allein kaum beeinflussen.

Die Werbebranche bedient sich längst des elementaren Lernvorgangs der Klassischen Konditionierung. Die Zigarettenwerbung zum Beispiel verbindet Rauchen mit bestimmten Persönlichkeitseigenschaften. Der „Marlboro-Man", eine fiktive Werbefigur, die von Männlichkeit, Gesundheit, Abenteuerlust und Risikobereitschaft strotzt, dient als unkonditionierter Reiz, der beim Kunden eine angenehme emotionale Reaktion hervorruft. Durch die wiederholte gemeinsame Darbietung von Marlboro-Man und dem Namen der Zigarettenmarke soll diese beim Kunden ebenfalls eine angenehme emotionale Reaktion auslösen. Der Markenname wird hiermit emotional aufgeladen und erhält für den Kunden eine positive Bedeutung. Auf diese Weise versucht die Werbung, die Einstellung der Kunden zum angepriesenen Produkt ohne sachliche Information, allein durch emotionale Konditionierung, zu verändern. Diese Form der Beeinflussung erfolgt weitgehend außerhalb des Bewusstseins.

Wie können durch Klassische Konditionierung entstandene Reaktionen wieder verlernt werden? Wie kann man einem Hund das Sabbern auf einen Glockenton hin wieder abgewöhnen? Als Pawlow seinem konditionierten Hund nur mehr den Glockenton und kein Futter darbot, nahm dessen Speichelreaktion an Intensität ab und hörte dann ganz auf. Dieser Vorgang wird als Löschung oder Extinktion bezeichnet und ist als aktiver Lernvorgang zu sehen. Nach einer Ruhepause bot Pawlow dem Hund erneut nur den Glockenton dar. Überraschenderweise reagierte dieser mit Speichelfluss, wenn auch in geringerer Intensität als ursprünglich. Man spricht von spontaner Erholung. Es bedarf mehrerer Löschungsdurchgänge, um eine konditionierte Reaktion ganz zu beseitigen. Ist die Reaktion damit endgültig gelöscht? Werden dem Hund nach der Löschung der konditionierten Speichelreaktion wieder beide Reize, Futter und Glockenton, dargeboten, dann erfolgt das Lernen der konditionierten Reaktion sehr schnell. Der Hund benötigt weniger Zeit, die Reaktion wieder zu lernen, als sie ursprünglich zu lernen. Der Organismus muss etwas von der ursprünglichen Konditionierung behalten haben, obwohl die Löschung diese beseitigt zu haben scheint.

Für das menschliche Verhalten ist das Klassische Konditionieren vor allem für die Frage relevant, wie belastende Angstreaktionen, sogenannte Angststörungen, entstehen. Diese erfolgen nicht nur schnell, sie sind auch sehr langlebig und können sich jahrelang halten. Durch bloßes Verstreichen der Zeit wird man sie nicht los.

Auch wenn die beobachtbaren Angstreaktionen scheinbar verschwunden sind, bestehen die Reaktionen des autonomen Nervensystems weiterhin fort, und die Person kann durch die ursprünglichen Angstreize wieder in Erregung versetzt werden, wie die folgende Untersuchung zeigt. Auf den Schiffen der amerikanischen Marine im Zweiten Weltkrieg benutzte man einen ganz bestimmten Gong als Signal, das die Soldaten auf ihre Kampfposten rief. Für sie war der Gong mit Gefechtslärm, mit Geräuschen von Gewehren und Bomben, assoziiert. Der Gong wurde daher zu einem konditionierten Reiz für starke emotionale Erregung. Fünfzehn Jahre nach dem Krieg untersuchte man bei Marine- und Armeeveteranen, die sich in einem Krankenhaus aufhielten, die emotionalen Reaktionen auf zwanzig unterschiedliche Geräusche. Obwohl keines dieser Geräusche eine gegenwärtige Gefahr signalisierte, rief der Klang des alten Gongsignals bei den Marineveteranen immer noch eine starke emotionale Reaktion hervor, nicht jedoch bei den Armeeveteranen (vgl. Edwards & Acker 1962).

Die Klassische Konditionierung ist für das Verständnis der Entstehung und Aufrechterhaltung von Angststörungen deshalb attraktiv, weil sie verdeutlicht, warum gutes Zureden und wiederholte Versicherungen, die Angst sei ja völlig unbegründet, so wenig fruchten. Das Angstgefühl mit seinen starken körperlichen Begleiterscheinungen tritt automatisch auf und ist der bewussten Kontrolle entzogen. Versuchen Sie einmal, einen Menschen, der an einer Phobie leidet, von der Grundlosigkeit seiner Angst zu überzeugen! Der Begriff „Phobie“ stammt aus der griechischen Mythologie und geht auf *phóbos* (griechisch Furcht), den Namen eines Sohnes des Kriegsgottes Ares und der Liebesgöttin Aphrodite, zurück. Eine Phobie ist eine exzessive Angstreaktion, die sich auf bestimmte Objekte und Situationen bezieht, deren Harmlosigkeit den Betroffenen durchaus bewusst ist. Angstquellen, die Phobiker angeben, rufen bei Nichtphobikern keine Angst und auch kein Unwohlsein hervor. Das lerntheoretische Modell der Entstehung und Aufrechterhaltung von Phobien ist auch für die Behandlung dieser Störungen der wohl bedeutendste Ansatz (vgl. Rachman & Bergold 1976). Es geht davon aus, dass das Individuum zunächst einem traumatischen Ereignis ausgesetzt ist, das zu heftigen emotionalen Reaktionen führt. Jemand erlebt zum Beispiel einen Übelkeitsanfall in einer vollen Straßenbahn und muss sich im Zustand extremer Hilflosigkeit von den anderen Fahrgästen anstarren lassen. Alle Reize, welche die Person mit dem traumatischen Erlebnis verbindet, werden zu konditionierten Reizen, die auch in Abwesenheit echter Gefahr die emotionale Reaktion auslösen können. Die Angst breitet sich nach der Ähnlichkeit der angstauslösenden Reize aus. Man spricht von Reizgeneralisierung. Auch in anderen Verkehrsmitteln treten ähnliche Angsterlebnisse auf, und bereits der Anblick oder der bloße Gedanke an Straßenbahnen erzeugt Angst. Das kann so weit gehen, dass der Aufenthalt in fremden Räumen, das Weggehen von zu Hause ohne Begleitung, praktisch alles, was außerhalb der eigenen vier Wände geschieht, Angst macht. Die Person meidet alle Situationen, in denen die Angst auftreten könnte. Die Flucht vor der Angst ist für sie im Augenblick erfolgreich. Sie glaubt, ihre Angst nur dadurch bewältigen zu können, dass sie allen Verkehrsmitteln aus dem Wege geht. Langfristig fixiert sie dadurch jedoch ihre Angst vor Straßenbahnen und anderen Verkehrsmitteln. Ihr ausgedehntes Vermeidungsverhalten führt zur Aufrechterhaltung der phobischen Reaktion. Solange die Person alle angstauslösenden Situationen meidet, beraubt sie sich der Möglichkeit, eine gegenteilige Erfahrung zu machen, und zwar die, dass sie Verkehrsmittel zwar mit Angst benutzen kann, aber dass diese Angst bei Weitem nicht so schlimm ist wie befürchtet. „Wenn ein Patient, der eine unangepasste Angstreaktion erworben hat, gezwungenermaßen wiederholt in Kontakt mit den angstauslösenden Reizen kommt, so kann eine allmähliche Schwächung der phobischen Reaktion und schließlich ihr Verschwinden erwartet werden (spontane Remission).“ (Rachman & Bergold 1976, 12) Warum entwickeln nicht alle Menschen, die Traumatisches erlebten, eine Phobie? Menschen werden von Hunden gebissen, erleben schwere Autounfälle, entwickeln aber trotzdem keine Hundephobie und fahren weiterhin mit dem Auto. Man nimmt an, dass emotional labile Menschen mit einer ausgeprägten Anfälligkeit für Angststörungen und der Neigung zu introvertierten Verhaltensmustern mit größerer Wahrscheinlichkeit Phobien entwickeln als emotional stabile, extravertierte, gesellige und optimistische Menschen.

Können durch eine erfolgreiche Verhaltenstherapie, in der sich die Betroffenen den angstauslösenden Situationen aussetzen und diese Schritt für Schritt bewältigen, frühere negative Erfahrungen vollständig gelöscht werden? Eine Therapie kann das Erleben der Angst und die Angstreaktion wohl deutlich vermindern und abschwächen, aber nicht total löschen. Der Psychotherapieforscher Klaus Grawe hält den Ausdruck „Löschung“ für einen irreführenden Ausdruck, der durch den Ausdruck „Hemmung“ ersetzt werden sollte. In einer wirksamen Angstbehandlung wird die Angst nicht gelöscht, sondern gehemmt (vgl. Grawe 2004, 101ff). Er beruft sich auf den Emotionsforscher LeDoux, der die Auffassung vertritt, dass bei der Löschung einer Angstreaktion nicht die in der Amygdala gespeicherte „implizite Erinnerung“ selbst ausgelöscht wird, sondern dass die weiteren Auswirkungen dieser unbewussten emotionalen Erinnerung durch das Stirnhirn gehemmt werden. „Unbewusste Furchterinnerungen, die von der Amygdala gebildet wurden, scheinen unauslöschlich ins Gehirn eingebrannt zu sein. Sie bleiben uns wahrscheinlich ein Leben lang erhalten.“ (LeDoux 1998, 272) LeDoux meint, es könnte sein, dass wir die Erinnerungen, die den Angststörungen zugrunde liegen, niemals los werden, dass wir aber hoffen können, eine gewisse Kontrolle über sie zu erlangen.

Die Operante Konditionierung

Der amerikanische Psychologe B. F. Skinner ist der Begründer der Operanten Konditionierung. Sein Forschungsinteresse galt der Frage: Was bestimmt die Auftrittshäufigkeit eines Verhaltens? Registrierbare Umweltreize lösen zwar viele Reaktionen aus, aber offensichtlich gibt es eine ganze Menge von Verhaltensweisen, bei denen auslösende Reize in der Umwelt fehlen. Für Verhalten, das ein Lebewesen ohne äußere Auslöser, also spontan von sich aus zeigt, prägte Skinner die Bezeichnung „operantes Verhalten“ (Wirkverhalten). Der ursprüngliche Grund dieses Verhaltens liegt im Lebewesen selbst. Die Bezeichnung „operant“ soll ausdrücken, dass dieses Verhalten auf die Umwelt wirkt und dort zu bestimmten Effekten führt. Operante Konditionierung ist die Veränderung der Auftrittshäufigkeit von Verhaltensweisen durch die Manipulation ihrer Konsequenzen. Bei der Klassischen Konditionierung sind die dem Verhalten vorausgehenden Reize und Ereignisse von entscheidender Bedeutung. Bei der Operanten Konditionierung hingegen spielen die dem Verhalten nachfolgenden Wirkungen die ausschlaggebende Rolle. Verhalten führt zu positiven oder negativen Konsequenzen, und diese bestimmen, wie häufig dieses in Zukunft auftritt.

Skinner zufolge führt die Praxis, bei einem Lebewesen nach innen zu schauen, um dort eine Erklärung für dessen Verhalten zu finden, zur Verschleierung jener Einflussfaktoren, die einer wissenschaftlichen Analyse unmittelbar zugänglich sind. Diese Einflussfaktoren liegen außerhalb des Lebewesens, sie sind in seiner unmittelbaren Umwelt und in der Geschichte seiner Umwelt zu suchen (Skinner 1965, 31). Für Skinner sind die Gesetze des Verhaltens mit der Manipulation der Verhaltenskonsequenzen identisch. Der zentrale Begriff der Operanten Konditionierung ist der Begriff Kontingenz. Kontingenz bezeichnet die Beziehung zwischen dem Verhalten und seinen Konsequenzen. Sie lässt sich als Wenn-Dann-Beziehung zwischen dem Verhalten und seinen nachfolgenden Wirkungen beschreiben. Wenn auf ein Verhalten positive Konsequenzen folgen, dann wird dieses in Zukunft häufiger auftreten; wenn auf ein Verhalten negative Konsequenzen folgen, dann wird dieses in Zukunft seltener oder gar nicht mehr auftreten. Wie wir uns verhalten, was wir tun oder nicht tun, hängt demnach von den Konsequenzen unseres Verhaltens und Handelns ab, aber auch davon, wie unsere Mitmenschen darauf reagieren.

Skinner untersuchte das Verhalten von Tauben, Ratten und Menschen. Er formulierte keine Theorie darüber, was in Tieren und Menschen vor sich geht, und lehnte alles, was nicht direkt beobachtbar ist, als Verhaltenserklärung ab. Nahrungssuche und Nahrungsverzehr kann man beobachten, Hunger und Appetit hingegen nicht. Nicht direkt beobachtbare Einflussfaktoren sind in seinen Verhaltensbeschreibungen nicht zu finden. Eine innere Bedingung wie „Hunger" definierte er ausschließlich empirisch, zum Beispiel als Nahrungsentzug von mehreren Stunden. Bei seinen experimentellen Untersuchungen des Verhaltens von Tauben verwendete er die sogenannte Skinner-Box, eine Art Versuchskasten, der das Tier gegen störende Reize von außen abschirmt. Eine Kamera zeichnet das Geschehen innerhalb der Box auf. Eine Taube, die viele Stunden nichts zu fressen bekommen hat, zeigt in der Box zunächst verschiedene Verhaltensweisen. Unter anderem pickt sie mit ihrem Schnabel an mehrere Stellen im Käfig. Als sie rein zufällig auf eine Plastikscheibe an der Wand der Box pickt, kippt ein Futtertrog von der Wand, und die Taube findet darin ein Futterkorn zum Fressen. Jedes Mal, wenn sie auf die Scheibe pickt, fällt ein Futterkorn in den Trog. Das zunächst zufällige Picken auf die Plastikscheibe nimmt in der Folge an Intensität und Häufigkeit zu, weil das Pickverhalten für die hungrige Taube einen positiven Effekt hat. Man sagt, das Pickverhalten der Taube wird verstärkt (belohnt). Fallen nach dem Picken auf die Scheibe keine Futterkörner mehr in den Trog, nimmt das Picken auf die Scheibe an Intensität und Häufigkeit ab und hört allmählich ganz auf. Man sagt, das Pickverhalten wird gelöscht.

Operante Konditionierung ist die Veränderung der Auftrittshäufigkeit eines Verhaltens durch die Manipulation seiner Konsequenzen. Die auf das Verhalten unmittelbar folgenden Bedingungen bestimmen die Wahrscheinlichkeit, mit der es in Zukunft auftritt. Je nachdem, ob auf das Verhalten ein positiver oder ein negativer Zustand folgt oder ob durch das Verhalten ein positiver oder negativer Zustand beendet wird, lassen sich vier Formen der

Operanten Konditionierung unterscheiden: 1. die positive Verstärkung, 2. die negative Verstärkung, 3. die Bestrafung und 4. die Löschung. Die positive und die negative Verstärkung erhöhen die Intensität und Auftrittshäufigkeit des Verhaltens. Sie bewirken den Aufbau und die Aufrechterhaltung von Verhaltensweisen. Bei der positiven Verstärkung oder Belohnung geschieht dies durch die Darbietung positiver Reize, wie zum Beispiel Lob, Anerkennung, Prestige und Geld; bei der negativen Verstärkung geschieht dies durch die Beseitigung unangenehmer Zustände, wie zum Beispiel Hunger, Durst, Schmerz, Angst, Unbehagen, Langeweile und Frustration. Auch die negative Verstärkung ist eine Verstärkung und erhöht die Auftrittshäufigkeit des Verhaltens. Sie ist nicht mit der Bestrafung zu verwechseln, denn die Beseitigung unangenehmer Zustände aller Art wird als angenehm empfunden. Die Bestrafung und die Löschung vermindern die Intensität und Auftrittshäufigkeit des Verhaltens. Sie bewirken den Abbau und die Beseitigung von Verhaltensweisen. Bei der Bestrafung geschieht dies durch die Darbietung aversiver Reize, wie zum Beispiel Schimpfen, Geldbußen, Privilegienentzug, Gefängnis und Verachtung; bei der Löschung geschieht dies entweder durch die Beseitigung bisheriger positiver Reize, wie zum Beispiel Belohnung, Zuwendung, Aufmerksamkeit und Lob, oder dadurch, dass auf das Verhalten weder ein angenehmer noch ein unangenehmer Zustand folgt. Positive und negative Verstärkung, Bestrafung und Löschung sind dann am verhaltenswirksamsten, wenn sie unmittelbar auf das Verhalten folgen.

Der Ausdruck „Verstärker" dient Skinner als Bezeichnung für alles, was die Auftrittshäufigkeit eines Verhaltens erhöht. Er definierte den Begriff „Verstärker" rein funktional und gab nie eine Antwort auf die Frage, warum ein Verstärker verstärkt. Ihm genügte die Beschreibung des Zusammenhangs von Verhalten und Verhaltenskonsequenzen. Verhaltenspsychologen unterscheiden zwischen primären, sekundären und generalisierten Verstärkern. Primäre Verstärker sind ungelernte Verstärker, wie zum Beispiel feste und flüssige Nahrung, Veränderungen in der Umwelt nach einer Zeit der Monotonie, sowie alles, was Unbehagen und Schmerz vermindert. Primäre Verstärker befriedigen grundlegende Bedürfnisse. Sekundäre Verstärker sind ursprünglich neutrale Reize, die aufgrund wiederholter Assoziation mit einem primären Verstärker selbst zu Verstärkern wurden. Sekundäre Verstärker sind gelernte Verstärker. Gegenüber primären Verstärkern besitzen sie den Vorteil, dass die Sättigung nicht so schnell eintritt. Man hat beispielsweise Münzen bei Schimpansen mit Erfolg als sekundäre Verstärker mit Anreizwert eingesetzt. Die Schimpansen lernten zunächst den Zusammenhang zwischen nicht essbaren Münzen und essbaren Rosinen. Bald akzeptierten sie die Münzen als Ersatz für den primären Verstärker Rosinen und arbeiteten den ganzen Tag für dieses Spielgeld, das sie nachher in einen Automaten steckten, der die gewünschten Rosinen auswarf (Zimbardo & Ruch 1978, 149). Generalisierte Verstärker sind gelernte Verstärker, die in verschiedenen Situationen mit primären oder sehr effektiven sekundären Verstärkern zusammen auftraten. Geld ist das Paradebeispiel eines generalisierten Verstärkers. Geld verschafft Zugang zu vielen primären und sekundären Verstärkern. Anerkennung, Zuwendung, Beachtung und Lob sind zwar weniger verlässliche generalisierte Verstärker, kontrollieren aber den Großteil unserer alltäglichen Interaktionen mit unseren Mitmenschen. Zwischen einem unmerklichen Lächeln und der direkten Erklärung von Liebe oder Hass gibt es ein breites Spektrum von Hinweisreizen, die unser Verhalten tagtäglich formen und kontrollieren.

Verstärker sind nur dann verhaltenswirksam, wenn sie auch motivationsadäquat sind. Jemandem Geldprämien für Leistung anzubieten, dem Geld nichts bedeutet, dürfte kaum eine Leistungssteigerung bewirken. Das Phänomen der sekundären und generalisierten Verstärker zeigt den Einfluss des Lernens auf die Motivation. Ein generalisierter Verstärker wie Geld wirkt nicht nur wegen eines momentanen Bedürfnisses, sondern spricht den Menschen auf breiter Basis an. Die Wahrscheinlichkeit ist groß, dass jemand auch dann für Geld arbeitet, wenn er im Augenblick weder Hunger und Durst noch sonst ein primäres Bedürfnis verspürt. Nach der Grundthese der Verhaltenspsychologie wird jedes Verhalten, das wiederholt auftritt, auf irgendeine Weise verstärkt. Verstärkung ist zur Formung und Aufrechterhaltung von Verhalten notwendig. Offensichtlich gibt es jedoch Verhaltensweisen ohne erkennbare äußere Verstärkung. Deshalb führte bereits Skinner den Begriff „Selbstverstärkung“ ein. Bei der Selbstverstärkung verabreicht das Individuum sich die Verstärkung selbst. „Wenn ich diese Seminararbeit endlich fertig habe“, mag ein Studierender sich sagen, „dann mache ich mir einen schönen Tag.“ Selbstverstärkung beruht auf einer positiven Selbstbewertung und ruft Zufriedenheit und Stolz hervor. Wir Menschen können Verhalten und Handeln auch ohne externe Verstärkung, allein durch Selbstverstärkung, über längere Zeit aufrechterhalten.

Das Beobachtungslernen

Tiere und Menschen lernen nicht nur durch klassische und operante Konditionierung, sie eignen sich viele Verhaltensweisen einfach dadurch an, dass sie erfolgreiche Artgenossen beobachten und deren Verhalten nachahmen. Auf diese Weise profitieren sie von den Lernerfahrungen anderer, ohne selbst in der Lernsituation zu sein. Dieses stellvertretende Lernen erspart viel Zeit und Mühe. Denken und Sprache ermöglichen es uns Menschen zudem, einfache Konditionierungsprozesse zu übersteigen. Von der Geburt bis zum Tod eignen wir uns viele Verhaltensweisen und komplexe Fertigkeiten dadurch an, dass wir andere Personen beobachten und nachahmen. Für diese Form des Lernens führte Albert Bandura die Bezeichnung „Lernen am Modell“ ein. Andere gebräuchliche Bezeichnungen sind: Beobachtungslernen, Imitationslernen und stellvertretendes Lernen. Manche Autoren verwenden diese Begriffe synonym, andere grenzen sie gegeneinander ab. Einigkeit besteht lediglich darin, dass die Wahrnehmung eines Modells die beobachtenden Personen beeinflussen kann.

Das Modell muss nicht notwendigerweise anwesend sein, es kann auch über die Medien, über Film oder Printmedien, vermittelt werden (vgl. Edelmann 1986, 245). Der bedeutendste Erklärungsansatz für diese Form des Lernens ist die sozial-kognitive Lerntheorie von Albert Bandura.

Bandura und seine Mitarbeiter führten eine Reihe von Experimenten zur Nachahmung aggressiven Verhaltens durch. Sie ließen Kindergartenkinder eine erwachsene Person beobachten, während diese ganz normal mit Spielzeug spielte, dann plötzlich sich auf eine Puppe setzte, dieser mit einem Hammer auf den Kopf schlug, die Puppe in die Luft warf, mit den Füßen trat und dabei lautstark schimpfte. Eine Gruppe von Kindern sah die reale Person; eine weitere Gruppe sah einen Film mit dieser Person; die dritte Gruppe sah einen Trickfilm ähnlichen Inhalts, der in einem Märchenland spielte; die Kontrollgruppe sah weder einen Film noch ein reales Modell. Nachher wurden alle Kinder leicht frustriert. Man führte sie in einen Raum mit attraktiven Spielsachen, verbot ihnen aber, damit zu spielen. Anschließend brachte man sie in einen Testraum, in dem sie das gleiche Spielzeug vorfanden, mit dem die erwachsene Person gespielt hatte, auch die misshandelte Puppe. Während der folgenden zwanzig Minuten wurde genau festgehalten, in welchem Ausmaß die Kinder imitiertes und nicht-imitiertes aggressives Verhalten zeigten. Die frustrierten Kinder der Gruppen eins bis drei, die vorher aggressives Verhalten beobachtet hatten, zeigten signifikant mehr imitiertes Aggressionsverhalten als die Kinder der Kontrollgruppe, die kein aggressives Verhalten beobachtet hatten. Die Kinder, die das Modell im Film gesehen hatten, zeigten ebenso viel aggressives Verhalten wie die Kinder, welche die reale erwachsene Person beobachtet hatten (vgl. Bandura, Ross & Ross 1963).

Weitere Untersuchungen dieser Art ergaben, dass die Beobachter eines Modells nicht nur lernen, wie ein bestimmtes Verhalten durchgeführt wird, sie lernen auch, welche Konsequenzen es hat, ob es sich für das Modell gelohnt hat oder nicht. Dieser Motivationseffekt konnte wiederholt nachgewiesen werden. Beobachtetes belohntes Verhalten wird signifikant häufiger imitiert als nicht belohntes oder bestraftes Verhalten. Lerntheoretiker sprechen von stellvertretender Belohnung und Bestrafung. Die Wirksamkeit der stellvertretenden Belohnung und Bestrafung ist natürlich begrenzt. Arbeiter würden wohl kaum weiterarbeiten, wenn ihre Entlohnung einzig darin bestünde, gelegentlich einem Kollegen beim Abholen seines Lohnes zusehen zu dürfen. Einen erheblichen Einfluss auf das Beobachtungslernen üben der Status des Modells, die Anzahl der Modelle, die Ähnlichkeit zwischen Modell und Beobachter sowie die Schwierigkeit der zu lernenden Fertigkeit aus. Ein freundliches Beziehungsverhältnis zwischen Modell und Beobachter scheint für diese Form des Lernens besonders förderlich zu sein. Erfolgreiche Modelle sind fürsorgliche Betreuer, Erwachsene mit hohem Status, die Verfügungsgewalt über Belohnung und Bestrafung besitzen, wie Eltern, Erzieher und Lehrer.

Albert Bandura distanzierte sich Ende der Sechzigerjahre von der behavioristischen Position und wurde zum wichtigsten Vertreter der kognitiven Theorie des Beobachtungslernens. Die Nachahmung anderer Menschen beeinflusst unser Verhalten, Denken und Handeln ebenso wie unsere eigenen Erfahrungen. Dabei spielen kognitive Prozesse sowohl beim Erwerb als auch bei der Steuerung des Verhaltens eine wesentliche Rolle. Die Motivation übt einen entscheidenden Einfluss auf alles Lernen aus. Beim Beobachtungslernen treffen wir bereits bei der Beobachtung von Modellen eine Auswahl entsprechend unserer momentanen Bedürfnisse und Interessen. Die Vorwegnahme der Konsequenzen des beobachteten Verhaltens ist sowohl für dessen Erwerb als auch für dessen Ausführung motivierend oder demotivierend. Die möglichen Folgen des beobachteten Verhaltens beeinflussen bereits unsere Aufmerksamkeit und Wahrnehmung. Ob wir das Verhalten später tatsächlich ausführen oder nicht, hängt von der externen Verstärkung, der Selbstverstärkung und von der beim Modell beobachteten, stellvertretenden Verstärkung oder Bestrafung ab.

Für Bandura zeichnen alle Theorien, die menschliches Verhalten und Handeln nur als Folge äußerer Belohnung und Bestrafung betrachten, ein verstümmeltes Bild vom Menschen. Wir Menschen handeln aus eigener Kraft und können unser Tun in gewissem Umfang selbst kontrollieren. Bandura spricht von Selbstwirksamkeit und meint damit die Überzeugung, dass wir in der Lage sind, uns in einer Situation angemessen zu verhalten und die gewünschte Leistung zu erbringen. Der Ausdruck „Selbstwirksamkeitserwartung" meint, wie weit wir daran glauben, selbst etwas bewirken zu können, indem wir schwierige Situationen und Ereignisse beeinflussen und meistern, oder wie weit wir davon überzeugt sind, unkontrollierbaren Umständen, anderen Menschen oder dem Schicksal ausgeliefert zu sein. Im Sinne der sozial-kognitiven Theorie sind wir Menschen weder ohnmächtige Opfer von Umwelteinflüssen noch völlig freie Subjekte, die aus sich machen können, was sie wollen. Unser Verhalten und Handeln wird durch die Wechselwirkung innerer und äußerer Einflüsse reguliert. In diesem Prozess gegenseitiger Einflussnahme liegt für uns Menschen die Chance, unser Geschick zu beeinflussen, hier liegen auch die Grenzen unserer Selbstbestimmung (vgl. Bandura 1979).

Kognitive Ansätze

Im Zuge der „kognitiven Wende" in der Verhaltenspsychologie in den Sechzigerjahren des vergangenen Jahrhunderts kehrten viele Psychologen wie Albert Bandura dem klassischen Behaviorismus den Rücken. Albert Ellis zum Beispiel entwickelte die sogenannte „rational-emotive Verhaltenstherapie", und Aron Beck begründete eine kognitive Theorie und Therapie affektiver Störungen.

Albert Ellis geht von der Annahme aus, dass Kognition, Emotion und Verhalten aufs Engste miteinander verflochten sind und nie insoliert auftreten. Jede Emotion hat ihr kognitives Gegenstück, und jede Erkenntnis hat ihre emotionale Entsprechung. Er definiert Emotion als wahrnehmbare Tendenz, *„sich auf etwas hinzubewegen, das wir intuitiv als gut (förderlich) für uns bewerten bzw. sich von etwas wegzubewegen, das wir intuitiv als schlecht (schädlich) für uns einschätzen"* (Ellis 1982, 47–48). Wir Menschen bewerten Situationen und Dinge und reagieren entsprechend darauf, je nachdem, ob wir sie als gut oder schlecht, als angenehm oder unangenehm, als zuträglich oder schädlich wahrnehmen. Unsere Wahrnehmungen beeinflussen unsere Reaktionen, und diese beeinflussen ihrerseits wieder unsere späteren Wahrnehmungen. Ellis betrachtet Emotion als Bewertung, als Gefühl der Anziehung oder Abstoßung, das von körperlichen Reaktionen begleitet wird. Emotionen sind seiner Ansicht nach großteils das Ergebnis von Denkvorgängen wie Einschätzungen und Bewertungen. Wenn wir ändern, was wir glauben und denken, dann ändern wir auch unsere emotionalen Reaktionen. Schon die Philosophie der Stoiker im alten Athen und Rom lehrte: „Die Menschen werden nicht durch die Dinge beunruhigt, sondern durch die Ansichten, die sie darüber haben." Ellis zitiert Shakespeare, der diesen Gedanken Jahrhunderte später im *Hamlet* so formulierte: „Nichts ist weder gut noch schlecht – das Denken macht es so." (Ellis 1982, 57) Es ist nicht die Realität an sich, die uns belastet oder krank macht, sondern die Art, wie wir sie bewerten und beurteilen. Was zu belastenden Emotionen wie Ängsten und Niedergeschlagenheit führt, sind Ellis zufolge irrige Annahmen, unvernünftige Bewertungen und Schlussfolgerungen. Im Alltag betrachten wir bestimmte Ereignisse häufig als unmittelbare Ursache für unsere Verstimmungen. Wir meinen, unser Ärger, unsere Angst oder unsere Wut seien eine notwendige Folge bestimmter Ereignisse. So glaubt beispielsweise jemand, der eine wichtige Prüfung nicht bestanden hat, dass seine Niedergeschlagenheit dadurch verursacht wird. Er sitzt untätig zu Hause herum, grübelt vor sich hin, hält sich für einen Versager und fürchtet, nie mehr eine Prüfung bestehen zu können. Auf die Frage: „Warum bist du so niedergeschlagen?", antwortet er: „Weil ich bei der Prüfung durchgefallen bin." Ellis würde sagen, rein logisch gesehen ist diese Erklärung falsch. Wäre sie richtig, dann müssten alle Kandidaten, die eine Prüfung nicht bestanden haben, auf die gleiche Weise reagieren. Dem ist aber nicht so. Zwar werden die meisten ein solches Ereignis als mehr oder minder unangenehm erleben, aber es ist durchaus möglich, dass manche sich sagen: „Besser durchgefallen als eine schlechte Note im Zeugnis. So kann ich die Prüfung wiederholen und habe die Chance, eine gute Note zu erhalten." Niedergeschlagenheit ist keineswegs die einzig mögliche Reaktion auf eine nicht bestandene Prüfung. Das Prüfungsergebnis als solches verursacht nicht direkt die Niedergeschlagenheit. Vielmehr ist es dessen Bewertung durch den Kandidaten, die sie verursacht. Nach Ellis führen irrationale Bewertungen und Überzeugungen des Kandidaten zu seiner Niedergeschlagenheit. Diese könnten darin bestehen, dass er sich sagt: „Ich wollte die Prüfung bestehen. Ich hätte sie unter allen Umständen bestehen müssen. Dass ich durchgefallen bin, ist eine absolute Katastrophe. Ich bin ein Versager." Was etwas Unangenehmes zu einer unerträglichen Katastrophe werden lässt, sind irrige Annahmen, die meist in Form von „Muss-Sätzen" formuliert werden (vgl. Kriz 1994, 162–165). Auch psychische Störungen werden nach Ellis von irrationalen Meinungen und Überzeugungen verursacht und aufrechterhalten. Er erörtert elf derartige irrationale Ideen, wie beispielsweise die Meinung, wir müssten von allen wichtigen Menschen in unserer Umgebung geliebt und geschätzt werden, oder die Überzeugung, dass wir uns nur dann als wertvoll empfinden dürfen, wenn wir in jeder Hinsicht kompetent, tüchtig und leistungsfähig sind (vgl. Ellis 1982, 63–90). In der von Ellis entwickelten rational-emotiven Therapie geht es darum, unangemessene Anschauungen, Überzeugungen, Bewertungen und Schlussfolgerungen aufzuspüren und zu verändern.

Aron Beck entwickelte eine kognitive Theorie der Depression und einen entsprechenden Therapieansatz (vgl. Beck, 1979). Er untersuchte die Gedanken, Einstellungen und Überzeugungen depressiver Patienten und stellte bei ihnen eine charakteristische

Neigung fest, alles negativ zu bewerten und zu deuten. Die Betroffenen interpretieren sich selbst, die Umgebung und die Zukunft negativ. Ihre düsteren Gedanken äußern sich in einem negativen Selbstbild, einer pessimistischen Deutung der Vergangenheit und einer nihilistischen Sicht der Zukunft. „Ich kann nichts, mir gelingt nichts, ich bin eine Belastung für alle, ich werde nie glücklich sein, alles ist hoffnungslos, alles ist gegen mich, niemand mag mich." In solchen „verzerrten Kognitionen" sieht Beck die Grundlage der Depression. Die gedrückte Stimmung, den Verlust der Freude und des Interesses an allen Aktivitäten, den Energiemangel, die Lähmung des Willens und das Gefühl der Wertlosigkeit depressiver Patienten betrachtet er als Folge der kognitiven Verzerrungen. Diese Verzerrungen sind nicht nur inhaltlicher, sondern auch formaler Art. Depressive sehen nicht bloß alles in den dunkelsten Farben, sie begehen zudem charakteristische Fehler beim Wahrnehmen, Denken und Argumentieren. Sie nehmen alles persönlich und suchen die Ursache negativer Ereignisse bei sich, obwohl es dafür keinen Grund gibt. In ihrem Alles-Oder-Nichts-Denken treffen sie keine differenzierten, sondern nur absolute Urteile. Sie ziehen negative Schlussfolgerungen aus Beweismaterial, das dafür nicht ausreicht, und verallgemeinern diese. „Mir gelingt im Leben nichts, ich bin dumm, ich habe alles vergessen" als Reaktion darauf, dass der betroffenen Person ein Name nicht einfällt. Unangenehme Erfahrungen werden überbewertet, angenehme hingegen unterbewertet. Beck zufolge lösen verzerrte Kognitionen die ihnen entsprechenden Gefühle aus, und diese wirken auf das Denken zurück. Wenn jemand denkt, alle lehnen mich ab, dann wird er das Elend eines sozialen Außenseiters erleben. Wenn jemand einer unglücklichen Zukunft entgegensieht, dann wird er nicht motiviert sein, etwas zu unternehmen. Die negativen Gedanken lösen die übrigen Symptome der Depression aus, und diese bestätigen wiederum die ursprünglichen Gedanken. Die negativen Gedanken erfolgen schnell, automatisch und sind für den Depressiven selbstverständlich.

Beck entdeckte in seinen Untersuchungen depressiver Patienten zwar eine hohe Korrelation, einen engen Zusammenhang zwischen kognitiven Verzerrungen und der Depression, aber das ist noch kein Beweis dafür, dass kognitive Verzerrungen die Depression verursachen. Es könnte sein, dass die gedrückte Stimmung die düsteren und unvernünftigen Gedanken hervorruft oder dass eine Störung des biochemischen Gleichgewichts im Gehirn alle Symptome der Depression bedingt. Verzerrte Kognitionen sind sicher ein wichtiger Teilaspekt der Depression, aber nicht notwendigerweise die alleinige Ursache dieser sehr komplexen affektiven Störung.

Ziel der kognitiven Therapie der Depression nach Beck ist es, die verzerrten Kognitionen zu ändern. Patienten sollen gegenüber ihren automatisch ablaufenden, selbstzerstörerischen Bewertungen und willkürlichen Schlussfolgerungen hellhöriger werden. Die Wirksamkeit dieser Therapieform ist durch empirische Untersuchungen recht gut dokumentiert (vgl. Grawe et al. 1994, 451–466).

Humanistische Psychologie

Die dritte Hauptrichtung der gegenwärtigen Psychologie ist die Humanistische Psychologie. Sie entstand als Gegenpol zu den dominierenden Schulen der Psychoanalyse und des Behaviorismus. 1961 erschien die Zeitschrift *Journal of Humanistic Psychology*, und 1962 wurde die Gesellschaft für Humanistische Psychologie gegründet. Zu ihren Gründungsmitgliedern zählen unter anderem: Abraham Maslow, Carl Rogers, Charlotte Bühler, Arthur Koestler, Kurt Goldstein, Karen Horney und Kurt Lewin. Die wohl bekanntesten Vertreter sind Abraham Maslow und Carl Rogers. Die Humanistische Psychologie kritisiert das mechanistische und deterministische Menschenbild der Psychoanalyse und des Behaviorismus. Die pessimistische Einschätzung der menschlichen Natur durch die Psychoanalyse gelte es zu überwinden. Freud habe nur Menschen mit psychischen Störungen beschrieben und dadurch eine verkrüppelte und kranke Psychologie geschaffen. Der Behaviorismus habe durch das Experimentieren mit niederen Tieren eine unvollständige Psychologie hervorgebracht, in der das Bewusstsein fehlt. Außerdem sei er moralisch indifferent. Keine der beiden Schulen werde dem Verständnis des gesunden und schöpferischen Menschen gerecht. Die Humanistische Psychologie hingegen befasst sich vorwiegend mit der seelischen Gesundheit, denn nur in diesem Zustand kommen die im Menschen angelegten Möglichkeiten zur Geltung. Sie interessiert sich nicht so sehr dafür, was der Mensch ist, sondern was aus dem Menschen potenziell werden kann. Psychologen sollten sich bemühen, Menschen zu verstehen, anstatt ihr Verhalten vorhersagen und kontrollieren zu wollen. Es gehe darum, die positiven Kräfte im Menschen herauszuarbeiten und neue Antworten auf die Frage nach dem Sinn, der Qualität und Erfüllung des Lebens zu suchen. Aus Sicht der Humanistischen Psychologie wird unsere Gesellschaft von einer tiefgreifenden Kulturkrise erschüttert. Diese zeigt sich zum einen in der Entfremdung des Menschen von der Natur, der Arbeit, den Mitmenschen und sich selbst und zum anderen im Verlust traditioneller Werte und einem Gefühl der Sinnlosigkeit trotz materiellen Wohlstandes (vgl. Völker 1980, 13–37).

Das Hauptinteresse der Humanistischen Psychologie gilt dem seelischen Erleben des Menschen. In der Forschung sollte die Auswahl der Untersuchungsobjekte und Methoden nicht ausschließlich nach den Kriterien der Objektivität erfolgen, sondern danach, welchen Sinn psychologische Studien für den Menschen haben. Bevorzugte Forschungsbereiche der Humanistischen Psychologie sind menschliche Entscheidungsfähigkeit, Kreativität und Selbstverwirklichung.

Jede psychologische Schule enthält bestimmte Grundannahmen darüber, was die Natur des Menschen ausmacht. Das Menschenbild der Psychoanalyse enthält mechanistische Vorstellungen des 19. Jahrhunderts. Der Mensch wird von Triebwünschen, vom Unbewussten und von seiner Vergangenheit determiniert. Naturwissenschaft und Technik prägen das Menschenbild des Behaviorismus. Der Mensch erscheint als komplizierte Maschine, deren Mechanik und Gesetze es zu enträtseln gilt. Die Humanistische Psychologie betont ihre starke Verbundenheit mit der Philosophie, vor allem mit dem Existenzialismus und Humanismus. Ihr Menschenbild lässt sich natürlich ebenso wenig empirisch überprüfen wie das der Psychoanalyse und des Behaviorismus. Folgende vier Grundannahmen prägen das Menschenbild der Humanistischen Psychologie: 1. Selbstbestimmung und Fremdbestimmung, 2. Selbstverwirklichung, 3. Ziel- und Sinnorientierung und 4. Ganzheit (vgl. Völker 1980, 15–20).

1. Wir Menschen sind zwar zu Beginn unseres Lebens biologisch und emotional völlig von der Umwelt abhängig, aber daraus folgt nicht, dass wir zeitlebens ein Spielball unbewusster

Abb. 7: Abraham H. Maslow (1908–1970)

Abb. 8: Carl R. Rogers (1902–1987)

Triebkräfte oder das Opfer von Umwelteinflüssen sind. Wir streben nach Unabhängigkeit von äußerer Kontrolle und entwickeln ein aktives Selbst, das trotz äußerer Einflüsse steuernd in die Entwicklung eingreift. Aus der Annahme der Selbstbestimmung ergibt sich unsere Verantwortung für das eigene Leben. Wenn wir entdecken, dass wir uns selbst ändern können, dann werden wir auch zur notwendigen Veränderung der Umwelt beitragen. Lernvorgänge und therapeutische Prozesse erhalten erst durch die Anerkennung dieser Annahme einen Sinn. Wer Selbstbestimmung und Freiheit leugnet, öffnet einer resignativen Grundhaltung Tür und Tor. Das kann so weit gehen, dass jemand sein Verhalten und Handeln bis ins Erwachsenenalter mit ungünstigen Familienverhältnissen oder mit negativen Umständen entschuldigt. Dadurch gibt er die Verantwortung für sein Leben aus der Hand und beraubt sich der Möglichkeit, es selbst aktiv zu gestalten. Die Selbstbestimmung des Menschen ist nur in Zusammenhang mit seiner sozialen Abhängigkeit zu sehen. Das eigenständige Selbst des Menschen entwickelt sich in der Auseinandersetzung mit anderen Menschen, in zwischenmenschlichen Beziehungen.

2. Menschen haben das Bedürfnis, ihre Fähigkeiten und Talente voll zu entfalten. Selbst wenn alle ihre primären Bedürfnisse befriedigt sind, bleiben sie lebendig, aktiv und unternehmungslustig. Sie erforschen die Umwelt und sich selbst, streben nach Wissen und wollen sich schöpferisch verwirklichen. Die Tendenz zur Selbstentfaltung oder Selbstverwirklichung betonen vor allem Abraham Maslow und Carl Rogers. Beide gehen davon aus, dass es in uns eine Art biologischen Druck zur vollen Entfaltung der ererbten Fähigkeiten und Talente gibt. Diese Tendenz ist genetisch verankert und gleicht einem Trieb oder Instinkt. Sie treibt nicht nur unser Verhalten und Handeln an, sie gibt diesem auch die Richtung und das Ziel vor. Zudem bildet sie die Grundlage unserer gesamten Motivation. Rogers zufolge sind alle körperlichen und psychischen Bedürfnisse Teil der umfassenden Tendenz zur Selbstentfaltung. Er interessierte sich weniger dafür, woher diese Tendenz kommt, als vielmehr dafür, was diese Ten-

denz fördert oder hemmt. Psychische Störungen entstehen, wenn die Selbstentfaltung behindert wird. Die von Rogers entwickelte Gesprächspsychotherapie befasst sich vor allem mit den Blockaden der Selbstentfaltung.

3. Wir Menschen wollen nicht nur unsere Bedürfnisse befriedigen und unser Leben erhalten, wir streben auch nach einem sinnvollen und erfüllten Dasein. Bewusst oder unbewusst richten wir unser Leben nach bestimmten Werten aus. Zu unserer Zufriedenheit benötigen wir sinnvolle Aufgaben und lohnende Ziele. Der Neurologe und Psychiater Viktor Frankl sieht im Verlust der Ziel- und Sinnorientierung eine der Hauptursachen für die Entstehung psychischer Störungen. Sinnfindung ist auch der wichtigste Ansatzpunkt im Heilungsprozess (vgl. Frankl 1977).

4. Die Humanistische Psychologie wirft der naturwissenschaftlich orientierten Psychologie vor, sie untersuche einzelne Teilbereiche und arbeite nach dem Motto: Finde die Einzelteile, dann kannst du den ganzen Menschen zusammensetzen. Diese Art des Vorgehens gleicht der Arbeit eines Arztes, der ein Organ isoliert von allen anderen Organen untersucht. Da im Organismus jeder Teil mit jedem anderen verbunden ist, wird er auf diese Weise nur zu einer unvollständigen Diagnose gelangen. Wenn ein Organ erkrankt, dann verändert sich der gesamte Organismus. Der Mensch ist mehr als die Summe seiner Teile. Die Ganzheitsmedizin versucht, diesem Anliegen gerecht zu werden. Die Humanistische Psychologie sieht den Menschen als bedeutungsvolles Ganzes aus Gefühl und Vernunft, aus Leib und Seele. Ein volles Verständnis des Menschen lässt sich nur erreichen, wenn man ihn als biologisches, psychisches und soziales Wesen betrachtet (vgl. Kriz 1994, 178–180).

Die Persönlichkeitstheorie von Carl Rogers

Jede Persönlichkeitstheorie enthält ausgesprochene und unausgesprochene Annahmen darüber, was die wesentlichen Eigenschaften des Menschen sind. Carl Rogers betont den positiven Charakter der menschlichen Natur. Der innerste Kern des Menschen ist gut, von Grund auf sozial, vorwärtsgerichtet, vernünftig und realistisch. Das Gefühl ist das eigentlich Humane, der Inbegriff des Menschlichen. Rogers wendet sich gegen die Auffassung Sigmund Freuds, der Mensch werde im Grunde von bösen, zerstörerischen und kaum beherrschbaren Mächten bestimmt. Er meint, die Bestie im Menschen müssten wir nicht fürchten, denn die gebe es nicht. Fürchten müssen wir höchstens den unvollständigen Menschen. Zur Beschreibung der menschlichen Natur verwendet Rogers die Begriffe „Organismus" und „Selbst". Anstelle des Begriffes „Organismus" gebraucht er auch die Begriffe „Mensch" und „Individuum".

Der Organismus ist der Ort des Erlebens und der Erfahrungen. Erlebbar ist alles, was im Organismus vor sich geht und was dem Bewusstsein grundsätzlich zugänglich ist. Jeder Mensch lebt in seiner persönlichen Erlebniswelt. Diese ist nur ihm unmittelbar gegeben. Es gibt so viele Erlebniswelten wie es Menschen gibt. „Ich kann niemals vollständig und gänzlich wissen, wie ein Nadelstich oder das Versagen bei einem Examen vom anderen erfahren wurde. Die Welt der Erfahrung ist für jedes Individuum in einem sehr bedeutungsvollen Sinne eine private Welt." (Rogers 1976, 419) Die Erlebniswelt enthält sowohl bewusste als auch unbewusste Erfahrungen. Der beste Ausgangspunkt, um das Verhalten und Handeln eines Menschen zu verstehen, ist, sich in seine subjektive Erlebniswelt einzufühlen.

Menschliches Verhalten und Handeln werden von innen gesteuert. Der Mensch besitzt eine starke konstruktive Tendenz, zu wachsen und sich zu entfalten. Diese „Aktualisierungstendenz" ist selektiv, zielgerichtet und konstruktiv. Alle körperlichen und psychischen Bedürfnisse sind Teilaspekte der Tendenz des Organismus, sich zu erhalten und zu entfalten. In einer spontanen Bewertung kann der Mensch selbst am besten entscheiden, was für seine weitere Entwicklung gut ist und was nicht. Über diese fundamentale Einsicht, zu deren Erkenntnis Rogers lange Zeit brauchte, sagt er: „... ich habe gelernt, dass das Gefühl, mit dem mein ganzer Organismus eine Situation wahrnimmt, verlässlicher ist als mein Intellekt" (Rogers 1979, 38). Erfahrung ist für Rogers die höchste Autorität. „Weder die Bibel noch die Propheten, weder Freud noch die Forschung, weder die Offenbarungen Gottes noch des Menschen können Vorrang vor meiner direkten Erfahrung haben." (Rogers 1979, 39) Die ganzheitliche, „organismische Bewertung" zeigt dem Menschen, was seine Entfaltung fördert und was sie blockiert. Allerdings kommen im Laufe der persönlichen Entwicklung von anderen übernommene Bewertungen des eigenen Verhaltens, Denkens und Erlebens hinzu. Diese können der spontanen, organismischen Bewertung widersprechen und sie unterdrücken. Das Bedürfnis nach positiver Wertschätzung durch andere und das Bedürfnis nach Selbstwertschätzung wirken der Selbstentfaltungstendenz unter Umständen entgegen und verfälschen die Erfahrungen des Organismus. Es ist ein tiefer Wunsch des Menschen, von den Mitmenschen akzeptiert zu werden. Wenn er erlebt, dass er von anderen geachtet wird, achtet er sich selbst. Selbstannahme setzt die Annahme durch andere voraus. Von der frühesten Kindheit an ist der Mensch auf Bezugspersonen in seiner Umgebung angewiesen. Um von diesen akzeptiert und nicht abgelehnt zu werden, unterdrückt das Kind seine spontane direkte organismische Bewertung, wenn diese den Wertvorstellungen wichtiger Bezugspersonen widerspricht. Es erlebt zum Beispiel bestimmte Gebote und Verbote der Eltern als unvereinbar mit seinen eigenen Bedürfnissen. Um jedoch die Liebe und Zuwendung der Eltern nicht zu verlieren, identifiziert es sich zunehmend mit deren Forderungen. Es übernimmt ihre Bewertungen und verinnerlicht sie so, dass es sie als eigene Bewertungen erlebt.

„Selbst" ist ein zentraler Begriff in Roger's Persönlichkeitstheorie. Neben der Bezeichnung „Selbst" verwendet er auch die Begriffe „Selbstbild", „Selbstkonzept" und „Ideal-Selbst". Das Selbst ist ein bedeutender Bestandteil des menschlichen Erlebens. Der Mensch strebt danach, sein wahres Selbst zu entwickeln. Man kann das Selbst als Einstellung zu sich selbst und zur Welt verstehen. Es ist eine fließende, sich verändernde Gestalt. Seine Entwicklung ist nie abgeschlossen, weil der Mensch ständig Erfahrungen macht, die das Selbst betreffen. Die Selbsterfahrungen sind der Rohstoff, aus dem das sich wandelnde „Selbstbild" geformt wird. Diese sortieren sich im Laufe der Entwicklung zu einem Bild von sich selbst. Beispielsweise könnte ein Teil des Selbstbildes eines Menschen so aussehen, dass er sagt: „Ich bin jemand, der mit allen Menschen gut auskommt, selbst mit solchen, mit denen sonst niemand zurechtkommt." Das Selbstbild ist die Art und Weise, wie wir uns sehen und wie andere unserer Meinung nach uns sehen. Es entwickelt sich nach und nach. Bei seiner Entstehung spielen zwei Formen der Bewertung eine wichtige Rolle: einerseits die direkte organismische Bewertung, und andererseits die indirekte Bewertung durch wichtige Bezugspersonen. Das „Ideal-Selbst" ist die Wunschvorstellung des Menschen von sich selbst: „So möchte ich sein."

Wie werden Erfahrungen des Organismus verarbeitet und wie werden sie in das Selbstbild aufgenommen oder daran gehindert? Erfahrungen, die in keiner wahrnehmbaren Beziehung zum Selbst stehen, weil sie nicht zur Befriedigung momentaner Bedürfnisse beitragen, werden ignoriert. Erfahrungen, die für das Selbst als bedeutsam erlebt werden, die Bedürfnisse befriedigen und das Selbstbild bestätigen, werden in das Selbstbild integriert. Die Person erlebt diese Erfahrungen bewusst, und sie stehen ihr im Fühlen und Denken zur Verfügung. Erfahrungen, die zwar für das Selbst als wichtig wahrgenommen werden, dem Selbstbild aber allzu sehr widersprechen, werden hingegen entweder verleugnet oder nur in verzerrter Form in das Selbstbild aufgenommen. Wenn diese Form der Erfahrungsverarbeitung überwiegt, dann entsteht ein Widerspruch (Inkongruenz) zwischen der Erfahrung des Organismus und dem Selbstbild. Rogers erwähnt das Beispiel eines Piloten, der sich für einen tapferen und furchtlosen Menschen hält. Er bekommt einen risikoreichen Auftrag, erlebt Angst und hat das Bedürfnis, der Gefahr zu entfliehen. Diese Reaktion widerspricht jedoch allzu sehr seinem Selbstbild und kann vor dem Bewusstsein nicht zugegeben werden. „Der Pilot kann wahrnehmen, dass ‚der Motor nicht richtig läuft' oder dass ‚ich krank bin und ein gestörtes Verdauungssystem habe', und sich mit diesen Begründungen von dem Auftrag befreien." (Rogers 1976, 438) Der Pilot lässt das, was er erlebt, nur teilweise und in verzerrter Form ins Bewusstsein gelangen, weil er an seinem starren Selbstbild festhält. Er verändert den Erlebnisinhalt, um ihn in das Selbstbild aufnehmen zu können, ohne dieses verändern zu müssen. Jede Erfahrung, die dem Selbstbild widerspricht, kann als Bedrohung erlebt werden. Je häufiger jemand derartige Erfahrungen macht und je intensiver er ihnen den Zugang zum Bewusstsein verwehrt, desto starrer und unflexibler gestaltet sich sein Selbstbild. Rogers zufolge hätten wir guten Grund, einem solchen „unvollständigen" Menschen zu misstrauen und ihn zu fürchten (vgl. Rogers 1979, 112).

Psychotherapie als Hilfe zur Selbstverwirklichung

Für die psychische Anpassung oder Fehlanpassung ist Rogers zufolge die Erfahrungsverarbeitung entscheidend. Mit psychischer Anpassung meint er nicht die Anpassung an gesellschaftliche Normen, sondern einen innerpsychischen Prozess, die Anpassung an sich selbst. Der Idealfall psychischer Anpassung wäre dann gegeben, wenn alle Körper- und Sinneserfahrungen dem Bewusstsein zugänglich sind und in das Selbst integriert werden können. Wer hellhörig gegenüber seinem gesamten Erleben ist, kann seinen Erfahrungen vertrauen. Psychisch gesunde Menschen trauen der eigenen Erfahrung und organismischen Bewertung und besitzen ein flexibles Selbstbild. Psychische Anpassung bedeutet weitgehende Übereinstimmung zwischen Erleben und Selbstbild. Die Idealvorstellung der seelisch ausgewogenen, voll integrierten Persönlichkeit kennzeichnen: Offenheit für das persönliche Erleben, Vertrauen in die eigene (organismische) Bewertung, Leben im Augenblick und Freisein von innerer Spannung.

Durch die Art, wie die Mitmenschen reagieren, kann die Selbstverwirklichung begünstigt oder erschwert werden. Bedingungslose Annahme und Wertschätzung durch andere führt zur Selbstannahme und fördert die Selbstverwirklichung. In der psychischen Fehlanpassung ist die Tendenz zur Selbstverwirklichung blockiert. Rogers sieht den Kern psychischer Störungen im Widerspruch zwischen den Erfahrungen des Organismus und dem Selbstbild. Das Individuum schließt wichtige Körper- und Sinneserfahrungen von der Wahrnehmung aus, um sein Selbstbild aufrechtzuerhalten. Damit erlebt es auch den Widerspruch zwischen Erfahrung und Selbstbild nicht mehr bewusst. Wenn Erfahrungen vom bewussten Selbst geleugnet werden, dann entsteht innere Spannung. Das Individuum spürt, dass es nicht integriert und sich seiner Richtung nicht sicher ist. Äußerungen wie die folgenden sind dafür typisch: „Ich weiß nicht, wovor ich Angst habe", „Ich weiß nicht, was ich will", „Ich kann mich zu nichts entschließen" oder „Ich habe kein echtes Ziel" (vgl. Rogers 1976, 440). Das Selbstbild der Betroffenen beruht zum größten Teil auf Bewertungen, die von anderen übernommen wurden, und nur zu einem geringen Teil auf der eigenen organismischen Bewertung.

Das Kernstück der von Rogers entwickelten Störungslehre ist das gestörte Selbstbild. Ein starres und unflexibles Selbstbild lässt bestimmte Erfahrungen nicht zu, ignoriert oder verzerrt diese, weil sie angstbesetzt sind. Die kognitive Seite davon ist eine gestörte Selbstwahrnehmung, die eine verzerrte, unrealistische Fremdwahrnehmung zur Folge hat. Die emotionale Seite davon äußert sich in Unsicherheit, Spannung, Angst, Schuldgefühlen und Selbstabwertungen. Sie widersetzt sich den Veränderungsversuchen am hartnäckigsten. Mit vernünftigen Überlegungen, mit Erklärungen, Informationen und Ratschlägen ist die emotionale Seite der Störung kaum zu beeinflussen. Dem gestörten Erleben und Verhalten liegt in der Regel kein einzelnes traumatisches

Erlebnis zugrunde, sondern Jahre des Zusammenlebens mit Bezugspersonen, die das Kind nicht um seiner selbst willen annehmen konnten. Gestörtes Erleben und Verhalten sind nach Rogers auf einen Mangel an Einfühlung, an Wertschätzung und Echtheit vonseiten der Bezugspersonen zurückzuführen.

Die Veränderung des gestörten Erlebens und Verhaltens durch Psychotherapie sieht Rogers als Bewegung von einem ungesunden und starren zu einem gesunden und flexiblen Selbstbild. Psychotherapie versteht er als Hilfe zur Selbstverwirklichung. Ihr Ziel ist die Veränderung der Beziehung des Menschen zu sich selbst, die auch eine Änderung seines Verhaltens zur Folge haben wird. Ein Mensch, der zu seinen Erfahrungen stehen und sie unverzerrt in sein Selbstbild aufnehmen kann, wird mehr Verständnis für andere aufbringen und sich ihnen aufgeschlossener zuwenden (vgl. Rogers 1976, 447). In der Gesprächspsychotherapie soll die Hilfe suchende Person (der Klient) eine alternative Beziehungserfahrung machen. Ihre Probleme, die auf einen Mangel an Akzeptanz, Einfühlung und Echtheit ihrer Bezugspersonen zurückzuführen sind, sollen durch eine neue Beziehungserfahrung bearbeitet werden. Therapeutinnen und Therapeuten geben ihren Klienten das, was diese bisher kaum erfahren haben. Sie bemühen sich, die Klienten einfühlend zu verstehen, ihnen bedingungslose Wertschätzung entgegenzubringen und dabei selbst echt und authentisch zu sein. Durch die Art der Gesprächsführung versuchen sie, den Klienten die Bedeutung ihrer Probleme für sie zugänglich zu machen. Dies gelingt nur, wenn die Klienten das Beziehungsangebot auch annehmen können, sich mit dem eigenen Erleben auseinandersetzen und sich selbst zunehmend wertschätzen. Eine ausführliche Darstellung der Gesprächspsychotherapie bieten Biermann-Ratjen, Eckert und Schwartz (2015).

Aus den vorliegenden empirischen Studien zur Wirksamkeit der Gesprächspsychotherapie zieht Klaus Grawe den Schluss, dass dieses klärungsorientierte Verfahren für ein weites Spektrum von psychischen Störungen nachweislich sehr wirksam ist.

Dieser Befund ist außerdem für den gesamten Bereich der Psychotherapie von Bedeutung. Er zeigt, wie sehr der Therapieerfolg von der Qualität der Beziehung zwischen Klient und Therapeut und von der Art, wie Gespräche geführt werden, abhängt. „Wegen der überragenden Rolle, die Gespräche in fast allen Psychotherapien spielen, ist dieser Nachweis ein wichtiger Beitrag zum Gesamtbereich der Psychotherapie und eine Aufforderung an alle therapeutischen Ansätze, der Gesprächsführung theoretisch, klinisch, in der Forschung und in der Ausbildung einen hohen Stellenwert einzuräumen.“ (Grawe et al. 1994, 140)

Zusammenfassung

Psychologie bedeutet wörtlich übersetzt: Lehre von der Seele oder Seelenkunde. Die gegenwärtige Psychologie versteht sich jedoch nicht als Lehre von der Seele, sondern als empirische Wissenschaft vom Erleben und Verhalten. Sie erforscht deren äußere und innere Bedingungen, Ursachen und Wirkungen. Als eigenständiges Fach an den Universitäten etablierte sie sich gegen Ende des 19. Jahrhunderts. Dabei orientierte sie sich an den Naturwissenschaften und deren Forschungsmethoden. Die Seele im Sinne der Philosophie und Theologie war nie ihr Hauptgegenstand. Sie begann nicht als empirische Wissenschaft von der Seele, sondern als empirische Wissenschaft vom Bewusstsein. Insofern war die an den Universitäten betriebene Psychologie von Anfang an eine Psychologie ohne Seele. In der psychologischen Lehre und Forschung spielt der Begriff „Seele“ keine erwähnenswerte Rolle. Seele gilt als veralteter Begriff zur Erklärung menschlichen Erlebens, Verhaltens und Handelns. Er stammt, so wird argumentiert, aus einer Zeit, in der man die strengen Anforderungen wissenschaftlicher Methoden noch nicht kannte. Gegen die Verwendung des Seelenbegriffs werden vor allem zwei Argumente angeführt: Die Existenz einer Seele lässt sich empirisch nicht beweisen; und unser gesamtes Erleben, Verhalten und Handeln wird vom Gehirn gesteuert und koordiniert. Was man bisher mithilfe des Seelenbegriffs erklärte, werde man in Zukunft durch genaue Beschreibungen von Hirnvorgängen erklären. Lässt sich menschliches Erleben in seiner Vielfalt tatsächlich mit den Begriffen der Neurobiologie angemessener beschreiben und besser erklären als mit den Begriffen der Alltagspsychologie? Hat alles, womit sich die Psychologie in Lehre, Forschung und Praxis befasst, nichts mit der Seele zu tun? Ist Psychologie tatsächlich ein völlig seelenloses Unternehmen?

In all den Jahren meiner akademischen und praktisch-klinischen Ausbildung in Psychologie bekam ich nie etwas über die Seele zu hören. Trotzdem gewann ich nicht den Eindruck, psychologische Lehre, Forschung und Praxis seien völlig seelenlose Angelegenheiten. Ganz im Gegenteil. Selbst streng verhaltenspsychologisch orientierte Professoren der klinischen Psychologie beeindruckten mich durch ihren umsichtigen und sehr menschlichen Umgang mit den Patienten in einer psychiatrischen Klinik. Sie ließen stets durchblicken, wie viel von unserem psychologischen Wissen Vermutungswissen ist und wie wenig zum Beispiel die Diagnose einer psychischen Störung über den konkreten Menschen als solchen, über seine Einmaligkeit und Unverwechselbarkeit, aussagt. In ihrem Umgang mit den Patienten versuchten sie, den Menschen als ganzen zu sehen und zu respektieren.

Die Seele ist kein beobachtbarer Gegenstand mit Eigenschaften, den die Psychologie empirisch erforschen könnte. Die Psychologie ist auch nicht zuständig für die Frage nach dem Wesen der Seele und ihrer Unsterblichkeit. Seele ist seit alters her ein Symbol für das, was lebt und gegenwärtig ist. Seele meint etwas Letztes, nicht auf anderes Zurückführbares, und steht für die Einmaligkeit, Individualität und Unverwechselbarkeit des Menschen. Karl Jaspers betont, dass wir das „Ganze“ des Menschen als solches nicht fassen können. Erfassen können wir nur, was uns gegenständlich geworden ist. Zwar erfahren wir Seelisches als bewusstes Erleben in uns, aber die Seele selbst wird uns nicht gegenständlich. Er versteht Seele als das Umgreifende, das nicht Gegenstand wird, sondern aus dem uns alle gegenständlich gewordenen Phänomene entgegentreten. Jaspers deutet die körperlichen Begleiterscheinungen des Erlebens, die sprachlichen Äußerungen und das Ausdrucksverhalten als Wirkungen der Seele. Wilhelm Wundt, dem Gründungsvater der empirisch-experimentellen Psychologie zufolge, eröffnen uns die bewussten Erfahrungen einen Zugang zum Seelischen. Seelisches ist über die Ausdruckserscheinungen erfassbar. Die Seele selbst entzieht sich jedoch ganz unserer sinnlichen Anschauung. Jaspers und Wundt deuten Erleben und Verhalten des Menschen als Ausdruck des Lebendigen, als Wirkungen und Erscheinungsformen der Seele.

Seelisches Empfinden, Fühlen und Wollen sind eine menschliche Grunderfahrung. Sie sind genauso wirklich wie die Beobachtungen äußerer Gegenstände. Seelisches erfahren wir als bewusstes Erleben in uns. Aristoteles zufolge kann die Seele sich nur mithilfe des Körpers ausdrücken. Da die Seele sich des Körpers bedient und sich nur über ihn äußern kann, liegt es nahe, dass Seelisches in körperlichen Erscheinungen, im Verhalten und Handeln, erkannt und erforscht werden kann. Insofern kann man Aristoteles als den Begründer der wissenschaftlichen Psychologie betrachten. Die Psychologie kann die Seele als Einheitsgrund des geistigen und körperlichen Lebens und Erlebens nicht zu ihrem Forschungsgegenstand machen. Das Erleben kann sie jedoch insofern objektiv erfassen, als dieses sich in beobachtbaren körperlichen Erscheinungen, im Ausdrucksverhalten und in sprachlichen Mitteilungen äußert. Wenn man Erleben und Verhalten als Erscheinungsformen des Seelischen deutet, dann kann man sagen, dass sich die Psychologie sehr wohl mit seelischen Phänomenen befasst, auch wenn sie den Begriff „Seele" nicht verwendet.

Als empirische Wissenschaft sucht die Psychologie nach den äußeren und inneren Bedingungen und Ursachen des menschlichen Erlebens und Verhaltens. Dem bio-psycho-sozialen Erklärungsansatz gemäß wirken biologische, psychische und soziale

Einflüsse wechselseitig aufeinander ein und bestimmen dadurch unser Erleben, Verhalten und Handeln. Der relative Beitrag dieser drei Einflussbereiche kann von Augenblick zu Augenblick beträchtlich schwanken. Die Geschichte der Psychologie und ihre verschiedenen Schulen zeigen, dass körperliche, psychische und soziale Einflussfaktoren keineswegs immer gleichwertig berücksichtigt wurden. Die einzelnen Richtungen der Psychologie unterscheiden sich darin, was sie unter psychischen Einflussfaktoren verstehen und welche sie erforschen.

In der psychoanalytischen Schule gilt das Unbewusste als das eigentlich Psychische. Freud entwarf eine Theorie darüber, was sich hinter dem bewussten Erleben und dem beobachtbaren Verhalten abspielt. Erlebbares und Beobachtbares gelten lediglich als Anzeichen für oder als verschlüsselte Erscheinungsformen von unbewussten Mechanismen und Konflikten. In krassem Gegensatz dazu akzeptiert der klassische Behaviorismus nur das objektiv beobachtbare Verhalten als Studienobjekt der Psychologie. Die Ergebnisse seiner experimentellen Studien zeigen, in welchem Ausmaß die Einflüsse der dinglichen und sozialen Umwelt unser Verhalten und Handeln bestimmen. Der klassische Behaviorismus vermeidet alle Begriffe, die subjektive Erlebnisse bezeichnen, auch den Begriff „Seele“ und den Begriff „Bewusstsein“. Trotzdem dürfte es für jedermann offenkundig sein, dass auch diese Art, Psychologie zu treiben, ohne Bewusstsein nicht möglich ist. Wer nicht bei Bewusstsein ist, kann auch keine Verhaltensanalyse durchführen. Kognitive Ansätze in der Verhaltenspsychologie unterstreichen, dass nicht bloß äußere, sondern auch innere Einflüsse unser Erleben und Verhalten entscheidend bedingen. Sie betonen die Rolle der Bewertungen, Einstellungen und Überzeugungen. Denken, Fühlen und Handeln sind aufs Engste miteinander verflochten und bedingen sich wechselseitig. Das Hauptinteresse der Humanistischen Psychologie gilt dem Erleben des Menschen. Die subjektive Erlebniswelt jedes Menschen bestimmt sein Verhalten und Handeln. Dem Menschen als ganzem kann die Psychologie nur dann gerecht werden, wenn sie ihn als biologisches, psychisches und soziales Wesen begreift. Der Mensch ist mehr als die Summe seiner Teile.

Welche Rolle könnte der Begriff „Seele“ in der Psychologie spielen? Der Psychologe Wolfgang Mack meint, die Psychologie sollte sich den Begriff „Seele“ als Grundbegriff wieder aneignen und ihn als Erklärungsbegriff für „Leben“ verwenden. Der Begriff „Seele“ könnte ein Zentralbegriff sowohl der Biologie als auch der Psychologie sein. Für den Philosophen Aristoteles war es ein zentrales Problem, zu klären, was ein Lebewesen ist. Für ihn war Seele vor allem Ausdruck des Lebendigen. Er verwendete den Begriff „Seele“ dazu, die Phänomene des Lebendigen verständlich zu machen. Biologie und Psychologie könnten am aristotelischen Begriff des Lebewesens anknüpfen. Psychologie sei nicht nur die Wissenschaft vom Erleben und Verhalten oder vom Bewusstsein, sondern auch die Wissenschaft von den seelischen Fähigkeiten des Lebewesens, deren grundlegendste Fähigkeit das dynamische, anpassungsfähige Lebendig-Sein ist. Eine so verstandene Psychologie könnte zu einer Wissenschaft von der Seele werden, die sie seit ihrer Gründung nie war (vgl. Mack 2015, 190).

III.
Macht das Gehirn die Seele?

„Hab' viele Leichen seziert, aber nie eine Seele gefunden –
Immer jedoch den Saum ihres Kleides berührt."
(Gustav Sauser 1899–1968, Anatom und Histologe Innsbruck)

Ist die Seele etwas Eigenständiges, etwas vom Gehirn Unabhängiges? Bringt das Gehirn die Seele hervor? Verursacht das Gehirn unser Erleben, Verhalten und Handeln? Sind seelische Vorgänge letztlich nichts anderes als Gehirnprozesse? Kann die Seele neurowissenschaftlich erklärt werden oder umfasst der Begriff „Seele" mehr als das, was Hirnforscher und Neurowissenschaftler empirisch untersuchen können?

Die Suche nach dem Sitz der Seele

Die Deutungen des Seelenbegriffs im Laufe der Geschichte sind vielfältig und komplex. Es fehlt zudem nicht an Bemühungen, nach dem Sitz der Seele im Körper zu suchen. Die Geschichte der Suche nach dem Ort der Seele ist zugleich die Geschichte vom Verschwinden der Seele in der neuzeitlichen Medizin (vgl. Steger & Brunner 2015). Bereits in der Antike gab es zwei gegensätzliche Auffassungen über den Sitz der Seele, die sich bis heute im allgemeinen Bewusstsein als Gegensatz von Kopf und Bauch, von Gehirn und Herz, erhalten haben. Die einen, die Cerebrozentristen, lokalisieren die Seele im Gehirn, die anderen, die Kardiozentristen, im Herzen.

Der antike Philosoph Platon verortete die Seele im Gehirn. Er betrachtete sie als ein komplexes Phänomen, das aus drei Teilen, einem vernünftigen, einem mutigen und einem begehrenden Seelenteil, besteht. Diese drei Seelenteile oder Seelenvermögen stehen miteinander in Konflikt. Jeder Seelenteil verfolgt seine eigenen Ziele und steht der Zielsetzung der anderen Seelenteile entgegen. Den vernünftigen Teil, die unsterbliche Vernunftseele, lokalisierte Platon im Gehirn und schrieb ihr eine führende und kontrollierende Funktion zu. Er wollte die Herrschaft der unsterblichen Vernunftseele über die beiden unteren sterblichen Seelenteile, in denen sich mächtige Leidenschaften regen, erklären. Einer dieser Seelenteile ist besser, der andere ist schlechter. Der bessere, der mutige und edle Teil, wohnt im Herzen, der schlechtere, triebhafte und begehrende Teil sitzt im Unterleib. Platon vergleicht die drei Seelenteile mit einem Pferdewagen. Lenkerin des Wagens ist die Vernunft. Sie muss die beiden Pferde, von denen das eine fügsam und das andere wild ist, leiten und bändigen. Nur die Vernunft kann erkennen, überlegen, abwägen und vorausschauen. Der Körper ist der Seele untergeordnet. Platon bezeichnet ihn sogar als Gefängnis der Seele. Körper und Seele des Menschen sind nur während des Erdenlebens zusammengespannt. Im Tod löst sich die Seele vom Körper. *Psyché* (Seele) steht bei Platon für Leben, Körper (*soma*) für Tod. *Soma* nennt er den von der Seele verlassenen Körper, den Leichnam. Die Vernunftseele ist unsterblich. Sie muss bereits vor der Entstehung des Körpers im Reich der Ideen existiert haben. Platon zufolge wissen wir Menschen nämlich vieles, was wir nie gelernt haben, und wir setzen vieles voraus, von dem wir nie eine Erfahrung gemacht haben. Zum Beispiel müssen wir uns die Begriffe des Gleichen, des Schönen und des Gerechten durch etwas erworben haben, was uneingeschränkt gleich, uneingeschränkt schön und uneingeschränkt gerecht ist. In unserer Welt der Erfahrung sind nämlich zwei Dinge nie uneingeschränkt gleich, sondern in gewisser Weise immer auch ungleich; keine zwei Dinge sind nur schön und keine Handlung ist nur gerecht. Wir können uns dieses Wissen also nur durch die Schau des Gleichen, des Schönen und des Gerechten selbst erworben haben. Da es nicht aus der Erfahrung stammt, müssen wir es uns vor der Geburt durch die Schau der Ideen angeeignet haben. Für Platon sind die konkreten Dinge unserer Erfahrung nur Abbilder der Ideen, die letztlich viel realer sind als ihre Abbilder. Er spricht von der Verwandtschaft der Seele mit den Ideen. Die Seele strebt nach Erkenntnis, sie interessiert sich für das eigentlich Wirkliche, für den Bereich des Unsichtbaren. Der Körper hingegen ist auf die vergänglichen Dinge gerichtet. Es gibt eine Verwandtschaft zwischen dem Körper und der vergänglichen Welt einerseits und zwischen der Seele und der Ideenwelt andererseits. Sichtbares verändert sich ständig, Unsichtbares bleibt unverändert.

Der antike Philosoph Aristoteles lokalisierte die Seele, im Gegensatz zu Platon, im Herzen. Er betrachtete die Seele als Teil der Natur des Lebewesens, als Form des Organismus. Die Seele formt die Materie zu einem lebendigen menschlichen Leib, belebt und beseelt ihn. Ausgangspunkt seiner Überlegungen war das Staunen darüber, dass es in der Welt des Materiellen überhaupt Lebendiges gibt. Ein Körper wird erst durch die Seele zu einem lebendigen Leib. Mit dem Ausdruck „Seele" bezeichnete Aristoteles vor allem den Grund für das Lebendigsein. Leben ist das, was das Beseelte vom Unbeseelten unterscheidet. Beseelt sind Pflanzen, Tiere und Menschen. Lebendige Körper unterscheiden sich von unbelebten Objekten durch Ernährung, Wachstum, Fortpflanzung, Altern und Zerfall.

Aristoteles unterscheidet in seiner Schrift *De anima* drei Seelenvermögen: das vegetative, das sensitive und das rationale. Das vegetative Vermögen, das Ernährungsvermögen, ist für die grundlegenden Lebensvollzüge zuständig; das sensitive Vermögen für die sinnliche Wahrnehmung und die spontane Ortsbewegung; und das rationale Vermögen für Verstand und Vernunft. Dem Begriff nach lassen sich zwar verschiedene Seelenvermögen unterscheiden, aber die menschliche Seele ist eine Einheit. Die unteren Seelenvermögen sind in den höheren verwirklicht. Wir Menschen haben das vegetative Leben der Ernährung und des Wachstums mit den Pflanzen und Tieren gemeinsam, das sinnliche Leben der Wahrnehmung und des Begehrens mit den Tieren, doch das Leben gemäß der Vernunft ist nur uns eigen (vgl. Aristoteles, De anima).

Das vegetative und das sensitive Seelenvermögen lokalisierte Aristoteles im Herzen. Er hielt das Herz für den Ort der Lebenswärme und des Wahrnehmens. Diese beiden Seelenvermögen machen das „Sosein“ des Organismus aus. Für sich allein können sie nicht existieren und gehen deshalb gemeinsam mit dem Organismus zugrunde. Durch ihr Sterben machen sie den lebendigen Organismus zu einem toten Körper. „Der Tod ist der Tod der Seele und nicht zu allererst der Tod des Leibes.“ (Oeser 2002, 29) Die höchste Form der Seele, die tätige Vernunft (*intellectus agens*), benötigt zur Ausübung ihrer Tätigkeiten keine organische Grundlage. Aristoteles wies der denkenden Geistseele daher auch keinen bestimmten Ort im Körper, weder im Kopf noch im Herzen, zu. Die Geistseele kann ohne den Körper weiterexistieren, sie ist vom Körper abtrennbar, unsterblich und ewig. Damit meint Aristoteles jedoch nicht die individuelle Unsterblichkeit des Menschen, sondern die Unsterblichkeit der allgemeinen oder göttlichen Vernunft, an welcher die menschliche Geistseele, beispielsweise im Erkenntnisvollzug, teilhat.

Weite Teile der aristotelischen Schriften sind rein biologisch ausgerichtet. Dass ein Organismus eine Seele hat, heißt demnach, dass er fähig ist, gewisse Lebensfunktionen auszuüben wie Essen, Trinken, Wahrnehmen, Fühlen und im Falle des Menschen auch Denken. Mit „Seele“ erklärt Aristoteles zunächst bestimmte Arten der Bewegung, welche die physikalische Bewegungslehre nur unzureichend erklären kann. Bewegungen lebloser Objekte werden durch äußere Ursachen erklärt. Bewegungen von Lebewesen lassen sich auf diese Weise nicht erklären. Lebewesen bewegen sich, ohne durch äußere Ursachen bewegt zu werden. Sie müssen die Ursache ihrer Bewegung in sich tragen. Seele ist das Sich-selbst-Bewegende, der Ursprung der Körperbewegungen. Die Seele leitet die Bewegungen des Körpers und richtet sie auf ein Ziel aus. „Die Seele als interne Ursache der Bewegung von Lebewesen kann nicht eine bloß theoretische Entität sein; ihr muss ebenso etwas in der Wirklichkeit entsprechen wie den externen Ursachen der Bewegung nicht-lebendiger Dinge.“ (Quitterer 2010 b, 277)

Mit dem Begriff „Seele“ erklärt Aristoteles das Lebendig-Sein, alle biologischen Vorgänge und Prozesse sowie sämtliche körperlichen und geistigen Aktivitäten des Lebewesens. Mit dem Leben taucht auch die Welt des Bewusstseins auf.

Aristoteles betrachtet den Menschen, im Gegensatz zu Platon, als Einheit, als eine einheitliche Substanz, die aus Körper und Seele besteht. Körper und Seele stehen zueinander wie Stoff und Form. Der Körper ist der Seele weder untergeordnet noch dient er ihr als Gefängnis wie bei Platon. Körper und Seele sind vielmehr gleichberechtigt, sie sind wie die zwei Seiten einer Münze. Die Unterscheidung von Seele und Körper ist nur begrifflich-sprachlich. Ein bestimmter Typ von Seele kann nur in einem bestimmten Typ von Körper sein, weil die Seele das „Sosein" des Körpers ist. Die Seele eines Menschen kann nur im Körper eines Menschen sein, jedoch nicht im Körper einer Eiche oder eines Wolfes (vgl. Haeffner 2015, 560).

Die Art, wie Aristoteles die biologische Grundlage des Lebens, Erlebens und Bewusstseins beschrieb, entspricht im Großen und Ganzen der modernen Hirnforschung. Die Seele definierte und beschrieb er anhand der Funktionen, mithilfe derer beseelte Wesen etwas tun. Als Subjekt des Handelns betrachtete er immer das gesamte Lebewesen. Nicht die Seele des Menschen handelt, sondern der Mensch als ganzer. Sich bewegen, sich freuen, denken und planen, ein Tuch weben oder ein Haus bauen, das alles leistet nicht die Seele des Menschen, sondern der Mensch durch die Seele. Obwohl Aristoteles eine kardiozentrische These vertrat und dem Gehirn alle empfindenden und kognitiven Funktionen absprach, kann seine Seelenlehre als wichtiger Beitrag zur Geschichte der Hirnforschung angesehen werden. Seine differenzierte Sicht der Seele, ihrer Eigenschaften und Fähigkeiten, konnte zur „Grundlage sowohl des naturwissenschaftlichen anatomisch-physiologischen als auch spekulativ-philosophischen Weges menschlicher Selbsterkenntnis bis weit in die Neuzeit werden" (Oeser 2002, 28).

Die Kontroverse zwischen denen, die das Herz, und denen, die das Gehirn als Sitz der Seele betrachteten, fand durch den griechischen Arzt und Anatom Claudius Galenus (um 129–215

n. Chr.) ein Ende. Galenus lehnte die Ansicht von Aristoteles, das Gehirn übe lediglich eine Kühlfunktion für das Herz aus, als völlig absurd ab. Wäre dies der Fall, so argumentierte er, dann hätte die Natur das Gehirn nicht so weit vom Herzen entfernt lokalisiert, sondern um das Herz herum gelagert. Galen bekannte sich ausdrücklich zur These, dass der Sitz der Seele das Gehirn ist (vgl. Oeser 2002, 37–38). Spätestens seit dem antiken Arzt Hippokrates (ca. 460 – 370 v. Chr.), dem Begründer der wissenschaftlichen Medizin, waren die meisten Naturforscher der Meinung, das Gehirn sei der Sitz zumindest der Vernunftseele, der Intelligenz und der kognitiven Fähigkeiten. Hippokrates hatte sich zum Beispiel entschieden gegen die Ansicht gewandt, Epilepsie sei eine heilige Krankheit und werde von Göttern oder Dämonen verursacht. Er hielt Epilepsie für nicht heiliger oder göttlicher als andere Krankheiten. Wie alle Krankheiten habe auch die Epilepsie eine ganz natürliche Ursache. Ausgangspunkt dieses Leidens sei das Gehirn.

Als Sitz der Vernunftseele galt fortan das Gehirn, wobei man ihren konkreten Ort in den Gehirnventrikeln, in den mit Flüssigkeit gefüllten Hohlräumen des Gehirns, vermutete. „Man konnte sich nicht vorstellen, dass die schlüpfrige Gehirnmasse etwas mit der Vernunftseele zu tun habe." (Roth & Strüber 2015, 28) Galen entwickelte die aristotelische Vorstellung von den drei Seelenvermögen weiter. Er unterschied eine Triebseele, eine Empfindungsseele und eine Denkseele. Die Triebseele (lat. *spiritus naturalis*) mit ihren vegetativen und ernährenden Funktionen lokalisiert er in der Leber, die Empfindungsseele (lat. *spiritus vitalis*), welche die unwillkürlichen Bewegungen und Emotionen steuert, im Herzen, und die Denkseele (lat. *spiritus rationalis*), welche die geistigen Vermögen der Einbildungskraft, der Vernunft und des Gedächtnisses umfasst, im Gehirn. Um seine Seelendreiteilung anatomisch zu untermauern, betonte er: Sitz der Denkseele ist das Gehirn, weil dort die Nerven entspringen; Sitz der Empfindungsseele das Herz, weil dort die Arterien entspringen; und Sitz der Triebseele die Leber, weil dort die Venen ihren Ursprung haben. „Die Seele befähige den Körper erst, sich selbst zu bewegen, wahrzunehmen und zu denken." (Steger & Brunner 2015, 16)

Im Mittelalter bestimmte die Ventrikellehre die Vorstellungen von der Natur und dem Ort der Seele. Die Gehirnventrikel stellte man sich als drei im Kopf hintereinander liegende Zellen vor. Die erste Zelle war der Ort des Gemeinsinnes, der nach Aristoteles alle Informationen aus den Sinnesorganen zu einer einheitlichen Wahrnehmung verbindet, sowie der Ort der Fantasie und Einbildungskraft. In der zweiten Zelle wohnte der Verstand und in der dritten Zelle das Gedächtnis (vgl. Oeser 2002, 39–40; Steger & Brunner 2015, 16). „Allgemein ging man davon aus, dass die Nerven, von den Sinnesorganen kommend, in den Ventrikeln enden und dort den Seelenstoff oder die unterschiedlichen Seelenstoffe abgeben." (Roth & Strüber 2015, 32)

In der Neuzeit beginnt die Debatte um den Ort der Seele mit dem französischen Philosophen René Descartes (1596–1650). Descartes beeinflusste und beeinflusst immer noch die Diskussionen über das Verhältnis von Leib und Seele, von Gehirn und Geist. Descartes traf eine scharfe Unterscheidung zwischen der *Innenwelt* des Geistes und der *Außenwelt* der materiellen Körper. Als Innenwelt bezeichnete er die Welt des nicht ausgedehnten immateriellen Bewusstseins, als Außenwelt die Welt der ausgedehnten materiellen Körper. Das Bewusstsein ist uns unmittelbar von innen gegeben, die materiellen Körper können wir nur von außen erkennen. Innenwelt und Außenwelt betrachtete Descartes als zwei verschiedene Substanzen und Wirklichkeiten. Substanz definierte er als etwas, was zu seiner Existenz keines anderen Dinges bedarf. Er räumte allerdings ein, dass eigentlich nur Gott es verdiene, als Substanz in diesem Sinne bezeichnet zu werden (vgl. Descartes 1992, Meditatio III).

Descartes zufolge ist der Körper teilbar, der Geist hingegen nicht. Der ganze Geist ist mit dem ganzen Körper verbunden. Schnitte man Teile des Köpers ab, würde der Geist dadurch nicht kleiner. Die Seele, die Welt der Gedanken, Wahrnehmungen, Emotionen und Willensakte, ist mit allen Teilen des Körpers verbunden. Von Natur aus hat die Seele weder eine Beziehung zur Ausdehnung noch zu räumlichen Dimensionen oder anderen Eigenschaften, wie der Körper sie besitzt. Für Descartes ist Seele Geistseele. Die Seele dient ihm, im Gegensatz zu Aristoteles, deshalb auch nicht dazu, biologische Vorgänge und Funktionen zu erklären. Nach Descartes lassen sich sämtliche Funktionsweisen des Körpers rein mechanisch erklären. Trotzdem steht die Seele mit allen Körperorganen in Verbindung (vgl. Descartes 1996, 51). Wie ist das möglich? Wie wirken Seele und Körper aufeinander ein? Descartes war davon überzeugt, dass die Seele ihren Einfluss auf den Körper über die Zirbeldrüse (Epiphyse) im Zwischenhirn ausübt. Durch diese Drüse wirkt sie mithilfe der sogenannten Lebensgeister über Nerven und Blut auf den gesamten Körper ein. Warum bestimmte Descartes ausgerechnet die Zirbeldrüse zum Ort der Wechselwirkung von Seele und Körper?

„Der Grund, der mich überzeugt, dass die Seele keine andere Stelle im ganzen Körper haben kann als diese Drüse, wo sie unmittelbar ihre Funktion ausüben kann, liegt darin, dass alle anderen Teile unseres Gehirns doppelt vorhanden sind, so wie wir auch zwei Augen, zwei Hände, zwei Ohren haben, und überhaupt alle unsere äußeren Sinnesorgane doppelt vorhanden sind. Damit wir also nur einen einzigen und einfachen Gedanken von der gleichen Sache und zur gleichen Zeit haben, ist es notwendig, dass es eine Stelle gibt, wo die zwei Bilder, die von den beiden Augen kommen, oder zwei andere Eindrücke, die von einem einzigen Gegenstand durch die doppelten Organe der anderen Sinne kommen, sich zu einem verbinden können, bevor sie zur Seele gelangen, damit sie dieser nicht zwei anstatt einem Bild darbieten.“ (Descartes, 1996, 53 f.)

In der Zirbeldrüse, in der Mitte des Gehirns, vereinen sich Descartes zufolge die verschiedenen Eindrücke, die aus den paarigen Sinnesorganen kommen, zu einem ganzheitlichen Bild. Die Seele beeinflusst über diese Drüse die Bewegungsrichtungen der Lebensgeister und verändert dadurch die Bewegungen anderer Körperteile. Rätselhaft bleibt, wie die Seele die Zirbeldrüse so beeinflusst, dass ihre Handlungsabsichten in Körperbewegungen umgesetzt werden können. Descartes verabschiedete sich von der Drei-Seelen-Lehre. Für ihn gab es nur *eine* unsterbliche und unstoffliche Geistseele. „Das bedeutete, dass man sich ohne religiöse oder philosophische Gewissensbisse mit der Anatomie und Physiologie der Sinnesorgane und des Gehirns befassen konnte, wenn man die kritische Frage aussparte, *wie* denn diese Seele mit dem Gehirn interagierte. Dies taten nun auch praktisch alle Naturforscher der Neuzeit und nahmen zumindest offiziell die Existenz einer immateriellen, nicht lokalisierbaren Seele an." (Roth & Strüber 2015, 34).

Durch seine Gegenüberstellung von Innenwelt und Außenwelt beeinflusste Descartes entscheidend die neuzeitliche Diskussion des sogenannten Leib-Seele-Problems oder Körper-Geist-Problems. Er spaltete den Menschen in ein denkendes Wesen einerseits und eine mechanische Gliedermaschine andererseits auf. Geist und Materie definierte er so, dass sie einander ausschließen. Ist etwas geistig, dann kann es nicht physisch sein, ist etwas physisch, dann kann es nicht geistig sein.

Mit diesem Dualismus warf er Fragen auf, welche die Diskussion des Leib-Seele-Problems in der Folgezeit maßgeblich bestimmten. Wie kann ein immaterieller Geist, der keinen Ort im Raum einnimmt und auch keine Masse besitzt, kausal auf den physischen Körper einwirken? Wie können Bewusstseinszustände Körperzustände verursachen und umgekehrt? Vor allem die Frage, *wo* und *wie* die rätselhafte kausale Wechselwirkung zwischen Geist und Körper stattfinden soll, dominierte in der Folgezeit die Leib-Seele-Debatte.

Der Philosoph Gerd Haeffner betont, dass in der modernen Philosophie im Grunde bereits bei René Descartes eine Abwendung vom Begriff der Seele stattfand. Descartes sah vom beseelenden Bezug zum Körper ab und begnügte sich damit, geistige Leistungen wie Denken, Zweifeln, Wollen, Vorstellen und Fühlen aufzuzählen, die er dem Ich zuschrieb. Allen diesen geistigen Leistungen gemeinsam ist, dass sie bewusst sind. Dadurch konnte es so weit kommen, dass an die Stelle der Seele als innerer Einheitsgrund aller organischen, körperlichen und geistigen Prozesse das Bewusstsein trat. Die leib-seelische Einheit des Erlebens, die uns aus der persönlichen Erfahrung vertraut und selbstverständlich ist, geriet infolgedessen aus dem Blick. Haeffner gibt zu bedenken: „Es ist aussichtslos, nach der Einheit zwischen einem bloß mechanischen Körper und einer geistigen Seele zu suchen. Genauso aber präsentiert sich seit Descartes, der die Tiere zu seelenlosen Automaten erklärte, das sogenannte Leib-Seele-Problem." (Haeffner 2015, 561)

Die Suche nach dem Sitz der Seele, so resümiert der Biologe und Hirnforscher Gerhard Roth, ist in der Zwischenzeit insofern zu einem Abschluss gekommen, als es keinen Zweifel mehr daran geben kann, dass psychische Prozesse genauso wie Prozesse der Wahrnehmung, der Kognition und der Motorik aufs Engste mit der Aktivität von Nervenzellen in unterschiedlichen Regionen des Gehirns verbunden sind. Aus neurobiologischer Sicht sei die Suche nach dem Sitz der Seele erfolgreich beendet worden. „Es kann keinen vernünftigen Zweifel daran geben, dass das Gehirn die Seele hervorbringt, und zwar auf ganz unterschiedlichen Ebenen des neuronalen Geschehens, angefangen von den Vorgängen an den Synapsen bis hin zu den Interaktionen des ganzen Gehirns mit Körper und Umwelt." (Roth & Strüber 2015, 43)

Macht das Gehirn tatsächlich die Seele? Ist die Seele nur eine wirkungslose Begleiterscheinung komplexer Gehirnvorgänge? Lässt sich unser seelisches Erleben mit den Begriffen der Hirnforschung und der Neurobiologie überhaupt angemessen beschreiben? Worauf beziehen sich Hirnforscher und Neurowissenschaftler konkret, wenn sie von seelischen Vorgängen sprechen? Welche Fragen dieser Art können durch Untersuchungen der Gehirnabhängigkeit des Erlebens und Verhaltens beantwortet werden und welche nicht?

Das Gehirn als Organ der Seele

Hirnforscher und Neurowissenschaftler sagen uns seit Langem, dass alles, was wir Menschen empfinden, denken, fühlen, wollen, glauben und tun, von einem funktionierenden Gehirn in einem intakten Organismus abhängt. Alle psychischen und geistigen Veränderungen gehen mit Veränderungen der Gehirnaktivität einher. Schädigungen des Gehirngewebes haben massive Auswirkungen auf unser Erleben, Verhalten und Handeln. Ohne funktionierendes Gehirn erleben wir nichts. Die Grundthese der modernen Hirnforschung lautet: Das Gehirn erzeugt das Bewusstsein, und der Hirntod, der vollständige und nicht wieder reparierbare Ausfall sämtlicher Gehirnfunktionen, bedeutet auch das definitive Ende des Bewusstseins. Ergebnisse von Studien zur Gehirnabhängigkeit des Erlebens und Verhaltens sprechen für diese These.

Untersuchungen an Patienten mit Hirnverletzungen fördern wichtige Erkenntnisse über den Aufbau und die Funktion des Gehirns zutage. Sie zeigen, welche Auswirkungen geschädigte Hirnregionen auf das Erleben, Verhalten und Handeln der Betroffenen haben. Der französische Chirurg Paul Broca sezierte um 1860 das Gehirn von Herrn Leborgne, der einen Schlaganfall erlitten hatte. Leborgne konnte nach dem Anfall nicht mehr sprechen und stammelte nur noch die Silben „tan-tan", weshalb man ihn in der Literatur „Monsieur Tan" nennt. In der postmortalen Autopsie fand Broca heraus, dass sich die Hirnschädigung von Herrn Leborgne auf einen Bereich in der linken Hirnhälfte beschränkte, der für die Produktion der Sprache notwendig ist. Paul Broca hatte damit das nach ihm benannte motorische Sprachzentrum, das Broca-Areal, entdeckt. Der deutsche Neurologe Carl Wernicke veröffentlichte 1874 seine Entdeckung des nach ihm benannten sensorischen Sprachzentrums (Wernicke-Areal) in der linken Hirnhälfte. Schädigungen in diesem Bereich führen zu Störungen des Sprachverständnisses. Die betroffenen Patienten können zwar die Sprachlaute noch nachahmen, aber sie verstehen das Gesagte nicht, wählen einzelne Wörter falsch oder erfinden neue Wörter. Sprachbildung und Sprachverständnis sind untrennbar miteinander verbunden. Das motorische Sprachzentrum kann seine Funktion nur in Zusammenarbeit mit dem sensorischen Sprachzentrum erfüllen. Ist das sensorische Sprachzentrum zerstört, dann fehlen dem Patienten die Wörter, um seine Gedanken auszudrücken (sensorische Aphasie); ist das motorische Sprachzentrum zerstört, dann findet er zwar die Wörter, kann diese aber nicht aussprechen (motorische Aphasie). Heute weiß man, dass auch Strukturen unterhalb der Großhirnrinde für die Sprachfunktion von Bedeutung sind. Lesen und Denken sind auch nicht notgedrungen ein leises oder lautloses Sprechen, wie man früher glaubte. Das Sprachvermögen des Menschen besteht aus einer ganzen Reihe von Fähigkeiten. Sprachverständnis und Sprachproduktion sind zwei davon. Diese sind in unterschiedlichen Regionen, meist der linken Hirnhälfte, lokalisiert. Ungeklärt ist weiterhin die Frage, wie und wo Begriffe, Wörter, sprachliche Formen und Regeln im Gehirn gespeichert werden (vgl. Oeser 2002, 252–254).

Veränderung der Persönlichkeit durch Gehirnverletzung

Welche Auswirkungen eine Schädigung des Gehirns auf die Gesamtpersönlichkeit hat, zeigt die Geschichte von Phineas Gage. Phineas Gage war Vorarbeiter bei einer Eisenbahngesellschaft in Vermont, in den USA. Am 13. September 1848 bereitete er die Sprengung eines Felsens vor. Er stopfte Sprengpulver in das tiefe Bohrloch und befestigte die Zündschnur. Der Rest des Bohrlochs sollte mit Sand gefüllt werden. Weil ein Mitarbeiter ihn ablenkte, begann Gage den Sprengstoff mit dem Stopfeisen zu bearbeiten, ohne vorher Sand darauf zu schütten. Die Ladung explodierte vorzeitig. Das Stopfeisen trat durch seine linke Wange ein, durchbohrte die Schädelbasis und den vorderen Teil seines Gehirns und trat mit hoher Geschwindigkeit aus dem Schädeldach aus.

Das etwa 180 cm lange Eisen wog sechs Kilogramm und hatte einen Durchmesser von rund drei Zentimeter. Gage wurde auf den Rücken geschleudert, verlor kurz das Bewusstsein, war jedoch nach wenigen Minuten wieder ansprechbar. Dr. Harlow, der Gage behandelte, wunderte sich besonders darüber, dass Gage unmittelbar nach dem Unfall sprechen und sogar eine Treppe hochgehen konnte. Obwohl sich die Wunde im Kopf infizierte und Gage zwei Wochen in Lebensgefahr schwebte, überlebte er den Unfall. Zwei Monate später erklärte man ihn für geheilt. Gage war 25 Jahre alt, als das Unglück geschah, und lebte nachher noch zwölf Jahre (vgl. Damasio 1997, 25–63).

Dr. Harlow schildert in seinem Bericht, wie Gage wieder zu Kräften kam und wie vollständig seine körperliche Genesung war. Er konnte sehen, hören und fühlen und litt unter keinerlei Lähmung der Gliedmaßen oder der Zunge. Zwar war er auf dem linken Auge erblindet, dafür war das rechte Auge vollkommen in Ordnung. Sein Gang war sicher, die Bewegungen der Hände geschickt, und er hatte keine erkennbaren Schwierigkeiten mit Artikulation und Sprache (vgl. Bigelow 1850). In der Zeit nach dem Unfall traten bei Gage jedoch eigenartige Veränderungen in der Stimmung und Persönlichkeit auf. Vor dem Unfall galt er bei seinen Vorgesetzten als einer der zuverlässigsten, tüchtigsten und fähigsten Vorarbeiter. Nun war das Gleichgewicht zwischen seinen geistigen Fähigkeiten und seinen Leidenschaften gestört. Er war jetzt launisch, respektlos, fluchte auf abscheulichste Weise, was früher nicht seine Art war. Er war furchtbar halsstarrig, launenhaft und wankelmütig, schmiedete ständig Pläne, die er, kaum gefasst, wieder fallen ließ. Dies stand in krassem Gegensatz zu seiner Ausgeglichenheit und auffallenden Charakterstärke vor dem Unfall. Er war bekannt als besonnener, gerissener und kluger Geschäftsmann, der es verstand, seine Pläne mit Energie und Ausdauer in die Tat umzusetzen. Seine Arbeit erledigte er mit großer Sorgfalt und Verantwortung. Er hielt sich an die sozialen Spielregeln und fühlte sich moralischen Grundsätzen verpflichtet. Nach dem Unfall veränderte er sich so stark, dass Angehörige,

Freunde und Bekannte ihn kaum wiedererkannten. Vor der Verletzung besaß Gage alle Voraussetzungen dafür, um vernünftige Entscheidungen zu treffen. Jetzt ließ er durch nichts erkennen, dass er sich um die Zukunft sorgte oder vorausplante. Er nahm verschiedene Arbeiten auf Pferdefarmen an und trat sogar als Attraktion im Zirkus auf, wo er seine Narbe und das Stopfeisen zur Schau stellte. Soziale Konventionen kümmerten ihn nicht mehr, er verstieß gegen moralische Gepflogenheiten und traf Entscheidungen, die seinen Interessen zuwiderliefen. Er behielt keine

Abb. 9: Phineas Gage mit Stopfeisen

Stellung längere Zeit. Zehn Jahre nach dem Unfall ging er nach Südamerika, wo er unter anderem als Kutscher in Santiago de Chile und Valparaíso arbeitete. Als sich sein Gesundheitszustand 1859 verschlechterte, kehrte er zu seiner Mutter und Schwester, die nach Kalifornien umgezogen waren, zurück. Dort starb er am 21. Mai 1860 nach einem heftigen epileptischen Anfall.

Phineas Gage ist wohl der berühmteste Patient, der eine derart massive Hirnverletzung überlebte. Seine Krankengeschichte sagt etwas über die Beziehung zwischen Charaktereigenschaften und den Funktionen des Stirnhirns aus. Das Missverhältnis zwischen dem Verfall seines Charakters und der Unversehrtheit seiner geistigen Fähigkeiten wie Aufmerksamkeit, Wahrnehmung, Gedächtnis, Sprache und Intelligenz ist besonders auffällig. Die Fachleute glaubten damals zwar an die Lokalisierung der Sinneswahrnehmungen, der Sprache und der Bewegungen, konnten sich aber nicht vorstellen, dass etwas so Komplexes wie die Persönlichkeit von bestimmten Hirnregionen abhängig sein könnte. Wie Dr. Harlow nahmen die meisten von ihnen an, dass die bei Gage zerstörte Gehirnregion nichts Besonderes leiste und deshalb entbehrlich. Es waren die Familienangehörigen und Freunde, denen die Veränderungen in Gages Persönlichkeit auffielen.

Der Fall Phineas Gage zeigt, dass bestimmte Hirnbereiche für spezifisch menschliche Fähigkeiten wie Planen, Entscheiden und Verantwortung gegenüber sich und anderen unentbehrlich sind. Dieser Fall wirft mehrere Fragen auf: Was war für Gages Unfähigkeit, Entscheidungen zu treffen, verantwortlich? Hatte er durch den Unfall das nötige Wissen verloren, oder waren ihm die erforderlichen Denkstrategien abhanden gekommen? Hatte Gage nach dem Unfall noch einen freien Willen? War er sich seiner selbst genauso bewusst wie vor dem Unfall? Kann man sagen, dass seine Seele beeinträchtigt war, oder dass er sie sogar verloren hatte? Die Hauptursache der Veränderung seiner Persönlichkeit war ein Loch im Gehirn, aber das erklärt nur, warum diese Veränderung stattfand, jedoch nicht, wie. Hätte ein Loch an je-

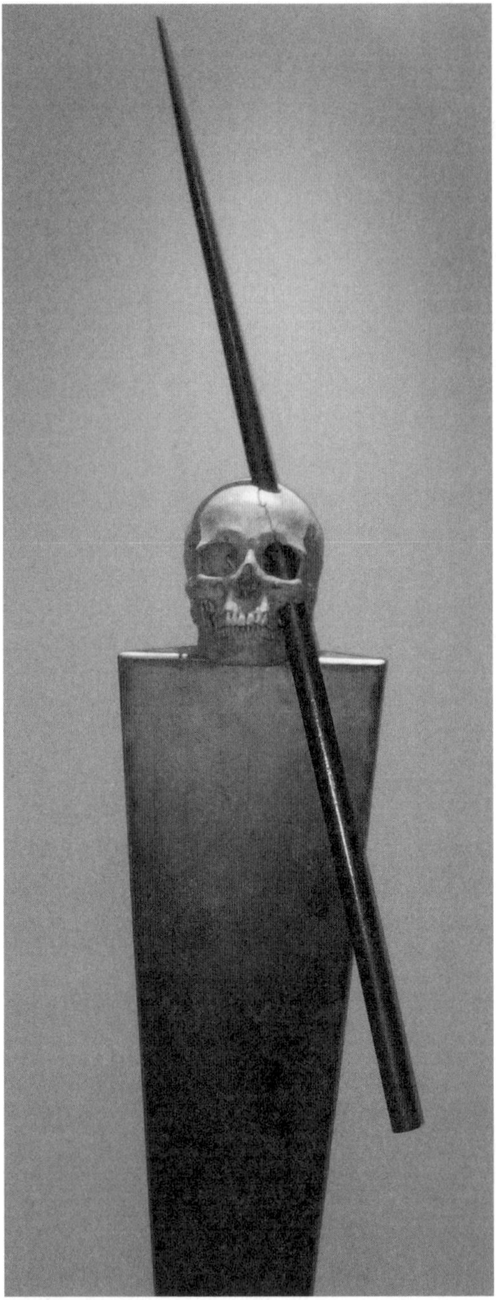

Abb. 10: Schädel von Phineas Gage mit Eisenstange

der beliebigen anderen Stelle des Stirnhirns zu den gleichen Folgen geführt?

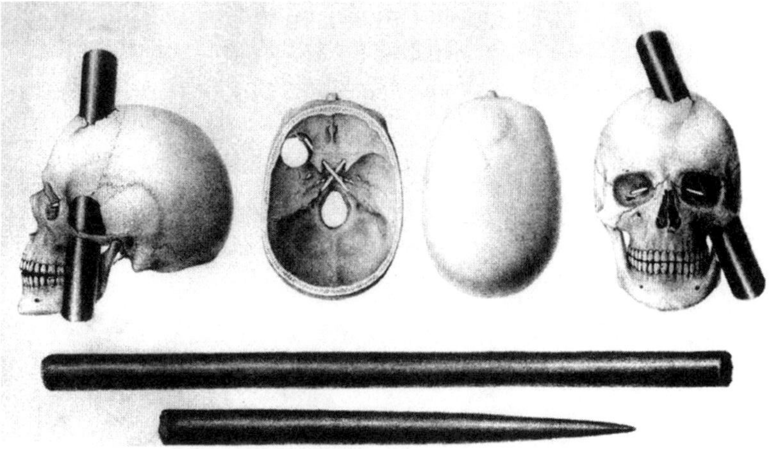

Abb. 11: Durchbohrter Schädel von Phineas Gage

Von besonderem Interesse für die These, das Gehirn sei das Organ der Seele, sind Untersuchungen an Menschen, bei denen durch einen chirurgischen Eingriff die Verbindungen zwischen den beiden Großhirnhälften durchtrennt wurden. Welche Auswirkungen hat ein derart schwerwiegender Eingriff auf das Bewusstsein, Erleben, Verhalten und Handeln der Betroffenen? Hat ein geteiltes Gehirn einen doppelten Geist, zwei Persönlichkeiten oder sogar zwei Seelen zur Folge?

Geteiltes Gehirn, doppelter Geist?

Als geteiltes Gehirn oder „split brain" bezeichnet man den Zustand des Gehirns nach der Durchtrennung des Hirnbalkens (*corpus callosum*), der Hauptverbindung zwischen den beiden Großhirnhälften. Im menschlichen Gehirn verbinden die schätzungsweise 250 bis 800 Millionen Nervenfasern des Hirnbalkens fast alle Teile der einen Hirnhälfte mit den spiegelbildlichen Bereichen der anderen und ermöglichen dadurch die intensive Zusammenarbeit der beiden Hirnhälften.

In den 1940er-Jahren des vergangenen Jahrhunderts durchtrennte man bei 26 Epilepsie-Patienten den Hirnbalken, um ihre medikamentös nicht kontrollierbaren Anfälle einzudämmen. Sind die Verbindungen zwischen den beiden Hirnhälften gekappt, so der Gedanke, dann könnten sich die elektrischen Im-

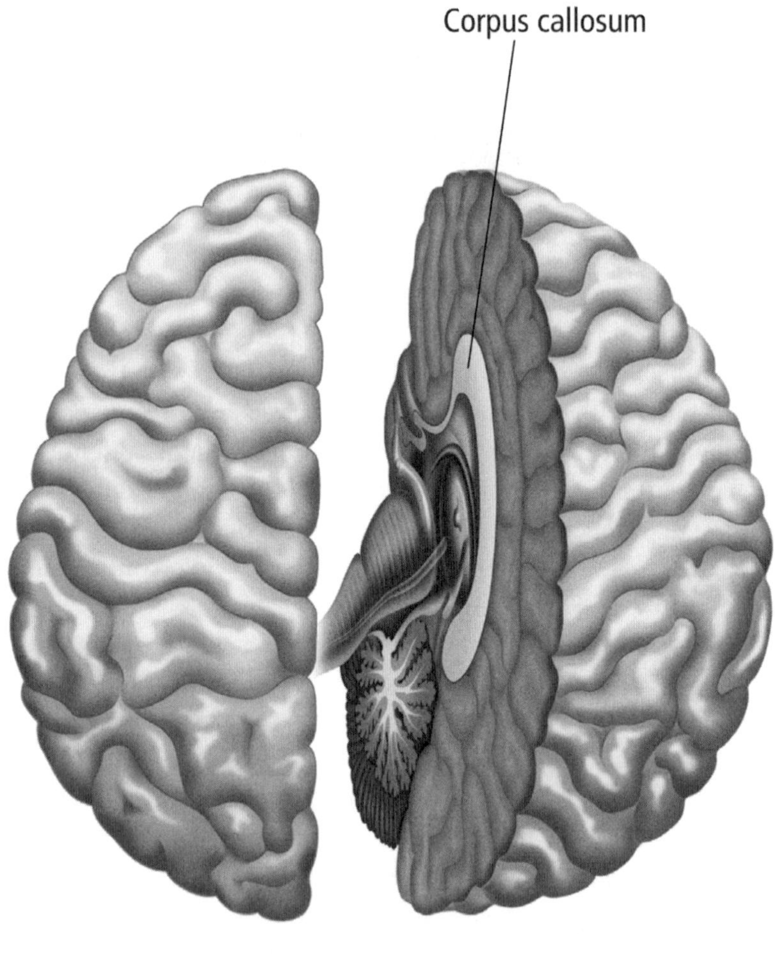

Abb. 12: Corpus callosum (Hirnbalken)

pulse, welche die epileptischen Anfälle auslösen, nicht von einer auf die andere Hirnhälfte ausbreiten, und die schweren Krampferregungen ließen sich vermeiden. Dieser chirurgische Eingriff trägt den Namen Bisektion oder Kommissurotomie. Die Zahl der Patienten wird mit 26 bis 30 angegeben. In der Literatur bezeichnet man die Betroffenen als „Split-Brain-Patienten". Das Gehirn in zwei Teile zu trennen ist zweifellos ein schwerwiegender Eingriff. Führt er zu zwei Persönlichkeiten, zu einem doppelten Geist mit zwei Gehirnen in einem Kopf? Der Neurobiologe Roger Sperry bemerkt dazu, dass man aufgrund von vielen Jahren Split-Brain-Forschung an Tieren annehmen konnte, dass die Patienten durch diesen Eingriff nicht ernstlich behindert sein würden (vgl. Sperry 1982).

Das überraschendste Ergebnis der Isolierung der zwei Hirnhälften bei den betroffenen Patienten war, dass die meisten von ihnen keine auffälligen Behinderungen im Alltag zeigten. Ihre Krampfanfälle gingen durchschnittlich um 60 bis 70 Prozent zurück. Einige waren völlig frei von Anfällen, alle fühlten sich wohl, wirkten völlig normal, und den meisten fielen keine geistigen Veränderungen bei sich auf. Ausfälle bei der Integration der beiden Körperhälften wurden erst in experimentellen Situationen sichtbar. Der Neurowissenschaftler Michael Gazzaniga berichtet von einem speziellen Testverfahren, mit dem er Split-Brain-Patienten visuelle Informationen ausschließlich in ihrem rechten oder linken Gesichtsfeld zeigte und damit nur ihrer linken oder rechten Hirnhälfte darbot (vgl. Gazzaniga 2012, 64–72). Aufgrund der partiellen Kreuzung der Sehnerven im *Chiasma opticum* wird das linke Gesichtsfeld in die Sehrinde der rechten Hirnhälfte und das rechte Gesichtsfeld in die Sehrinde der linken Hirnhälfte projiziert und jeweils dort verarbeitet (siehe Abb. 13 und Abb. 14).

Wird einem Split-Brain-Patienten, dessen Kopf fixiert ist, ein visueller Reiz, zum Beispiel eine Birne, im rechten Gesichtsfeld dargeboten und dadurch in die linke dominante Hirnhälfte projiziert, so kann er den Reiz ohne Probleme verbal benennen und

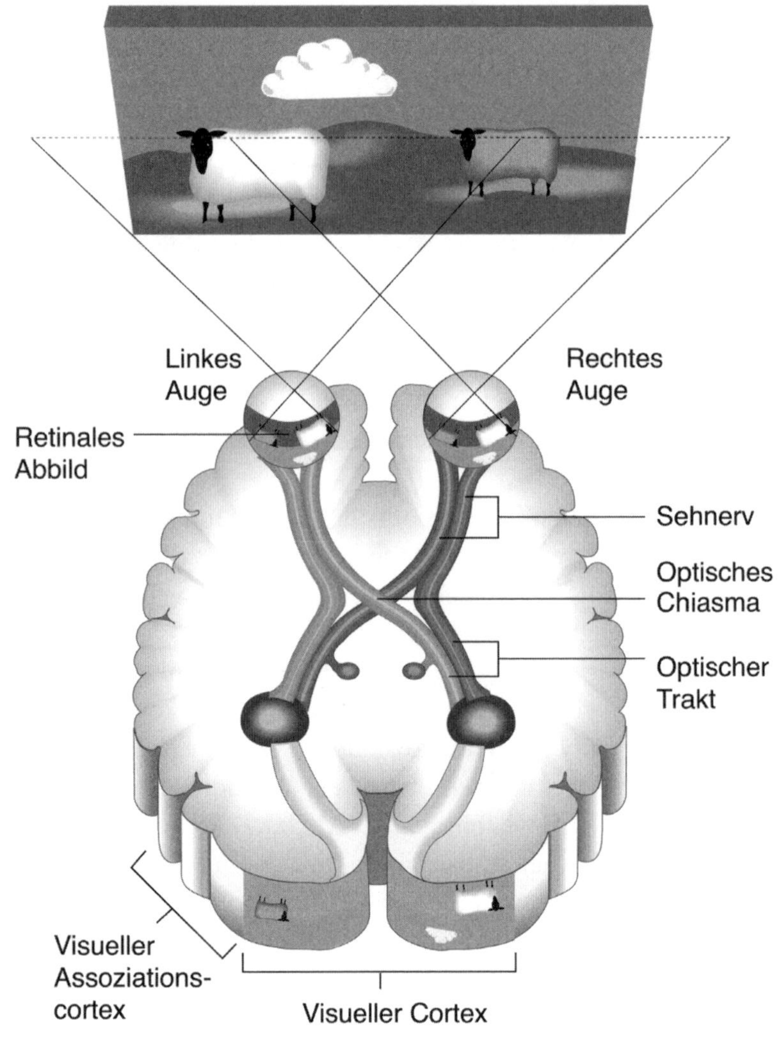

Abb. 13: Sehbahnen des menschlichen visuellen Systems

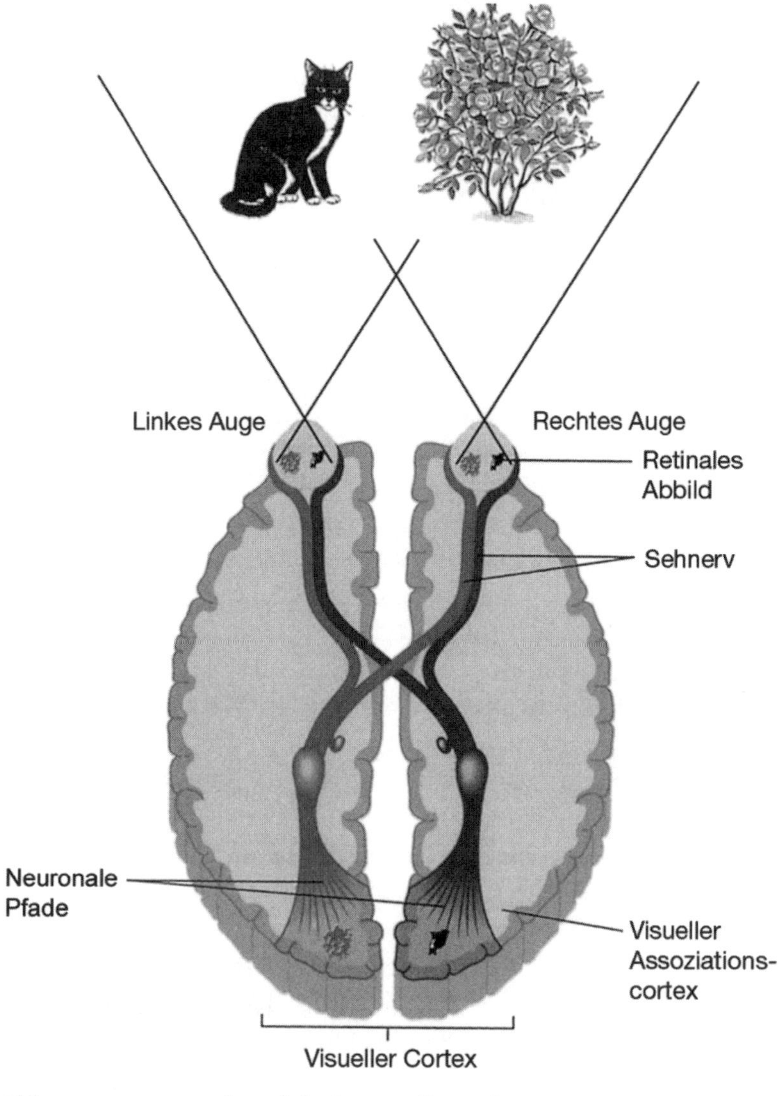

Abb. 14: Die neuronalen Pfade der visuellen Information

auch mit der rechten Hand, die unter der Kontrolle der linken Hirnhälfte steht, die Birne aus einer Reihe von Gegenständen in seiner Reichweite, die abgedeckt sind und die er deshalb nicht sehen kann, herausgreifen. Zeigt man ihm die Birne jedoch im linken Gesichtsfeld und dadurch nur seiner rechten Hirnhälfte, so kann er nicht sagen, was er gesehen hat, er kann aber mit der linken Hand, die unter der Kontrolle der rechten Hirnhälfte steht, die Birne unter den Objekten in seiner Reichweite herausgreifen (siehe Abb. 15).

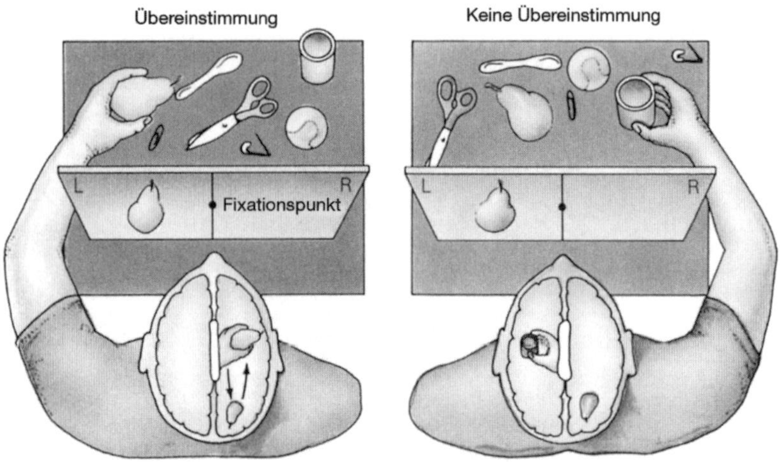

Abb. 15: Koordination zwischen Auge und Hand

Bei späteren Experimenten zeigten Gazzaniga und seine Mitarbeiter einem Split-Brain-Patienten kurz einen Löffel in seinem rechten Gesichtsfeld und fragten ihn: „Haben Sie etwas gesehen?" Er antwortete ohne Zögern: „Einen Löffel". Damit war bestätigt, was die Tester erwartet hatten: Der Patient würde Gegenstände benennen können, die er mit seiner linken Hirnhälfte sah, weil sich dort das Sprachzentrum befindet. Was würde geschehen, wenn sie die Gegenstände dem Patienten in seinem linken Gesichtsfeld darboten und damit seiner rechten Hirnhälfte präsentierten? Sie zeigten dem Patienten in seinem linken Gesichtsfeld ein Bild und fragten ihn: „Haben Sie etwas gesehen?" Er antwortete: „Nein, ich habe nichts gesehen." Mit seiner linken Hirnhälfte konnte er das, was seiner abgetrennten rechten Hirnhälfte vorgeführt worden war, weder beschreiben noch wusste er, dass es etwas zu beschreiben gab. War der Patient tatsächlich völlig blind gegenüber Reizen, die seiner rechten Hirnhälfte dargeboten wurden? Gazzaniga wollte herausfinden, ob die rechte Hirnhälfte des Patienten irgendwelche visuellen Informationen empfangen kann oder nicht. Er entwickelte ein Experiment, bei dem der Patient durch Drücken einer Morsetaste mit der linken Hand reagieren konnte, bevor er mündlich antwortete. Die linke Hand wird von der rechten Hirnhälfte kontrolliert. Nun zeigte Gazzaniga dem Patienten in seinem linken Gesichtsfeld einen kurzen Lichtblitz, der damit seiner rechten Hirnhälfte dargeboten wurde. Der Patient drückte mit der linken Hand die Morsetaste, sagte aber, er habe nichts gesehen. Seine rechte Hirnhälfte hatte den Lichtblitz sehr wohl gesehen und konnte das auch mit dem Tastendruck melden. Weil zwischen den beiden Hirnhälften keine Informationen mehr übertragen wurden, verneinte der Patient mündlich, den Blitz gesehen zu haben. Es stellte sich heraus, dass sämtliche visuellen, taktilen, auditorischen und olfaktorischen Informationen, die nur in eine Hirnhälfte gelangen, ausschließlich dort verarbeitet werden, ohne dass die andere Hirnhälfte etwas davon mitbekommt. „Die linke Hälfte wusste also nicht, was die rechte verarbeitete, und umgekehrt." (Gazzaniga 2012, 70) Im Alltag treten derartige Ausfälle nicht auf, weil die Split-Brain-Patienten unwillkürlich den Kopf bewegen, um visuelle Informationen beiden Hirnhälften zukommen zu lassen. „Normalerweise würde man, wenn man nach einer Operation aus der Narkose erwacht und feststellt, dass man im linken Sehfeld nichts mehr sieht, sofort Alarm schlagen: ‚Oh Gott, ich kann auf der linken Seite nichts mehr sehen!' Aber die Patienten mit dem durchtrennten Balken beklagen sich nie darüber. Sogar nach jahrelanger Teilnahme an den Versuchen kann man sie fragen, ob ihnen eigentlich bewusst sei, warum sie getestet werden, aber sie glauben nicht, dass an ihnen etwas Besonderes sei, und haben nicht das Gefühl, dass mit ihrem Gehirn etwas nicht stimme.“ (Gazzaniga 2012, 78)

Die Untersuchungen an Split-Brain-Patienten gewannen große Bedeutung für die Bildung von Theorien darüber, wie das Gehirn funktioniert und worauf die beiden Hirnhälften spezialisiert sind. Die Frage, ob man bei den betroffenen Patienten noch von einem einheitlichen Bewusstsein, von einem doppelten Geist oder von zwei Ichs sprechen kann, wird jedoch kontrovers diskutiert.

Die Doppelt-Geist-Theorie

Roger Sperry nahm an, die Split-Brain-Patienten hätten anstelle des normalen einheitlichen Bewusstseins ein Bewusstsein in der linken und ein Bewusstsein in der rechten Hirnhälfte mit je eigenen Erlebnissen, Wahrnehmungen, Vorstellungen, Lernerfahrungen und Handlungsimpulsen. Michael Gazzaniga vertrat zunächst ebenfalls die Meinung, dass eine Durchtrennung des Hirnbalkens die Einheit des Bewusstseins zerstört. Patienten mit getrennten Hirnhälften haben demnach zwei Geistessphären, eine linke und eine rechte, ähnlich den zwei getrennten Persönlichkeiten siamesischer Zwillinge. Er fragte sich: Gibt es jetzt zwei Ichs? Zwei freie Willen? Warum streiten die beiden Hirnhälften nicht darum, welche von ihnen das Sagen hat? Hat nur eine Hälfte das Sagen? Sind zwei Ichs in einem Körper gefangen, der zur gleichen Zeit nur an einem Ort sein kann? Welche Hirnhälfte entscheidet darüber, wo der Körper sich befindet? Vor allem: Warum gibt es das offenkundige Gefühl der Einheit des Bewusstseins? Sind Bewusstsein und Selbstgefühl womöglich nur in einer Hirnhälfte lokalisiert? (vgl. Gazzaniga 2011, 60).

Der Hirnforscher und Nobelpreisträger Sir John Eccles war ein bedeutender Gegner der Doppelt-Geist-Theorie. Er betrachtete Ich und Gehirn als zwei voneinander unabhängige Größen, die sich wechselseitig beeinflussen. In seiner Theorie der Wechselwirkung zwischen Ich und Gehirn nimmt das Ich eine überlegene interpretierende und kontrollierende Vorrangstellung gegenüber dem Gehirn ein. Das Ich umfasst sämtliche subjektiven Erfahrungen und Erlebnisse, das Selbstgefühl sowie das Wissen um den eigenen Tod. Mit dem Ausdruck „selbstbewusster Geist" bezeichnet Eccles die höchste Form geistiger Erfahrung, das Selbstbewusstsein Dieses beinhaltet ein Wissen vom Wissen, die Erfahrung des Selbst-Wissens, und hat einen einheitlichen Charakter. Sich seiner selbst bewusst zu sein ist eine spezifisch menschliche Besonderheit. Die Einheit der bewussten Erfahrung, so Eccles, vermittelt nicht das Gehirn, sondern der selbstbewusste Geist. Die Erfahrungen des selbstbewussten Geistes haben aber eine enge Beziehung zu den neuronalen Vorgängen im sogenannten Liaison-Hirn. Liaison-Hirn nennt Eccles Bereiche in der dominanten linken Hirnhälfte wie die Sprachzentren und große Teile des Stirnhirns. Der selbstbewusste Geist kann die Vorgänge im Gehirn nach scinen Interessen und Wünschen aktiv verändern. Er spielt auf der Tastatur der Gehirnmaschinerie wic ein Pianist auf der Klaviatur. Durch Willkürbewegungen, Erinnern oder Kopfrechnen können wir jederzeit Gehirnmechanismen hervorrufen, die im Elektroenzephalogramm (EEG) sichtbar werden. Eine kausale Wechselwirkung zwischen Gehirn und Ich erfolgt jedoch nur, wenn im Liaison-Hirn ein hohes Aktivitätsniveau herrscht. Bei zu niedriger und bei zu hoher Aktivität herrscht Bewusstlosigkeit, wie etwa im Koma und bei heftigen epileptischen Anfällen (vgl. Popper & Eccles 1982, 434–440). Nur die linke, dominante Hirnhälfte ist mit dem Ich in Kontakt. Die rechte, subdominante Hirnhälfte betrachtet Eccles als ihren untergeordneten Partner. Diese besitzt kaum normale, menschliche Fähigkeiten, handelt automatisch und ist unfähig, Sprache zu erzeugen. Für Eccles ist Sprache aber die Grundvoraussetzung für Bewusstsein. Einem Lebewesen könne man Bewusstsein nur zuschreiben, wenn es in der Lage ist, sich selbst als bewusst zu erklären und sich sprachlich zu äußern. Vertreter der Doppelt-Geist-Theorie wie Sperry zählen hingegen jeden Ausdruck intelligenter Reaktionen von Aufmerksamkeit und bewusstem Wissen zu den Indikatoren für Bewusstsein.

Für Eccles liefern die Untersuchungen an Split-Brain-Patienten den wichtigsten Nachweis für die Einheit des Bewusstseins. Wir erleben uns als geistige Einheit, obwohl wir zwei Hirnhälften besitzen. Die Durchtrennung des Hirnbalkens spaltete zwar ein Fragment des selbstbewussten Ichs der Patienten ab, die Person, die Einheit des Bewusstseins, blieb jedoch unversehrt. „Als man das *Corpus callosum* durchtrennte, wurde evident, was schon die ganze Zeit über der Fall war, nämlich, dass die untergeordnete Hemisphäre per se immer ein bewusstloser Gehirnteil ist und die Verbindung durch das *Corpus callosum* benötigt, um Informationen vom bewussten Selbst zu erhalten und Informationen zu diesem zu übermitteln." (Eccles & Zeier 1984, 165)

Eccles fragt auch: Was geschieht im Tod? Dann steht alle Hirnaktivität für immer still. Der selbstbewusste Geist findet nun, dass das Gehirn, das er während des ganzen Lebens abtastete und erfolgreich kontrollierte, überhaupt keine Meldung mehr gibt. „Was dann geschieht, ist die letzte Frage." (Popper & Eccles 1982, 448)

Bewusstsein und die rechte Hirnhälfte

John Eccles billigt der rechten Hirnhälfte wohl Bewusstsein auf einer niedrigen Stufe zu, spricht ihr aber das für den Menschen charakteristische reflexive Selbstbewusstsein ab. Untersuchungen von Roger Sperry und Mitarbeitern belegen jedoch, dass diese Sicht einseitig ist. Sie zeigten zwei Split-Brain-Patienten eine Reihe von Fotos, unter denen sich neben anderen auch Fotos des eigenen Gesichts, Fotos von Familienangehörigen, von Verwandten und Bekannten, von Haustieren und persönlichen Gegenständen befanden. Die Fotos wurden den Patienten im linken Gesichtsfeld dargeboten und dadurch in ihre rechte Hirnhälfte projiziert. Die beiden Patienten hatten zwar große Schwierigkeiten, die Fotos sprachlich zu beschreiben, ihre emotionalen Reaktionen zeigten aber zweifelsfrei, dass sie die Bilder von Menschen und Dingen, zu denen sie eine persönliche Beziehung hatten, identifizieren konnten. Die angeblich stumme rechte Hirnhälfte entpuppte sich als gut entwickelt. Sie scheint auch Selbstbewusstsein zu besitzen, was nach Eccles nur von der linken Hirnhälfte zu erwarten wäre. Weitere Untersuchungen belegen, dass die rechte Hirnhälfte ein Zeitgefühl besitzt und die Sorge um die Zukunft kennt (vgl. Sperry, Zaidel & Zaidel 1979).

Roger Sperry betont, wie wichtig die Rolle ist, welche die Emotionen bei der Informationsverarbeitung im Gehirn spielen. Im Gegensatz zu kognitiven Fähigkeiten lassen sich Emotionen nicht auf eine Hirnhälfte begrenzen. Selbst wenn man Split-Brain-Patienten emotionale Reize nur in einer Hirnhälfte darbietet, breiten sich die emotionalen Effekte aufgrund von Verbindungen im ungetrennten Hirnstamm schnell auf die andere Hirnhälfte aus. Subtile Gefühlsschattierungen oder sprachliche Bedeutungen, die ein Foto in der rechten Hirnhälfte hervorruft, helfen der linken Hirnhälfte zu erraten, was das Bild, das nur der rechten Hirnhälfte bekannt war, darstellt (vgl. Sperry 1982, 1225–1226). Die beiden Hirnhälften von Split-Brain-Patienten sind durch Strukturen unterhalb der Großhirnrinde miteinander verbunden und damit Teil eines umfassenden Systems, das die Integrität des Bewusstseins aufrechterhält. John Eccles' Verständnis des Bewusstseins scheint einseitig kognitiv zu sein und berücksichtigt nicht, dass das Selbstbewusstsein, das Erleben der eigenen Identität, sehr viel stärker emotional verankert ist, als es der Ausdruck „selbstbewusster Geist" vermuten lässt.

Michael Gazzaniga untersuchte die kognitiven Fähigkeiten der rechten Hirnhälfte. Dabei ging er zunächst von der Annahme aus, die linke Hirnhälfte sei eine Art Wunderkind, weil sie Sprache versteht und benutzt, während die rechte nicht sprechen kann und nur ein sehr begrenztes Sprachverständnis besitzt. Er führte bei Split-Brain-Patienten einfache Verständnistests durch. Der rechten Hirnhälfte eines Patienten zeigte er das Wort „Pfanne", und dieser deutete mit seiner linken Hand auf das Bild einer Pfanne. Dann zeigte er der rechten Hirnhälfte das Wort „Wasser", und der Patient zeigte mit der linken Hand auf das Bild „Wasser". Damit war klar: Die rechte Hirnhälfte verstand die Worte und konnte sie auf die Bilder beziehen. Als Gazzaniga der rechten Hirnhälfte beide Wörter zusammen zeigte, deutete der Patient mit der linken Hand auf das Bild der leeren Pfanne. Die rechte Hirnhälfte konnte die beiden Wörter nicht zur Vorstellung von Wasser in einer Pfanne verbinden. Die linke Hirnhälfte löste diese Aufgabe hingegen problemlos. Es stellte sich heraus, dass die rechte Hirnhälfte sehr schlecht ist beim Ziehen von Schlussfolgerungen. Nun versuchte Gazzaniga, der rechten Hirnhälfte des Patienten eine Aufgabe nur mit Bildern zu stellen. Er zeigte ihr zuerst ein Streichholz und dann aufgeschichtetes Feuerholz. Der Patient sollte anschließend aus sechs Bildern eines auswählen, das die kausale Beziehung darstellte. Die rechte Hirnhälfte war unfähig, das Bild des brennenden Feuerholzes auszuwählen. Gazzaniga schloss daraus, dass das Bewusstsein der beiden Hirnhälften sich stark voneinander unterscheidet. Die linke Hirnhälfte kann schlussfolgern, die rechte nicht. Die rechte Hirnhälfte nimmt alles wörtlich. Die beiden Hirnhälften haben ihre Spezialisierungen und sind sich nicht auf die gleiche Weise bewusst. Sie sind sich unterschiedlicher Dinge bewusst und können Aufgaben keineswegs gleich gut lösen. Die Frage, woher das bewusste Erleben eigentlich kommt, müsse ganz neu angegangen werden. Der Ursprung des Bewusstseins ist wahrscheinlich überall im Gehirn verteilt (vgl. Gazzaniga 2012, 76–77).

Wer hat im Gehirn das Sagen?

In einem Experiment mit Split-Brain-Patienten projizierte Roger Sperry die Aufforderung „Gehen Sie" in deren rechte Hirnhälfte. Als diese daraufhin aufstanden, fragte er sie, wo sie so plötzlich hin wollten. In der Regel antworteten sie mit einer Erklärung wie:

„Ich wollte mir nur eine Cola holen." Diese Begründung, so Sperry, kam von der linken Hirnhälfte. Die Aufforderung hatte aber die rechte Hirnhälfte gesehen, und nur sie kannte den wahren Grund des Verhaltens. Da der Informationsaustausch zwischen den beiden Hirnhälften nicht möglich war, konnte die linke Hirnhälfte nicht darüber informiert werden. Anstatt zu schweigen oder zuzugeben, dass sie keine Erklärung hat, erfand sie kurzerhand eine Erklärung, die ihr im Moment plausibel erschien.

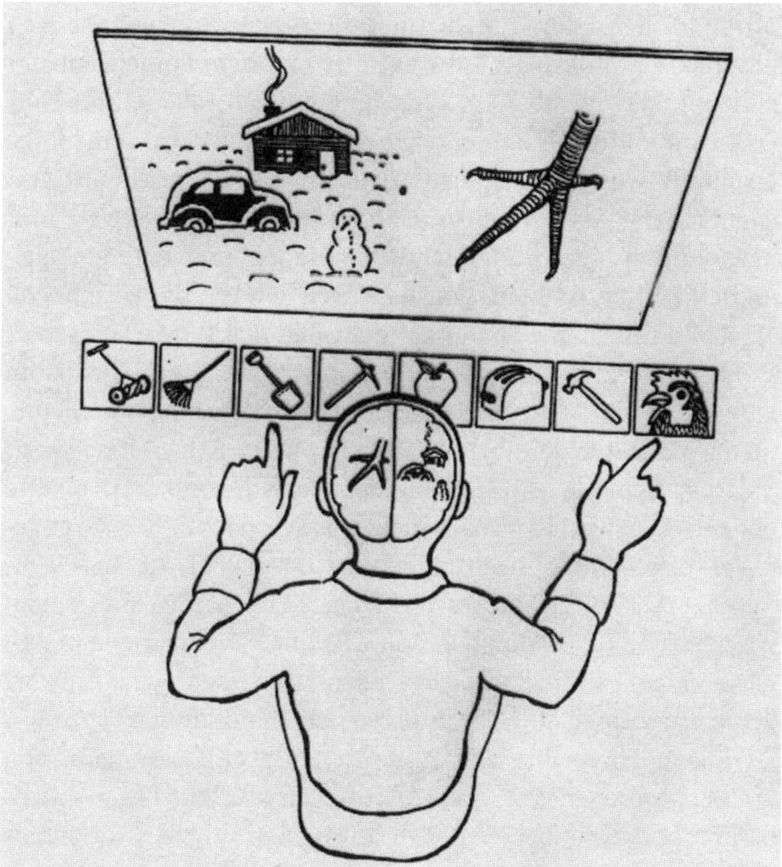

Abb. 16: Mann vor Bildern

Michael Gazzaniga zeigte in einer ähnlichen Untersuchung einem Split-Brain-Patienten zwei Bilder: im rechten Gesichtsfeld einen Hühnerfuß und im linken Gesichtsfeld eine Winterlandschaft. Das Bild des Hühnerfußes wurde in seine linke Hirnhälfte, und das der Winterlandschaft in seine rechte Hirnhälfte projiziert. Der Patient sollte anschließend ein Bild aus einer Bilderreihe auswählen, die offen vor ihm lag und mit beiden Hirnhälften wahrgenommen werden konnte. Mit der linken Hand zeigte er auf eine Schaufel (die beste Assoziation für die Schneelandschaft), mit der rechten Hand auf ein Huhn (die beste Assoziation für den Hühnerfuß). Auf die Frage, warum er diese zwei Bilder ausgewählt habe, antwortete er bzw. sein Sprachzentrum in der linken Hirnhälfte: „Oh, ganz einfach. Der Hühnerfuß passt zum Huhn." Damit erklärte er problemlos, was seine linke Hirnhälfte wusste. Diese hatte den Hühnerfuß gesehen. Dann bemerkte er, dass seine linke Hand auf die Schaufel zeigte und sagte ohne zu zögern: „Und natürlich braucht man eine Schaufel, um den Hühnerstall auszumisten." Den Schnee, das verschneite Haus und den Schneemann auf dem Bild der Winterlandschaft erwähnte er mit keinem Wort. Die „sprechende" linke Hirnhälfte hatte dieses Bild nicht gesehen. Sie erfand sofort eine Geschichte, um das Verhalten der linken Hand, die auf die Schaufel zeigte, zu erklären. Bemerkenswert daran ist, dass die linke Hirnhälfte nicht etwa sagte: „Ich weiß es nicht", was die richtige Antwort gewesen wäre, sondern nachträglich etwas konstruierte, was die Situation erklärte. Ein solches Verhalten, so Gazzaniga, nennt man in der Psychologie Konfabulation. Die linke Hirnhälfte konfabulierte, indem sie die ihr zugänglichen Hinweise in eine Antwort kleidete, die einen Sinn ergab. Gazzaniga nennt diesen Prozess in der linken Hirnhälfte den „Interpreten" (vgl. Gazzaniga 2012, 97). Bei ähnlichen Tests dieser Art waren die Split-Brain-Patienten immer davon überzeugt, den wahren Grund ihres Verhaltens zu kennen.

Aufgrund der Ergebnisse seiner Untersuchungen an Split-Brain-Patienten gab Michael Gazzaniga die Vorstellung auf, in einem gespaltenen Gehirn gebe es zwei getrennte mentale Systeme. Er meint, die Theorie vom geteilten Gehirn und doppelten Geist habe abgedankt. Erste Risse bekam sie, als er begann, die kognitiven Fähigkeiten der rechten Hirnhälfte zu untersuchen. Das Gehirn stellt er sich jetzt als eine Vielzahl von zweckgebundenen Schaltkreisen vor, die über das gesamte Gehirn verteilt sind und parallel arbeiten, um möglichst sinnvolle Entscheidungen zu treffen. Demnach gibt es im Gehirn weder eine Zentralstelle, an der alle Informationen zusammenlaufen, noch einen Chef, der letztlich das Sagen hat. Das Gehirn arbeitet vielmehr hochgradig dezentralisiert. Es ist ein komplexes System, das aus vielen Subsystemen besteht, die miteinander interagieren. Dadurch tauchen neue Eigenschaften auf, die sich nicht auf die Eigenschaften der Einzelsysteme zurückführen lassen.

Um zu veranschaulichen, was er unter einem komplexen System versteht, verwendet Gazzaniga das Bild des Straßenverkehrs. Wenn wir uns ein isoliertes Autoteil, zum Beispiel eine Nockenwelle, ansehen, dann können wir daraus nicht vorhersagen, dass die Autobahn montags bis freitags um Viertel nach fünf Uhr verstopft sein wird. Auch aus der Betrachtung eines einzelnen Autos können wir diese Vorhersage nicht machen. Erst wenn wir eine Menge Autos, deren Fahrer und weitere Einflüsse wie Ort, Zeit, Wetter, Gewohnheiten und Verkehrsordnung in den Blick nehmen, dann kristallisiert sich ein neues Regelwerk heraus, das nicht aus den Einzelteilen allein hervorgeht. Dasselbe trifft auf Gehirne zu. Die Analyse eines einzelnen Gehirns kann die Fähigkeit, verantwortlich zu sein, nicht zutage fördern. Verantwortlichkeit ergibt sich aus dem sozialen Austausch. Erst wenn zwei oder mehrere Gehirne interagieren, entstehen neue und unvorhersehbare Dinge, und es gelten neue Regeln. Zwei der Eigenschaften, die unter diesen neuen Regeln erworben werden und die vorher noch nicht da waren, sind Verantwortlichkeit und Freiheit. Sie finden sich nicht im Gehirn, sondern im Raum zwischen den Gehirnen, in den Wechselwirkungen der Menschen untereinander (vgl. Gazzaniga 2012, 157–158).

Was bewirkt die Einheit des bewussten Erlebens?

Obwohl uns die eigenen bewussten Erlebnisse als ganzheitlich erscheinen, werden sie von zahlreichen unterschiedlichen Einzelsystemen im Gehirn gebildet. Der Großteil der Hirnprozesse läuft unbewusst und automatisch ab. Wenn es in unserem Gehirn so viele verschiedene Systeme gibt, die unbewusst arbeiten, warum fühlen wir uns dann trotzdem als einheitlich Handelnde? Wir erleben nicht tausend Stimmen, sondern eine einheitliche Erfahrung. Wir fühlen uns jedenfalls nicht so, als hätten wir ein Rudel Hunde im Gehirn, die sich gegenseitig anknurren. Wir erleben uns als einheitliches Ich und als Herr unserer Handlungen.

Die Antwort auf diese Fragen ist Gazzaniga zufolge in der linken Hirnhälfte zu finden, und zwar in einem Modul, das er den *Interpreten* nennt. Es ist die linke Hirnhälfte, die uns dazu bewegt, Ordnung in das Chaos zu bringen und alles in einen Zusammenhang zu setzen. Der Interpret in der linken Hirnhälfte sucht nach Erklärungen und Ursachen von Ereignissen. Er versucht sogar, Veränderungen der Stimmung zu erklären. Seine Erklärungen sind natürlich nur so gut wie die Informationen, die ihm zur Verfügung stehen.

Bei einer seiner Split-Brain-Patientinnen löste Gazzaniga eine negative Stimmung aus, indem er ihrer rechten Hirnhälfte ein beängstigendes Video über Brandrisiken zeigte, in dem ein Mensch in ein Feuer gestoßen wird. Auf die Frage, was sie gesehen hatte, antwortete die Patientin: „Ich weiß eigentlich nicht warum, aber ich bin ein bisschen ängstlich. Etwas macht mich nervös – vielleicht ist es das Zimmer oder Sie sind es. Sie machen mich nervös." Dann wandte sie sich an einen der Assistenten mit den Worten: „Ich weiß, dass ich Dr. Gazzaniga eigentlich gern mag, aber im Moment habe ich aus irgendeinem Grund Angst vor ihm." Sie erlebte Angst, wusste aber nicht, warum. Der Interpret in ihrer linken Hirnhälfte musste eine Erklärung für ihre Ängstlichkeit finden. Gazzaniga bemerkt zur Rolle des Interpreten der Patientin: „Die Informationen, die er aus der Umwelt erhielt, waren, dass ich mich im Raum aufhielt und ihr Fragen stellte und ansonsten alles in Ordnung war. Die erste sinnvolle Erklärung, die ihr einfiel, war, dass ich sie ängstigte. Faszinierend dabei ist, dass Tatsachen zwar schön und gut, aber nicht unbedingt notwendig sind. Die linke Hirnhälfte nimmt, was sie kriegen kann, und improvisiert den Rest." (Gazzaniga 2012, 103)

Wir benutzen unser Interpreter-Modul in der linken Hirnhälfte tagaus und tagein. Wir schätzen Situationen ein, interpretieren Informationen und unsere körperlichen Reaktionen, um alles zu erklären, was uns passiert. Der Interpret sammelt Informationen aus anderen Hirnbereichen, aus dem Körper und der Umgebung und fügt sie zu einer sinnvollen Geschichte zusammen. Seine Erklärungen sind jedoch nur so gut wie die Informationen, welche die linke Hirnhälfte erreichen. Er verarbeitet nur das, was ins Bewusstsein dringt. Das Interpreter-Modul erhält Ergebnisse und Berechnungen von zahlreichen anderen Modulen im Gehirn, aber keine Informationen darüber, wie hoch ihre Zahl ist und wie sie funktionieren. Die verschiedenen Module oder Systeme wetteifern um die Aufmerksamkeit. Der Gewinner dieses Spiels prägt unser bewusstes Erleben des jeweiligen Augenblicks. Warum haben wir das Gefühl, einheitlich zu sein und über ein Ich zu verfügen, obwohl wir aus einer Myriade von Modulen bestehen? Wir erleben kein tausendfaches Stimmengewirr im Gehirn, sondern ein einheitliches Bewusstsein. „Diese psychische Einheit stammt von einem spezialisierten System, dem sogenannten Interpreten, der unsere Wahrnehmungen, Erinnerungen und Handlungen sowie die Beziehungen zwischen allen diesen erklärt." (Gazzaniga 2012, 119) So gesehen ist die Einheit der bewussten Erfahrung eine emergente Eigenschaft. Gazzaniga zufolge ist sie das Werk des Interpreten in der linken Hirnhälfte. Unser subjektives Bewusstsein entsteht demnach aus dem ständigen Bemühen des Interpreten, das, was zufällig ins Bewusstsein gedrungen ist, zu verarbeiten und zu erklären. Die Erklärungen und Rationalisierungen des Interpreten erfolgen immer erst im Nachhinein.

John Eccles vertritt dagegen eine völlig andere These über das Zustandekommen der Einheit des bewussten Erlebens. Ihr zufolge baut das Ich aus der Vielfalt der Hirnereignisse die Einheit des bewussten Erlebens auf. Das Ich fungiert als integrierende Instanz, wirkt aktiv auf die Gehirnvorgänge ein und verändert sie im Sinne seiner Interessen und Wünsche. Schlüsselkomponente der Theorie von Eccles über die Beziehung von Geist und Gehirn ist, dass die Einheit der bewussten Erfahrung durch den selbstbewussten Geist vermittelt wird und nicht durch die neuronalen Prozesse in den Liaison-Zentren der linken Hirnhälfte. Die erlebte Einheit ergibt sich nicht aus einer neurophysiologischen Synthese, sondern aus dem integrierenden Charakter des selbstbewussten Geistes (vgl. Popper & Eccles 1982, 436–437).

Die Suche nach dem Sitz der Seele im engeren Sinne

Seelisches erfahren wir, wenn wir auf das eigene Erleben achten, auf den Reichtum unserer Empfindungen, Erinnerungen und Gefühle. Emotionen bilden den Kern unseres Erlebens. Wenn wir etwas wahrnehmen, uns an etwas erinnern oder über etwas nachsinnen, dann haben die damit verbundenen Bewusstseinsinhalte in der Regel eine ganz bestimmte Erlebnisqualität: Sie sind interessant oder langweilig, erfreulich oder unerfreulich, angenehm oder unangenehm, beängstigend oder beruhigend. Ohne diese emotionale Tönung wäre der Großteil unseres Wissens, unserer Erinnerungen, Meinungen und Überzeugungen psychisch irrelevant, und unsere Welt wäre so kalt und steril wie die Welt der Computer. Emotionen versehen Bewusstseinsinhalte mit einer Bedeutung. Ihre Intensität kann zwar minimal und subtil sein, aber jeder Bewusstseinsinhalt wird immer auch in einem Gefühl erlebt.

Die Hirnforschung verknüpft Seelisches mit Vorgängen im Gehirn. Sie versucht, die neurobiologische Grundlage unseres

Erlebens zu erkunden, und fragt, welche konkreten Strukturen im Gehirn bei Emotionen maßgeblich beteiligt sind. Das sogenannte limbische System, eine Anzahl verschiedener Strukturen unterhalb der Großhirnrinde, wird vielfach als das emotionale Gehirn und sogar als Sitz der Seele im engeren Sinne bezeichnet.

Die Bedeutung der Emotionen für Erleben, Entscheiden und Handeln

Aus dem eigenen Erleben sind uns Emotionen einerseits sehr vertraut, andererseits bleiben sie uns häufig fremd und unverständlich. Gedanken können wir eher kontrollieren und steuern als Emotionen. Das hängt mit der starken Körperbezogenheit der Emotionen zusammen. Zum Beispiel geht die Emotion Angst mit einer Reihe körperlicher Reaktionen einher wie Herzklopfen, Atemnot, Kloßgefühl im Hals, Schwindel, Druck in der Brust, Zittern, Schweißausbruch und einem Schwächegefühl in den Muskeln. Diese unwillkürlichen körperlichen Reaktionen stehen unter der Kontrolle des autonomen Nervensystems. Wir können sie deshalb nur in engen Grenzen willentlich beeinflussen. Emotionen befinden sich gleichsam an der Nahtstelle zwischen den seelischen und den körperlichen Vorgängen. Sie machen uns blitzartig Dinge bewusst, die für uns lebenswichtig sind. Angst erhöht unsere Aufmerksamkeit, aktiviert uns und schützt uns vor Gefahren. Ohne die Fähigkeit, in gefährlichen Situationen mit Angst reagieren zu können, wären wir schutzlos wie Menschen, die keinen Schmerz empfinden können. Emotionen üben eine erkennende, aktivierende und motivierende Funktion aus. Wie bedeutsam sie für uns sind, können wir anhand folgender Überlegungen einschätzen: Stellen Sie sich vor, Sie hätten die Wahl zwischen einem endlosen Leben ohne Emotionen, ohne Freude und Trauer, ohne Ärger und Wut, ohne Angst und Furcht, ohne Ekel und Überraschung, und einer durchschnittlichen Lebensdauer mit Emotionen und ihren vielfältigen Gefühlserlebenissen. Wofür würden Sie sich entscheiden?

Emotionen sind der Kern unseres Erlebens und bilden die Grundlage unseres subjektiven Bewertungssystems. Sie spielen eine wichtige Rolle beim Entscheiden und Handeln. Das belegen Untersuchungen des portugiesischen Neurowissenschaftlers Antonio Damasio an Patienten mit Schädigungen im Bereich des Stirnhirns. Damasio schildert den Zustand eines Patienten mit dem Decknamen Elliot, der eine seltsame Unfähigkeit beim Treffen von Entscheidungen zeigte. Elliot musste ein Tumor im Bereich des rechten und linken Stirnlappens entfernt werden. In der Zeit nach der Operation veränderte sich seine Persönlichkeit derart, dass er trotz seiner Intelligenz, seiner Geschicklichkeit und seiner guten körperlichen Verfassung zu keiner dauerhaften Berufstätigkeit mehr fähig war. Elliot war nicht mehr Elliot. Er konnte keine vernünftigen Entscheidungen treffen oder einen Zeitplan einhalten. An seinem Arbeitsplatz erging er sich in Nebensächlichkeiten, stürzte sich in geschäftliche Abenteuer, schlug Warnungen von Vorgesetzten und Kollegen in den Wind und verlor seine Ersparnisse. Niemand verstand, wie Elliot mit seiner reichen Geschäftserfahrung derart ruinöse finanzielle Risiken eingehen konnte. Ihm wurde gekündigt. Er nahm neue Arbeiten an und wurde wieder entlassen. Damasio meint, in den Untersuchungen habe man sich zu sehr mit Elliots Intelligenz befasst und dessen Emotionen zu wenig Aufmerksamkeit geschenkt. Elliot wirkte emotional verarmt und ungewöhnlich distanziert. Von der Tragödie seines Lebens erzählte er mit einer Distanz, die in keinem Verhältnis zur Bedeutung der Ereignisse stand. Er verlor nie die Beherrschung und beschrieb seine Situation wie aus der Sicht eines unbeteiligten Zuschauers. Später erwähnte er, dass seine Gefühle sich seit der Erkrankung verändert hätten. Damasio meint, Elliots Situation lasse sich als „Wissen ohne zu fühlen“ beschreiben. Erst allmählich erwog Damasio die Möglichkeit, dass eine Gefühlsverarmung für Elliots gestörtes Entscheidungsverhalten verantwortlich war. Es lag nicht an

Elliots Wissen, nicht am logischen Denken oder an mangelnder Aufmerksamkeit. Der Defekt schien bei Elliot in der Spätphase des Entscheidungsprozesses aufzutreten, und zwar an dem Punkt, an dem eine Handlungsalternative ausgewählt werden muss. Elliot konnte sich nicht wirksam, gar nicht oder nur schlecht entscheiden. Die Gefühllosigkeit seines Denkens hinderte ihn daran, den verschiedenen Handlungsmöglichkeiten unterschiedliche Werte zuzuordnen, sodass seine Entscheidungslandschaft völlig abflachte. Ein Mangel an Gefühlen kann eine ebenso wichtige Ursache für irrationales Verhalten sein wie heftige Emotionen (vgl. Damasio, 1997, 64–85).

Wie unentbehrlich Emotionen beim Treffen von Entscheidungen sind, illustriert Damasio am Beispiel eines weiteren Patienten, der eine ähnliche Schädigung im Stirnhirn wie Elliot hatte. Damasio bot diesem Patienten zwei Termine für den nächsten Besuch in seinem Institut zur Auswahl an. Der Patient holte den Terminkalender hervor und begann, darin zu blättern. Dann zeigte er ein äußerst merkwürdiges Verhalten, das Damasio und mehrere seiner Kollegen beobachteten. Fast eine halbe Stunde lang zählte er Gründe für und Gründe gegen die beiden Termine auf. Er bedachte vorangehende Verabredungen, die zeitliche Nähe anderer Termine, mögliche Wetterverhältnisse, praktisch alles, was man bei einer so einfachen Frage theoretisch berücksichtigen kann. Mit großer Ruhe führte er eine ermüdende Kosten-Nutzen-Analyse durch, zählte endlos Alternativen und deren mögliche Konsequenzen auf und verglich sie. Er konnte sich aber auf keine Alternative festlegen. Damasio und seine Kollegen mussten sich sehr beherrschen, um sich all das anzuhören, ohne ihm sehr deutlich zu sagen, er solle sich endlich entscheiden. Schlussendlich teilten sie ihm ganz ruhig mit, dass er zum zweiten der beiden vorgeschlagenen Termine kommen soll. Der Patient reagierte ebenso ruhig und prompt. Er sagte einfach: „In Ordnung", steckte seinen Terminkalender in die Tasche und ging. Damasio meint, dieses Verhalten sei ein schönes Beispiel für die Grenzen der reinen Vernunft (vgl. Damasio 1997, 263–264).

Diese Fallbeispiele zeigen, dass die Gefühllosigkeit des Denkens die Betroffenen daran hindert, einzelnen Handlungsalternativen unterschiedliche Werte zuzuordnen. Sie wirken emotional verarmt und distanziert und sind nicht mehr in der Lage, vernünftige Entscheidungen zu treffen oder für die nächsten Stunden und Tage zu planen. Emotionen helfen uns, so Damasios Schlussfolgerung, bei wichtigen Entscheidungen – wie zum Beispiel bei der Berufswahl – eine günstig erscheinende Vorauswahl an Optionen zu treffen und die Folgen künftiger Ereignisse abzuschätzen. Sie sind zudem anscheinend notwendig, um vernünftige Erkenntnisse auch in die Tat umzusetzen.

Emotionen üben auch einen großen Einfluss auf unser Handeln aus. Es kann vorkommen, dass wir mit den momentan erlebten Emotionen zufrieden sind und ihnen vertrauensvoll folgen. Es kann auch geschehen, dass die aktuell erlebten Emotionen uns bei zielgerichtetem Verhalten und Handeln stören. Studierende, die ein bestimmtes Thema fasziniert, werden sich in dieses vertiefen und ihm auf den Grund gehen. Mit einem Lernstoff, der sie hingegen anwidert, werden sie sich kaum befassen oder ihm völlig aus dem Weg gehen (vgl. Izard 1999, 26f.). Emotionen beschäftigen uns vor allem dann, wenn sie uns daran hindern, das zu tun, was wir uns vorgenommen haben. Versuche, störende Emotionen wie Ärger, Wut, Neid, Angst und Eifersucht in den Griff zu bekommen, sind nur von mäßigem Erfolg gekrönt. Wenn es gilt, äußere oder innere Widerstände zu überwinden, die unserem Handeln entgegenstehen, dann bedarf es einer Willensanstrengung. Unser Bemühen, die für zielgerichtetes Handeln störenden Emotionen zurückzudrängen oder durch „passendere" Emotionen zu ersetzen, erfordert bewusste Kontrolle und Anstrengung. Emotionen können unser Handeln positiv oder negativ beeinflussen, wie das sogenannte „Flow-Erlebnis" und die „willentliche Kontrolle" zeigen.

Der Psychologe Mihály Csikszentmihalyi beschrieb das Flow-Erlebnis als „Aufgehen im Tun jenseits von Angst und Langeweile" (vgl. Csikszentmihalyi 2010, 2015). Wer ein Flow-Erlebnis hat, fühlt sich völlig eins mit seiner Tätigkeit und ist frei von Reflexionen über sich selbst. Sein Bewusstsein ist ganz vom Tätigkeitsvollzug absorbiert. Er fühlt sich optimal gefordert und hat das Gefühl, das Geschehen unter Kontrolle zu haben. Der Handlungsablauf ist fließend und glatt. Die Zeit verstreicht subjektiv wie im Nu, und es kann sogar zu einem Verlust des Zeitempfindens kommen. Die Konzentration wird nicht als willentlich gesteuert erlebt, sondern kommt wie von selbst. Die momentan erlebten Gefühle sind handlungsfördernd und bedürfen keiner Kontrolle. Die Betroffenen erleben diesen Zustand als besonders freudvoll. Ein Flow-Erlebnis kann sowohl bei sportlichen Aktivitäten wie Bergsteigen, Klettern, Skifahren, Tennisspielen und Radfahren als auch bei Tätigkeiten wie Schachspielen, Lesen, Musizieren oder Malen auftreten.

Wie wir aus eigener Erfahrung wissen, vollziehen sich nicht alle Tätigkeiten in freudvollem Flow. Oft führen wir unangenehme Tätigkeiten allein deshalb aus, weil wir glauben, dadurch ein wichtiges Ziel zu erreichen oder etwas Bedrohliches zu verhindern. Ein ausdrücklicher Willensentschluss ist dann unerlässlich, wenn es gilt, eine Tätigkeit trotz innerer und äußerer Widerstände bis zur Erreichung des angestrebten Zieles aufrechtzuerhalten. Dabei führt die Person die Tätigkeit nach bewusster Überlegung und Entscheidung aus. Ort der Kontrolle ist die Person und nicht die Situation. Ziel der willentlichen Kontrolle ist es, unlustvolle Vorstellungen und Gefühle aus dem Bewusstsein zu drängen (vgl. Lindworsky 1923, 114). Bei einem Flow-Erlebnis fördern die momentan erlebten Emotionen das Handeln und bedürfen keiner Kontrolle. Im Falle der „willentlichen Kontrolle“ behindern die gegenwärtig erlebten Emotionen das Handeln, und es bedarf einer dezidierten Kontrolle der Aufmerksamkeit und des Verhaltens.

Die Emotionsforschung will unter anderem folgende Fragen beantworten: Wie entsteht eine Emotion in einer konkreten Situation? Wie entsteht ein erlebtes Gefühl, und was verleiht ihm seine charakteristische Erlebnisqualität? Die Vorgänge, die zwischen dem Auftreten eines äußeren oder inneren Auslösers und dem erlebten Gefühl ablaufen, liegen gänzlich im Dunkeln. Aus dem persönlichen Erleben wissen wir darüber nichts. Bewusst wird uns immer erst das erlebte Gefühl. Die Emotionsforschung will die Vorgänge untersuchen, die zwischen dem Auftreten eines emotionsauslösenden Reizes und dem bewussten Gefühl ablaufen. Sie möchte die neurobiologischen Grundlage der Gefühlserlebnisse erkunden.

Das limbische System: Sitz des Seelischen?

Der kanadische Hirnforscher Paul MacLean prägte 1952 den Begriff *limbisches System* als Bezeichnung für das emotionale Gehirn. Er war auch der Meinung, dass psychische Störungen und psychosomatische Erkrankungen auf Störungen im limbischen System zurückzuführen sind. MacLean entwarf ein einfaches und anschauliches Modell des menschlichen Gehirns, das sogenannte „dreieinige Gehirn" (siehe Abb. 17). Dieses besteht aus dem „Reptiliengehirn" (Hirnstamm), dem „Altsäugergehirn" (limbisches System) und dem „Neusäugergehirn" (Großhirnrinde). Wir Menschen erbten die Struktur und Organisation dreier grundlegend verschiedener Gehirne, die wie drei miteinander verschaltete biologische Computer funktionieren. Jedes hat seine eigene Subjektivität und Intelligenz, seine eigene Zeit- und Raumvorstellung und sein eigenes Gedächtnis.

Das älteste der drei Gehirne ist das *Reptiliengehirn*. Es produziert genetisch programmierte Verhaltensweisen, die dem Überleben des Individuums und der Erhaltung der Art dienen. Es fungiert als Kontrollzentrum unbewusster, gefühlloser, roboterähnlicher Programme, die dem Verhalten von Reptilien ähneln. Das zweitälteste der drei Gehirne, das limbische System, umgibt den Hirnstamm wie ein Saum (lat. *limbus*). Räumlich nimmt es eine Mittelstellung zwischen dem Reptiliengehirn und der Großhirnrinde ein. Es erhält Informationen sowohl von der

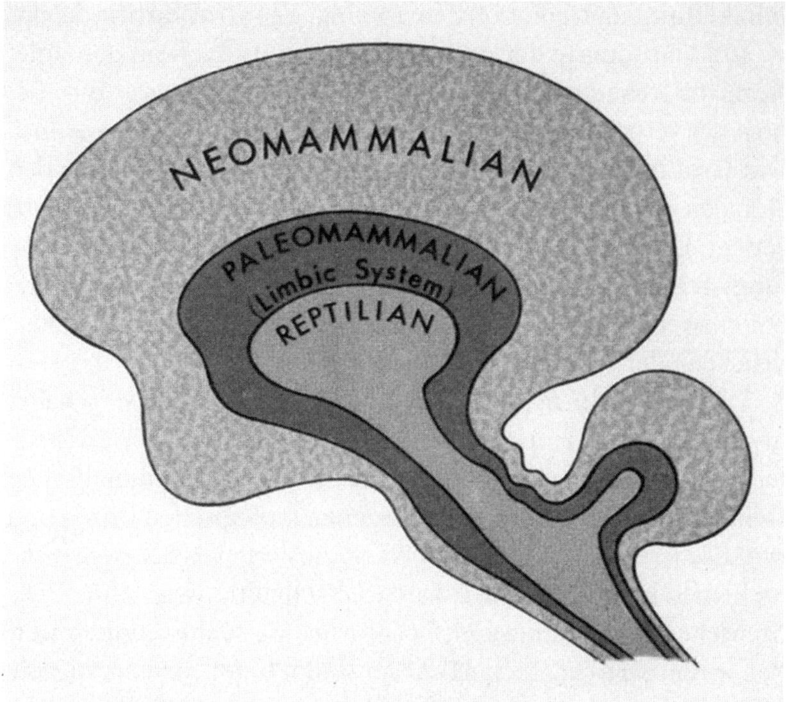

Abb. 17: Das dreieinige Gehirn (Paul MacLean)

Außenwelt als auch aus dem gesamten Körperinneren und verbindet diese miteinander. Aus der Integration der Informationen von „Außenwelt" und „Innenwelt" entspringt das emotionale Erleben. Mit dem limbischen System, so MacLean, stattete die Natur das Reptiliengehirn mit einer Art „Denkkappe" aus. Dadurch erhielt das Lebewesen ein besseres Bild sowohl von seinen inneren Zuständen als auch von seiner Umwelt. Es konnte nun stereotype Verhaltensweisen plastischer gestalten, sich effizienter auf neue Situationen einstellen, deren Bedeutsamkeit besser einschätzen und aus ihnen lernen. Das führte zur Bildung individuell bedeutsamer, im Gedächtnis gespeicherter Erfahrungen. Von den unablässig eintreffenden Signalen aus der Umwelt und dem Körperinneren wählt das limbische System nur die wenigen aus, die für das Lebewesen wichtig sind. Es versieht alle Bewusstseinsinhalte mit einer emotionalen Tönung. Die Großhirnrinde, das evolutionär jüngste der drei Gehirne, nennt MacLean das Gütesiegel der höheren Säugetiere. Beim Menschen wurde es zum Gehirn des verbalen Lernens, des Schreibens und der Rechenkunst. Die Großhirnrinde arbeitet weitgehend unbehindert von den Signalen aus dem Körperinneren, differenziert und abstrahiert, zerlegt Dinge in immer kleinere Einheiten, entwickelt Handlungsstrategien, plant die Zukunft und kann eingefahrene Verhaltensweisen, seien sie genetisch bedingt oder gelernt, unterdrücken oder verändern (vgl. MacLean 1970, 347).

Die drei Gehirne sind aufs Engste miteinander verschaltet und arbeiten gemeinsam als „dreieiniges" Gehirn. Die zwei tieferliegenden und stammesgeschichtlich älteren, animalischen Gehirne folgen allerdings ihren eigenen biologischen Uhren und funktionieren nach ihrer eigenen ritualisierten Arbeitsweise, die nicht beschleunigt werden kann. Gleichgültig, wie schnell wir Menschen mithilfe unserer Großhirnrinde schlussendlich werden reisen können, nach MacLean sind wir gut beraten, uns die nötige Selbsterkenntnis zu erwerben, um uns auf die Pferdewagengeschwindigkeit unseres reptilischen und limbischen Gehirns einzustellen.

Das Modell des dreieinigen Gehirns ist anschaulich und einfach. Es suggeriert verständlich zu machen, warum es uns schwer fällt, Emotionen und Triebe zu kontrollieren und zu beherrschen. Im dreieinigen Gehirn sitzt die Großhirnrinde auf dem limbischen System wie ein Reiter auf einem Pferd ohne Zügel. Die eingeschränkte willentliche Kontrolle über die Emotionen ist diesem Modell zufolge auf die autonome Regulation im Gehirn zurückzuführen.

Der amerikanische Psychologe und Neurowissenschaftler Joseph LeDoux stellt die Idee, das limbische System bilde das emotionale Gehirn, infrage (vgl. LeDoux 1998, 2002). MacLean habe zwar mit seiner Vermutung, dass das emotionale Gehirn und das „Wortgehirn" parallel, aber mit unterschiedlichen Codes arbeiten und deshalb nicht unbedingt in der Lage sind, miteinander zu kommunizieren, ins Schwarze getroffen. Dasselbe gelte für seine Vermutung, dass gewisse psychische Probleme darauf zurückzuführen sind, dass das emotionale Gehirn unabhängig vom „Wortgehirn“ arbeitet. Dies seien Perlen, die man vom Rest der Theorie des limbischen Systems trennen müsse. Die Theorie des limbischen Systems sei eine Theorie der Lokalisation, und ihre Verfechter können uns nicht verlässlich sagen, welche Gehirnstrukturen tatsächlich zum limbischen System gehören. MacLean hatte die Beteiligung an vegetativen Kontrollfunktionen zum Merkmal der Strukturen des limbischen Systems erklärt. Er verwendete auch den Ausdruck „viszerales (die Eingeweide betreffendes) Gehirn“ für das limbische System. Bestimmte Bereiche, die traditionell dem limbischen System zugerechnet werden, sind tatsächlich an der Steuerung des autonomen Nervensystems beteiligt. Im unteren Hirnstamm gibt es allerdings Bereiche, die niemand dem limbischen System zugeordnet hat, die aber vorrangig an der Regulierung vegetativer Funktionen beteiligt sind. MacLean vermutete, dass das limbische System an primitiven emotionalen Funktionen, jedoch nicht an kognitiven Prozessen beteiligt ist. Dem widerspricht der Befund, dass es Strukturen gibt, die traditionell zwar zum limbischen System zählen, wie zum Beispiel die beiden Hippocampi (Seepferdchen), von denen man heute aber weiß, dass sie mehr mit Gedächtnisfunktionen als mit Emotionen zu tun haben. Die Hippocampi gelten sogar als das entscheidende Glied in einem der wichtigsten kognitiven Systeme des Gehirns, dem Schläfenlappen-Gedächtnissystem. Welche Auswirkungen eine Schädigung dieses Systems hat, illustriert der in der Gedächtnispsychologie wohl prominenteste Patient, „Mr. HM.“

Henry Gustav Molaison (1926–2008), bekannt unter dem Decknamen Mr. Henry Mnemonik, litt seit seinem sechzehnten Lebensjahr unter schweren epileptischen Anfällen. Diese traten so häufig auf, dass er kein normales Leben führen konnte. Alle Versuche, mit den damals verfügbaren Medikamenten die Anfälle zu kontrollieren, scheiterten. 1953, im Alter von 27 Jahren, unterzog er sich einem chirurgischen Eingriff. Der Chirurg entfernte weite Teile des Schläfenlappens in beiden Gehirnhälften, in denen er den „epileptischen Herd" vermutete. Die Anfälle gingen nachher zwar erheblich zurück, aber die Folgen der Operation waren so verheerend, dass seither kein derartig massiver Eingriff mehr vorgenommen wird. Henry kann sich seit der Operation nichts mehr merken. Nach einem kurzen Gespräch mit jemandem weiß er weder, mit wem er sich unterhielt, noch, worüber gesprochen wurde. Die seit 1953 verflossenen Jahre sind für ihn nicht Vergangenheit, für ihn gibt es diese Jahre nicht, sie sind wie ausgelöscht. Er erinnert sich an nichts aus dieser Zeit, auch nicht an das, was sich in den zwei Jahren vor dem Eingriff ereignete. An Erlebnisse und Ereignisse aus der Kindheit und dem frühen Erwachsenenalter kann er sich hingegen sehr wohl erinnern und spricht auch problemlos darüber. Der Psychologe Ernst Pöppel, der Henry 1984 untersuchte, schildert, wie Henry ausführlich über seinen fünfzehnten Geburtstag sprach, als er das erste Mal einen schweren epileptischen Anfall erlitten hatte (vgl. Pöppel 2000, 103–109). Henrys Gedächtnisausfall bezieht sich vor allem auf die Zeit nach der Operation. Er kann keine Langzeiterinnerungen mehr bilden. An Ereignisse bis zwei Jahre vor seiner Operation kann er sich zwar erinnern, aber für die Zeit nach der Operation besteht ein vollständiges Erinnerungsloch. Es ist erstaunlich, dass Henry im Gespräch nicht den Eindruck erweckt, als hätte er ein großes Problem. Brenda Milner, die Psychologin, die Henry nach der Operation als Erste untersuchte, bescheinigte ihm eine überdurchschnittliche Intelligenz. Wegen seiner ungewöhnlichen Ausfälle wurde Henry von Ärzten und Psychologen seit Mitte der Fünfzigerjahre immer wieder untersucht. Er dürfte wohl zu den am intensivsten untersuchten Patienten gehören (vgl. LeDoux 1998, 196–198). Bei der Operation hatte man bei Henry den mittleren Teil des Schläfenlappens auf beiden Seiten entfernt. Zu diesem Bereich gehört auch eine Region unterhalb der Großhirnrinde, der sogenannte Hippocampus. Dieser spielt eine entscheidende Rolle bei der Überführung von

Informationen aus dem Kurzzeitgedächtnis in das Langzeitgedächtnis. Eine Zerstörung des Hippocampus in beiden Gehirnhälften führt, wie im Falle von Henry, zu einer retrograden und anterograden Amnesie. Retrograde Amnesie ist der Verlust oder die Beeinträchtigung des Gedächtnisses für Ereignisse oder früher erworbenes Wissen vor einem traumatischen Ereignis oder einer Hirnschädigung. Anterograde Amnesie ist die Unfähigkeit, neue Inhalte aus dem Kurzzeitgedächtnis in das Langzeitgedächtnis zu überführen oder neue Gedächtnisinhalte zu speichern.

Es ist schwer vorstellbar, in welchem Geisteszustand Henry sich befindet. Neal Cohen und Howard Eichenbaum, zwei Gedächtnisforscher, schildern die geistige Verfassung, in der sich Henry vierzig Jahre nach der Operation befindet. Freunde und Nachbarn, die er seit der Operation kennengelernt hat, erkennt er nicht wieder. Er weiß zwar sein Geburtsdatum, sein korrektes Alter kennt er aber nicht und hält sich stets für jünger, als er tatsächlich ist. Er weiß nicht, dass seine Eltern längst verstorben sind. Nachts kann es geschehen, dass er die Krankenschwester fragt, wer er ist und warum er hier ist. Für ihn gibt es kein Gestern, denn an den Ablauf des vergangenen Tages erinnert er sich nicht. Er kann weder den Platz beschreiben, an dem er gearbeitet hat, noch das, was er getan hat, auch nicht den Weg, den er jeden Tag gefahren wird. Er weiß nicht, wo er jetzt lebt und wohnt. Die Operation hat ihn auf Ort und Zeit im Jahr 1953 fixiert, die er beide nicht mehr verlassen kann. Henry kann nur ganz einfache Tätigkeiten ausführen wie zum Beispiel Feuerzeuge auf Papphalterungen stecken. Sein Kurzzeitgedächtnis ist intakt geblieben. Er kann sich immer noch Zahlenfolgen mit bis zu sieben Ziffern merken. Zeigt man ihm kurz eine Karte mit einem Bild, so kann er unmittelbar danach angeben, was auf der Karte war. Nach einer Minute weiß er aber nicht mehr, was er gesehen hat, ja nicht einmal, ob er überhaupt etwas gesehen hat. Eine Unterhaltung mit ihm ist ohne Schwierigkeiten möglich. Er ist offensichtlich in der Lage, das, was ihm im Augenblick bewusst ist, für kurze Zeit zu behalten. Er wäre sonst unfähig, einen sinnvollen Satz zu sprechen. Erstaunlicherweise kann sich Henry wie ein Gesunder neue Bewegungsabläufe und manuelle Fertigkeiten aneignen. Beim Erlernen motorischer Fertigkeiten ist er durch seine Hirnschädigung nicht behindert. Dies spricht dafür, dass das Erlernen und Erinnern motorischer Fertigkeiten von einem anderen Gedächtnissystem, dem sogenannten prozeduralen Gedächtnis, vermittelt wird (vgl. Cohen & Eichenbaum 1993).

Die Aufrechterhaltung von Erinnerungen über die Jahre hängt von einem tadellos funktionierenden Schläfenlappen-Gedächtnissystem ab. Gedächtnisforscher nehmen an, dass der Hippocampus im Lauf der Jahre seine Kontrolle über das Gedächtnis nach und nach an die Großhirnrinde abgibt. Dort bleiben Erinnerungen anscheinend so lange erhalten, wie sie Erinnerungen sind, und das kann ein Leben lang sein. Dieses Gedächtnismodell macht im Übrigen die geistigen Veränderungen verständlich, die bei der Alzheimer-Krankheit nach und nach auftreten. Die Krankheit greift zuerst das Gehirngewebe im Bereich des Schläfenlappens, speziell im Hippocampus, an. Das erklärt, warum Vergesslichkeit das erste Warnsignal ist. Schließlich dringt die Krankheit in die Großhirnrinde vor und zieht alle Aspekte des Gedächtnisses, neue und alte Gedächtnisinhalte, in Mitleidenschaft (vgl. LeDoux, 1998, 207–208).

Joseph LeDoux zufolge sollte man die Rede vom limbischen System und seiner Beteiligung an Emotionen aufgeben. Der Begriff „limbisches System“ sei nicht wirklich hilfreich, denn es gebe kein Allzweck-Emotionssystem. Verschiedene Emotionen werden wahrscheinlich durch unterschiedliche Gehirnsysteme erzeugt. LeDoux empfiehlt daher, die einzelnen Emotionen getrennt zu untersuchen. Er selbst erforschte vor allem die Emotion Furcht und identifizierte den Mandelkern (Amygdala) als die entscheidende Struktur für diese Emotion. Reizungen des Mandelkerns bei anästhesierten Tieren rufen Reaktionen des autonomen Nervensystems und im Wachzustand zusätzlich Starrereaktionen, Fluchtreaktionen und defensive Angriffsreaktionen hervor. Reizungen des Mandelkerns führte man bei Menschen anlässlich von Hirnoperationen an Epilepsie-Patienten durch. Da die Patienten während der Reizung bei Bewusstsein waren, konnten sie auch über ihre Erlebnisse berichten. Das am häufigsten genannte Erlebnis war ein Gefühl drohender Gefahr, ein Gefühl der Furcht. „Furcht ist auch das am häufigsten gemeldete Erlebnis bei epileptischen Anfällen, die praktisch nichts anderes sind als spontane elektrische Reizungen, die im Mandelkern entspringen." (LeDoux 1998, 186)

Eine Schädigung, die sich ausschließlich auf den Mandelkern beschränkt, ist äußerst selten. Der Neurologe Antonio Damasio berichtet von einer Patientin, deren beide Mandelkerne (Amygdalae) so verkalkt waren, dass die Neuronen dort nicht mehr funktionierten. Das Hirngewebe in der Umgebung der geschädigten Mandelkerne war jedoch unversehrt. Frau S., so nennt Damasio die Patientin, litt unter dem sogenannten Urbach-Wiethe-Syndrom, einer Erbkrankheit, bei der es zu einer übermäßigen Kalkablagerung in Haut und Rachen kommt. Ist das Gehirn von den Kalkablagerungen betroffen, dann erfolgen diese am häufigsten in den Mandelkernen, die zum limbischen System zählen. Der Verkalkungsprozess muss bereits in den ersten Lebensjahren von Frau S. eingesetzt und sich über viele Jahre hingezogen haben. Patienten mit Kalkablagerungen in den beiden Mandelkernen leiden gewöhnlich an leichten Krampfanfällen. Ein Krampfanfall war auch der Anlass, warum Frau S. den Neurologen Damasio aufsuchte. Dieser wollte vor allem Näheres über ihre Gedächtnisleistung, ihre Lernfähigkeit und ihr Sozialverhalten herausfinden. Damals war die Rolle der Mandelkerne beim Lernen neuer Fakten unter Fachleuten umstritten. Manche meinten, die Mandelkerne üben gemeinsam mit den Hippocampi eine wichtige Funktion beim Erwerb neuer Erinnerungen aus. Zudem war von Untersuchungen an Primaten bekannt, dass die Mandelkerne am sozialen Verhalten beteiligt sind. Frau S. hatte keine Schwierigkeiten, sich neue Fakten einzuprägen. Zahlreiche psychologische Tests bestätigten ihre Merkfähigkeit. Erst Jahre später stellte sich heraus, dass ein bestimmter Aspekt des Lernens, der mit dem Erleben von Furcht zusammenhing, bei ihr gestört war. Ihr Sozialverhalten war ungewöhnlich und zeigte eine emotionale Schieflage. Negative Emotionen wie Furcht und Zorn waren wie verschwunden, positive Emotionen beherrschten ihr Leben. Frau S. begegnete Menschen und Situationen mit einer übertrieben positiven Einstellung. Untersuchungen zeigten, dass ihre emotionale Schieflage auf die Beeinträchtigung der Emotion Furcht zurückzuführen war. Sie konnte einen Furchtausdruck in den Gesichtern anderer Menschen nicht erkennen. Mit dem Erkennen des Ausdrucks „Überraschung", der dem der Furcht in vielem ähnelt, hatte sie keine Probleme. Frau S. besaß ein ausgesprochenes Zeichentalent, konnte aber kein Gesicht zeichnen, das Furcht ausdrückt. Gesichter, die andere Emotionen ausdrücken, konnte sie skizzieren. Furcht konnte sie weder in den Gesichtern anderer Menschen erkennen noch selbst einen furchtsamen Gesichtsausdruck nachahmen. Theoretisch wusste sie, was Furcht ist, wodurch diese ausgelöst wird und was in Furchtsituationen zu tun ist, aber dieses Wissen nutzte ihr in der realen Situation nichts. Die Furchtlosigkeit ihres Wesens, die auf einer doppelseitigen Schädigung der Mandelkerne beruhte, hinderte sie daran, die Bedeutung unangenehmer Situationen zu erfassen. Sie lernte nie, die Warnsignale, die mögliche Gefahren ankündigen, als solche zu erkennen, vor allem dann nicht, wenn diese sich im Gesicht anderer Menschen zeigten. Trotz normaler Intelligenz konnte sie nicht erleben, wie problematisch viele Situationen waren, in die sie sich wiederholt brachte. Frau S. fand leicht Freunde, ging romantische Beziehungen ein und wurde oft von Menschen ausgenutzt, denen sie vertraute (vgl. Damasio 1999, 62–67).

LeDoux unterstreicht, dass Gefühle und reine Gedanken von unterschiedlichen Hirnsystemen erzeugt werden. Gefühle beanspruchen sehr viel mehr Hirnsysteme als Gedanken. Die Mandelkerne haben einen größeren Einfluss auf die Großhirnrinde als die Großhirnrinde auf die Mandelkerne. Deshalb kann emotionale Erregung das Denken dominieren und kontrollieren. Bei allen Säugern sind die Bahnen vom Mandelkern zur Großhirnrinde stärker ausgeprägt als die Bahnen von der Großhirnrinde zum Mandelkern. Es ist leicht möglich, dass Gedanken Emotionen auslösen, indem sie den Mandelkern aktivieren, doch tun wir uns schwer, Emotionen willentlich abzuschalten, indem wir den Mandelkern deaktivieren. Es hilft nicht viel, wenn wir uns sagen, wir sollten nicht ängstlich oder verärgert sein. Es ist offenkundig, dass die Verbindungen der Großhirnrinde zum Mandelkern bei den Primaten weit stärker sind als bei den übrigen Säugern. Das spricht für die Möglichkeit, dass die Großhirnrinde zunehmend an Kontrolle über den Mandelkern gewinnen wird, falls diese Verbindungen weiterhin zunehmen. Sollten die Nervenbahnen, die vom Mandelkern zur Großhirnrinde und von der Großhirnrinde zum Mandelkern verlaufen, ein Gleichgewicht erreichen, dann könnte der Kampf zwischen Denken und Fühlen letztlich zugunsten einer harmonischeren Integration von Vernunft und Leidenschaft entschieden werden (vgl. LeDoux 1998, 325–326).

Hippocampus und Amygdala (Mandelkern) arbeiten im Bereich des sprachlichen und emotionalen Gedächtnisses arbeitsteilig. Bei einem traumatischen Erlebnis, wie etwa einem schweren Verkehrsunfall, arbeiten beide Systeme parallel und speichern unterschiedliche Informationen ab. Vereinfacht ausgedrückt: Der Hippocampus schafft die bewussten, die Amygdala die emotionalen Erinnerungen. Werden die Betroffenen mit Reizen wie Ort, Trümmern, Benzingeruch, Verletzungen und Rettungsfahrzeugen konfrontiert, dann rufen beide Systeme die jeweiligen Erinnerungen ab: der Hippocampus die bewussten Erinnerungen an den Unfall, die Amygdala die körperlichen Reaktionen der Furcht (vgl. LeDoux 1998, 257–259). Im Rahmen einer klassischen Konditionierung, in der ein Nebelhorn bei normalen Personen eine Schreckreaktion auslöste, konnten Patienten mit einer Schädigung der Amygdala in beiden Hirnhälften zwar genau angeben, welcher sensorische Reiz mit einem Schreckreiz gepaart worden war, sie zeigten aber keinerlei körperliche Schreck-

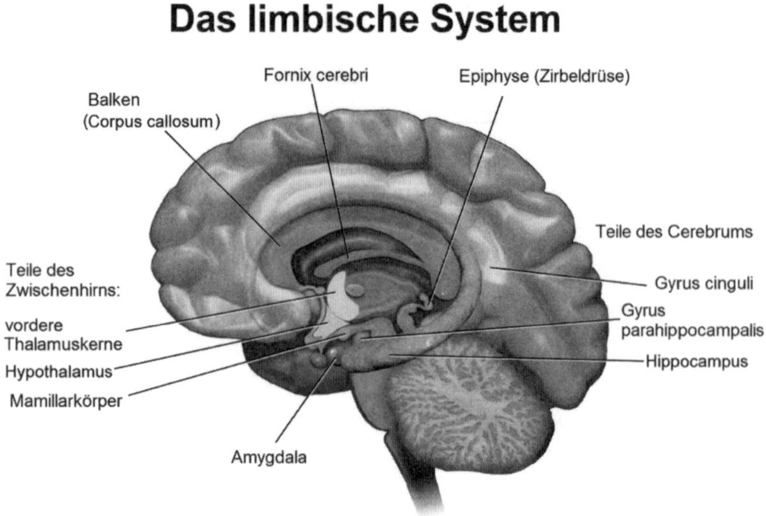

Abb. 18: Das limbische System

reaktion. Sie nahmen die Reize emotionslos zur Kenntnis. Umgekehrt verhielt es sich bei Patienten mit einer Schädigung des Hippocampus in beiden Gehirnhälften. Obwohl sie keine bewusste Information über die gemeinsame Darbietung des sensorischen Reizes und des Schreckreizes hatten, reagierten sie mit einer deutlichen körperlichen Schreckreaktion. Während ihr emotionales Gedächtnis funktionierte, versagte ihr Wissensgedächtnis. Dies war als Folge der Schädigung der Hippocampi auch zu erwarten. Die Patienten mit intakter Amygdala und zerstörtem Hippocampus hingegen erlebten Angst und Schrecken, ohne zu wissen, warum (vgl. Roth 2001, 181).

Die drei Ebenen des limbischen Systems

Joseph LeDoux lehnt die Idee des limbischen Systems und dessen Beteiligung an Emotionen ab. Er schlägt vor, die neurobiologischen Grundlagen der einzelnen Emotionen zu erforschen. Inzwischen gibt es jedoch differenziertere Beschreibungen der Strukturen des limbischen Systems als jene, die Paul MacLean in seinem Modell des dreieinigen Gehirns vorgelegt hat. Manche Neurobiologen betrachten, wie Gerhard Roth betont, das limbische System als den „Sitz der Seele“ im engeren Sinne, einschließlich der bewussten und unbewussten Emotionen, Motive und Ziele. Roth bemüht sich um ein neurobiologisches Verständnis des Seelischen und der menschlichen Persönlichkeit als dessen Träger. Wenn wir das Gehirn nicht verstehen, dann verstehen wir auch das Seelisch-Psychische nicht. Seelisches, wie wir es erleben, ist untrennbar an das Gehirn gebunden. „Nach den Erkenntnissen der Hirnforschung scheint das neuronale Geschehen die psychischen Erlebniszustände zu verursachen und nicht umgekehrt.“ (Roth & Strüber 2015, 18).

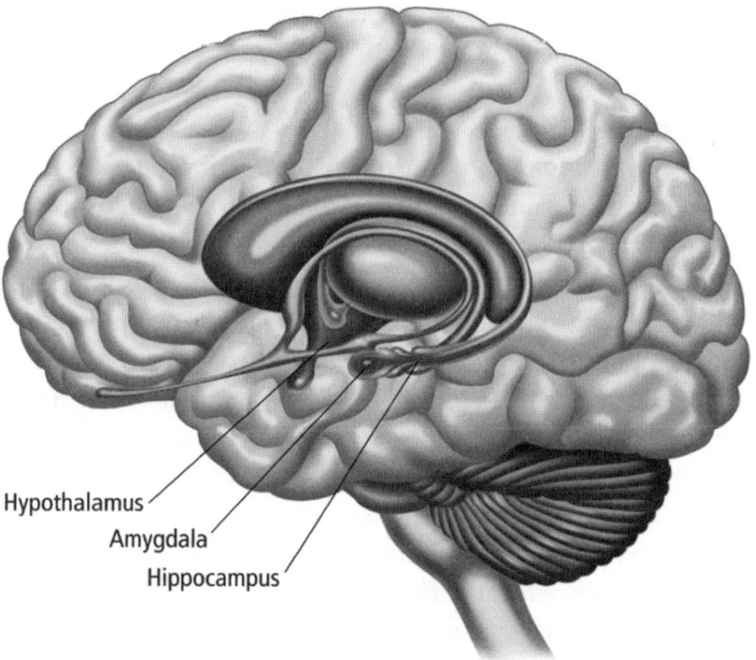

Abb. 19: Die wichtigsten Strukturen des limbischen Systems

Das limbische System erfüllt eine wichtige Aufgabe für den Organismus: Es bewertet Ereignisse und Handlungen danach, ob sie positive oder negative Folgen haben. Die Ergebnisse dieser Bewertung werden dann gespeichert und dienen als Grundlage für zukünftiges Verhalten und Handeln. Roth beschreibt das limbische System als ein sehr komplexes Netzwerk von unterschiedlichen Zentren, die das gesamte Gehirn durchziehen. Er unterscheidet drei Ebenen des limbischen Systems: eine untere, eine mittlere und eine obere Ebene, der eine kognitiv-sprachliche Ebene gegenübersteht (vgl. Roth & Strüber 2015, 63–94).

Die untere limbische Ebene steuert wichtige Körperfunktionen und angeborene Verhaltensweisen, die dem Überleben dienen. Hier werden sowohl angeborene Reaktionen wie Flucht, Erstarren, Verteidigung, Aggression und Stressregulation als auch elementare Emotionen wie Wut, Zorn, Freude oder Trauer ausgelöst und kontrolliert. Diese Funktionen sind weitgehend genetisch bestimmt und bedingen die grundlegenden Eigenschaften unserer Persönlichkeit, mit denen wir auf die Welt kommen.

„Die mittlere limbische Ebene hat mit unbewusster Emotionsentstehung und Emotionskontrolle zu tun, mit unbewusster Verhaltensbewertung und in diesem Zusammenhang mit unbewusster emotionaler Konditionierung. Sie ist für die Psyche die wohl wichtigste ‚Etage' des Gehirns." (Roth & Strüber 2015, 68) Wesentliche Strukturen dieser Ebene sind neben anderen die Amygdala (Mandelkern) und der Hippocampus (siehe Abb. 19). Unbestritten ist die Rolle der Amygdala bei der Regulation vegetativer Funktionen wie Kreislauf, Atmung, Schlafen und Wachen, dem Hormonhaushalt und dem Stressverhalten. Unbestritten ist auch ihre Beteiligung an der emotionalen Konditionierung, beim Erlernen emotionaler Reaktionen durch Erfahrung. Der Hippocampus integriert unter dem Einfluss subkortikaler, unterhalb der Großhirnrinde liegender, limbischer Zentren Informationen aus dem Kurzzeitgedächtnis und sendet sie in Gebiete der Großhirnrinde, in denen sich das Langzeitgedächtnis befindet.

„Die obere limbische Ebene ist die Ebene bewusster Gefühle und Motive und zugleich der Sozialisation und der Erziehung. Sie wird durch die limbischen Areale der Großhirnrinde gebildet." (Roth & Strüber 2015, 83) Zu diesen Arealen zählen Bereiche im Stirnhirn, der vordere cingulärer Kortex und die Inselrinde. Auf dieser Ebene bildet sich die Fähigkeit zur Impulshemmung, zum Belohnungsaufschub, zur Frustrationstoleranz und zur Empathie aus, vor allem auch die Fähigkeit, die Folgen des eigenen Handelns abzuwägen und dessen Risiken realistisch einzuschätzen. Schädigungen limbischer Zentren des Stirnhirns führen bei den Betroffenen dazu, dass sie außerstande sind, ihre Impulse zu kontrollieren, die positiven und negativen Konsequenzen ihrer Handlungen vorherzusehen und Reue oder Gewissensbisse zu empfinden.

Den drei limbischen Ebenen stellt Roth die Ebene der kognitiv-sprachlichen Fähigkeiten gegenüber. Sie wird von der Großhirnrinde und deren assoziativen Anteilen repräsentiert. Auf dieser Ebene geschieht die Synthese kognitiver und emotionaler Informationen. Hier wird die Welt unserer sinnlichen Erfahrungen, unserer Gedanken, Erinnerungen und Ziele konstruiert.

Hirnforscher können mit zunehmender Genauigkeit die Hirnregionen angeben, die an der Entstehung, am Ausdruck und am Erleben emotionaler Zustände maßgeblich beteiligt sind. Sie betonen auch, wie nachhaltig chemische Botenstoffe im Nervensystem unsere Stimmung, unser Fühlen, Denken und Handeln beeinflussen. Botenstoffe bzw. Neurotransmitter sind Substanzen, die an den Kontaktstellen zwischen den Neuronen, am sogenannten synaptischen Spalt, für die Übertragung elektrischer Impulse auf chemischem Weg sorgen. Roth nennt Neurotransmitter, Neuromodulatoren, Neuropeptide und Neurohormone sogar die „Sprache der Seele" (vgl. Roth & Strüber 2015, 95–152). Durch die Erforschung der biochemischen Prozesse an den Nervensynapsen hofft man vor allem, neue Erkenntnisse über die Ursachen von Krankheiten wie Alzheimer, Parkinson, Schizophrenie, Angststörungen und affektiven Störungen zu gewinnen.

Trotz erstaunlicher Fortschritte ist die Hirnforschung noch weit davon entfernt, für jedes erlebte Gefühl eines Menschen genau jenes elektrochemische Aktivitätsmuster in seinem Gehirn angeben zu können, das damit einhergeht. Selbst wenn dies gelänge, bliebe weiterhin die Frage unbeantwortet, wie aus einem elektrochemischen Aktivitätsmuster ein erlebtes Gefühl entsteht. Die „Sprache des Gehirns" ist bei allen Erlebnissen stets die gleiche. Wie führen objektiv beschreibbare Gehirnprozesse zu so unterschiedlichen subjektiven Erlebnissen wie Sehen, Hören, Riechen, Schmecken und zum Reichtum unserer Gefühlserlebnisse?

Die Frage, in welcher Beziehung die subjektiven Gefühle zu den objektiv beschreibbaren Gehirnvorgängen stehen, kann mit naturwissenschaftlichen Methoden allein nicht geklärt werden. Diese Frage steht im Mittelpunkt der Diskussionen über das Leib-Seele-Problem. Bei der Erörterung dieses Problems wurde das Thema „Emotionen" bisher weitgehend ausgeklammert. In philosophischen Abhandlungen zum Leib-Seele-Problem findet sich als Paradebeispiel für den vielfältigen Bereich des Erlebens in der Regel lediglich das Beispiel Schmerzempfinden.

Das Selbst – ein Ersatz für die Seele?

Worauf beruht das Gefühl, dass wir es sind, die etwas sehen, hören, riechen, schmecken oder betasten? Es fühlt sich auf eine bestimmte Weise an, ich selbst zu sein. Dieses Gefühl ist privat und nur dem Besitzer des Organismus zugänglich. Wir erleben uns als Subjekt, als Person, als Ich und unterscheiden uns ein Leben lang von anderen Menschen. Worauf gründet die Erfahrung, dass wir immer dieselbe Person bleiben, obwohl wir uns im Laufe der Jahre verändern und die Bausteine unseres Organismus regelmäßig ausgewechselt werden? Das Erleben der eigenen Identität durch die Zeit wird durch den Selbst-Sinn vermittelt. Dieser bildet die Grundlage aller anderen Erlebnisse und Aspekte des Bewusstseins.

Psychologen, Philosophen und Theologen verwenden den Begriff „Selbst“ in verschiedenen Bedeutungen und gebrauchen ihn zum Teil als Ersatz für den Begriff „Seele“. Die folgenden Ausführungen befassen sich mit dem Selbsterleben, dem Bewusstsein der eigenen Identität durch die Zeit, und mit der Frage nach seiner neurobiologischen Grundlage.

Selbsterleben und Bewusstsein hängen zwar eng zusammen, sind aber nicht identisch. Es gibt Formen des Bewusstseins wie beispielsweise eine allgemeine Wachheit, die nicht mit einem deutlichen Selbsterleben oder Ich-Bewusstsein verbunden ist. Ein Mensch kann wach sein und angemessen auf seine Umgebung reagieren, ohne sich dessen bewusst zu sein. Der Neurologe Antonio Damasio veranschaulicht das anhand eines Fallbeispiels. Er berichtet von einem Mann, der „abwesend war, ohne fortgegangen zu sein“.

Während Damasio sich mit dem Mann in einem grauen Behandlungsraum unterhielt, stoppte dieser plötzlich mitten im Satz, sein Gesicht versteinerte sich, sein Mund blieb halb offen und seine Augen starrten ausdruckslos auf einen Punkt an der Wand. Einige Sekunden verharrte er regungslos. Damasio sprach ihn mit seinem Namen an, er reagierte aber nicht. Dann rührte er sich ein wenig, schmatzte mit den Lippen und richtete seinen Blick auf den Tisch, der zwischen ihnen stand. Er schien die Tasse Kaffee und die kleine Metallvase mit Blumen zu sehen, die dort standen. Er muss sie gesehen haben, denn er ergriff die Tasse und trank daraus. Damasio sprach ihn wiederholt an, doch er antwortete nicht. Der Mann berührte die Vase. Damasio fragte ihn, was los sei, erhielt aber keine Antwort. Er schaute Damasio nicht an. Sein Gesicht war noch immer völlig ausdruckslos. Dann stand er plötzlich auf, drehte sich um und ging langsam zur Tür. Damasio erhob sich und rief ihn mit seinem Namen. Er blieb stehen, blickte Damasio an, und in sein Gesicht kehrte allmählich Leben zurück. Er sah verwirrt aus. Damasio sprach ihn abermals an, und er sagte: „Was?“

Für eine kurze Zeit, die wie eine Ewigkeit schien, litt dieser Mann an einer Beeinträchtigung des Bewusstseins. Aus neurologischer Sicht hatte er einen Absence-Anfall, gefolgt von einem Absence-Automatismus. Das Erstaunlichste daran war, dass der Mann im Koma nicht zusammenbrach. Er war auch nicht eingeschlafen. Er war zugleich da und nicht da. Er war wach und zum Teil aufmerksam, körperlich anwesend, persönlich jedoch unauffindbar. Er war abwesend, ohne fortgegangen zu sein. Damasio meint, bei diesem Vorfall sei er Zeuge des messerscharfen Übergangs von einem vollen Bewusstsein zu einer Form von Bewusstsein ohne Selbst-Sinn gewesen. Während das Bewusstsein des Mannes eingeschränkt war, blieben seine Wachheit, seine grundlegende Fähigkeit, auf Dinge zu reagieren und sich im Raum zu bewegen, erhalten. Sein Selbst-Sinn war jedoch aufgehoben. Damals, so Damasio, begann er zu ahnen, dass der Selbst-Sinn ein unverzichtbarer Teil des Bewusstseins sein muss. Konkrete Gestalt nahm diese Idee allerdings erst an, als er vergleichbare Fälle zu Gesicht bekam. Der Tragik dieser Fälle wäre er lieber aus dem Wege gegangen. Es gibt nämlich kaum etwas Traurigeres, als erleben zu müssen, wie das Bewusstsein eines Menschen plötzlich und unaufhaltsam verschwindet, der am Leben bleibt. Nichts ist so belastend, wie den Angehörigen mitteilen zu müssen, dass dieser einmal empfindende und fühlende Mensch wahrscheinlich nie mehr das sein wird, was er einmal war (vgl. Damasio 1999, 5–7).

Worin besteht die neurobiologische Grundlage des Selbsterlebens? Wie bringt ein lebender Organismus ein Ich-Gefühl hervor, welches das bewusste Erleben kennzeichnet? Wie, so fragt Damasio, entstehen visuelle, akustische, taktile und alle übrigen sinnlichen Vorstellungen oder Bilder, die das „Kino in unserem Kopf" ausmachen? Wie entsteht das Gefühl, dass wir der Besitzer des Kinos im Kopf sind? Um diese Fragen zu beantworten, erörtert er zunächst die Rolle der Emotionen bei der Entstehung des Bewusstseins und des Selbst. Bewusstsein ist untrennbar mit Emotionen verbunden und beginnt als Gefühl dessen, was geschieht, wenn wir etwas sehen, hören, berühren, riechen und schmecken. Emotionen spielen auf der Bühne des Körpers, Gefühle hingegen auf der Bühne des Geistes. Emotionen sind körperliche Reaktionen, sie äußern sich im Ausdrucksverhalten und sind deshalb öffentlich. Gefühle sind subjektiv und privat. Sie offenbaren uns den Zustand unseres Organismus und beruhen auf Abbildungen von Körperzuständen im Gehirn. Gefühle „übersetzen" den aktuellen Körperzustand in die Sprache des Bewusstseins. Emotionen und Gefühle tragen zum Aufbau des Selbst bei. Damasio nennt das ursprüngliche Gefühl, dass mein Körper existiert und mir wortlos und unbeirrbar bestätigt, dass ich am Leben bin, das entscheidende Element des Selbst-Prozesses. Dieses Gefühl ist unabhängig von irgendwelchen Objekten und bildet den Urgrund aller anderen Gefühle, die durch Wechselbeziehungen zwischen Objekten und dem Organismus verursacht werden (vgl. Damasio 2010,198).

Das Gehirn hat die Fähigkeit, etwas abzubilden oder zu repräsentieren. Damasio nennt die Hirnzellen geborene Kartografen des Körpers und der Ereignisse, die in ihm stattfinden. Das Gehirn kommuniziert mit allen anderen Körperteilen, und diese kommunizieren mit ihm. Der Körper sagt dem Gehirn: So bin ich gebaut, und in diesem Zustand befinde ich mich zurzeit. Das Gehirn sagt dem Körper, was er tun muss, um in einem guten physiologischen Gleichgewicht zu bleiben. Die Beziehung zwischen Körper und Gehirn ist wichtig für das Verständnis der spontanen Körpergefühle und der Emotionen. Spontane Körpergefühle wie Lust und Schmerz, Anspannung und Entspannung, Energie und Mattigkeit, Körperleichtigkeit und Körperschwere sind Spiegelbilder des Zustandes unseres lebendigen Körpers. „Meiner Meinung nach erwachsen ursprüngliche Gefühle aus nichts anderem als dem lebenden Körper, und sie gehen jeder Wechselbeziehung zwischen den Mechanismen der Lebenssteuerung und irgendeinem Objekt voraus." (Damasio 2010, 113).

Emotionen bestehen vorwiegend aus Vorgängen, die in unserem Körper ablaufen: in den Innenorganen, in Veränderungen des internen Milieus, des Gesichtsausdrucks und der Körperhaltung. Emotionen werden durch Objekte, Bilder, Erinnerungen oder Fantasien hervorgerufen. Angstauslösende Reize zum Beispiel aktivieren die Amygdala (Mandelkern), diese sendet Befehle an den Hypothalamus und den Hirnstamm und das hat mehrere körperliche Abläufe zur Folge: Pulsfrequenz, Blutdruck, Atmung und Darmzustand verändern sich; die Blutgefäße in der Haut ziehen sich zusammen; Cortisol wird ins Blut ausgeschüttet, die Gesichtsmuskeln nehmen den Ausdruck der Angst an. „In einem Zeitraum von wenigen Hundert Millisekunden gelingt es der emotionalen Kaskade, den Zustand mehrerer innerer Organe, des inneren Milieus, der quergestreiften Muskulatur in Gesicht und Körper sowie die Geschwindigkeit und die Inhalte unseres Denkens zu verändern." (Damasio 2010, 127) Gefühle bezeichnet Damasio als zusammengesetzte Wahrnehmungen dessen, was in unserem Körper und unserem Geist abläuft, wenn wir Emotionen haben. Grundlage der Gefühle sind die vielen neuronalen Muster im Gehirn, die den Körperzustand abbilden und aus denen eine mentale Vorstellung dieses Zustandes auftauchen kann. Die Begriffe „Bild", „Karte" und „neuronale Muster" verwendet Damasio annähernd gleichbedeutend (vgl. Damasio 2010, 77). Gefühle ergeben sich aus der Wahrnehmung emotionaler Veränderungen. Wie aus neuronalen Bildern von Körperzuständen im Gehirn schlussendlich erlebte Gefühle entstehen, bleibt auch in Damasios Sicht der Gefühle eine unbeantwortete Frage (vgl. Damasio 2003, 83–133).

In seinen Publikationen betont Damasio mit großem Nachdruck die körperlichen Grundlagen des Bewusstseins und des Selbsterlebens. Bewusstsein ist stark in den ursprünglichen Gefühlen verankert. Diese geben uns Auskunft über den momentanen Zustand unseres Körpers. Sie bewirken, dass wir unseren Körper wahrnehme und dienen als Barometer des Lebensmanagements. Darin sieht Damasio den Beginn der Daseinsempfindung, die zur Bildung des Selbst führt. Körperabbildungen im Gehirn betrachtet er als den biologischen Vorläufer dessen, was dann zum flüchtigen Gefühl des Selbst wird, zum Gefühl, dass ich es bin, der etwas sieht, hört, berührt, betastet, riecht und schmeckt. Die Erfahrung, dass ich dieselbe Person bin, obwohl ich mich im Laufe des Lebens ändere, gründet Damasio zufolge in jenen Hirnstrukturen, die von Augenblick zu Augenblick den Aufbau, den Zustand und das Fortbestehen meines gesamten Organismus repräsentieren. Diese Repräsentationen eignen sich besonders dafür, Stabilität zu signalisieren. Die Bausteine des Organismus werden ja regelmäßig ausgewechselt, doch der Bauplan und die Funktionen seiner Organe bleiben ein Leben lang weitgehend unverändert. Das Gefühl des Selbst bildet die Basis für das bewusste Erleben mit seiner charakteristischen subjektiven Perspektive.

Damasio unterscheidet zwischen Kernbewusstsein und erweitertem Bewusstsein. Das Kernbewusstsein nennt er die grundlegende Form des Bewusstseins. Es gibt dem Organismus ein Selbstgefühl im Hier und Jetzt, ein Gefühl für den eigenen Körper im Akt des Bewusstseins. Das Kernbewusstsein bezieht sich weder auf die Zukunft noch auf die Vergangenheit, sondern nur auf den unmittelbar vorausgehenden Augenblick. Es wird auf eine pulsierende Art und Weise für jeden Inhalt, dessen wir uns bewusst werden, erzeugt. Ich werde mir eines Gegenstandes bewusst, forme eine Vorstellung davon und weiß, dass es meine Vorstellung ist. Hier gibt es keine Schlussfolgerungen. Das Kernbewusstsein gründet weder auf Denken und Sprache noch auf dem Arbeitsgedächtnis und Langzeitgedächtnis. Es erfordert lediglich ein Zeitfenster von etwa 45 Sekunden. Diese Zeit reicht, um ein Kernbewusstsein über eine ganze Menge von Dingen zu bilden (vgl. Damasio 1999, 118). Das Selbstgefühl ist zwar sehr kurz, wird aber in derartigem Übermaß produziert, dass es nicht nötig ist, es über längere Zeit zu erhalten, damit es wirksam werden kann.

Im Unterschied zum Kernbewusstsein hat das erweiterte Bewusstsein viele Abstufungen und Grade. Es verleiht dem Individuum ein Bewusstsein für die eigene Vergangenheit, für die vorweggenommene Zukunft und für die Welt, in der es lebt. Das erweiterte Bewusstsein hängt vom Kurzzeitgedächtnis und Langzeitgedächtnis ab. Im Menschen erreicht dieses Bewusstsein seine Höchstform und wird durch die Sprache noch umfassender. Hinter dem erweiterten Bewusstsein schlägt jeden Augenblick der Puls des Kernbewusstseins. Dieses gibt uns für einen vorübergehenden Augenblick das Gefühl, dass wir es sind, die einen Vogel fliegen sehen, oder dass wir es sind, die Schmerzen empfinden. Das erweiterte Bewusstsein stellt diese Erlebnisse in einen breiteren Zeit- und Erlebnishorizont. Die Zeitskala des erweiterten Bewusstseins ist nicht wie die des Kernbewusstseins auf Sekundenbruchteile beschränkt, sondern bewegt sich auf einer Skala von Minuten, Stunden und Jahren. Das erweiterte Bewusstsein formt die autobiografischen Erinnerungen.

Dem Kernbewusstsein und dem erweiterten Bewusstsein entsprechen Damasio zufolge zwei Formen des Selbst: das Kernselbst und das autobiografische Selbst. Das Kernselbst ist ein flüchtiges Phänomen, das fortlaufend für jedes einzelne Objekt, mit dem das Gehirn interagiert, neu geschaffen wird. Unser traditionelles Verständnis des Selbst ist mit der Vorstellung der Identität verbunden und bezieht sich auf das autobiografische Selbst. Dieses hängt von persönlichen Erinnerungen an Ereignisse und Situationen ab: wann und als wer wir geboren wurden, die eigenen Vorlieben und Abneigungen und unsere typische Art, auf Probleme und Konfliktsituationen zu reagieren. Alle Formen des Selbst, die wir kennen, enthalten die Vorstellung eines umgrenzten, einzelnen Individuums, das sich im Laufe der Zeit verändert und doch irgendwie es selbst bleibt (vgl. Damasio 1999, Kap. 6 und 7). Michael Gazzaniga vertritt die These vom Interpreten in der linken, sprachlichen Gehirnhälfte für die Entstehung des Bewusstseins. Damasio meint allerdings, diese These treffe nur für das erweiterte Bewusstsein und das autobiografische Selbst zu, jedoch nicht für das Kernbewusstsein und das Kernselbst (vgl. Damasio 2010, 216).

Das Kernselbst hat einen unbewussten biologischen Vorläufer, das sogenannte Protoselbst. Dieses besteht aus neuronalen

Mustern, die von Augenblick zu Augenblick den physischen Zustand des Organismus in seinen vielen Bereichen erfassen. Wir sind uns des Protoselbst nicht bewusst. Im Zustand des Protoselbst muss eine entscheidende Veränderung stattfinden, damit es zum Kernselbst wird. Wenn das Gehirn das Bild eines Objekts, eines Gesichts, einer Melodie oder eines Ereignisses formt, dann verändert sich dadurch der Zustand des Organismus. Neuronale Karten erster Ordnung bilden die Veränderungen ab, die sich in verschiedenen Hirnregionen als Folge der Objekt-Organismus-Interaktion ereignen. Diese Karten stellen das Protoselbst und das Objekt dar. Die Kausalbeziehung zwischen Objekt und Organismus kann nur von neuronalen Karten zweiter Ordnung erfasst werden. Ein Gefühl des Selbst tritt erst dann auf, wenn ein Objekt, der Zustand des Organismus und die kausale Beziehung zwischen beiden abgebildet werden. Die neurobiologische Grundlage des Kernselbst ist die Darstellung des sich ändernden Protoselbst in Karten zweiter Ordnung. Diese Karten bilden die körperlichen Veränderungen ab, die durch die Einwirkung äußerer und innerer Objekte auf den Organismus hervorgerufen werden. Auf diese Weise entsteht eine neue Information, und zwar darüber, wie sich der Zustand des Organismus durch die Interaktion mit dem Objekt verändert. Daraus entspringt ein Selbstwissen, ein Wissen davon, dass der Organismus der Eigentümer des mentalen Vorgangs ist. Im Akt des Wissens wird das Ich-Gefühl erzeugt, das die Grundlage der charakteristischen subjektiven Perspektive des bewussten Erlebens bildet. Das Gehirn benutzt Strukturen, die sowohl den eigenen Körper als auch die Außenwelt abbilden, um eine neue Abbildung zweiter Ordnung zu erstellen. Die Abbildung zweiter Ordnung zeigt an, dass der Organismus, so wie er im Gehirn abgebildet ist, sich in Wechselbeziehung mit einem Objekt befindet, das ebenfalls im Gehirn dargestellt ist. Hirnvorgänge weben die Subjektivität des bewussten Geistes aus dem Stoff der Sinnesabbildungen. Da sich die fundamentalsten Sinnesabbildungen auf Körperzustände beziehen und als Gefühle erlebt werden, entsteht das Ich-Erleben beim

Wissenserwerb als ein besonderes Gefühl dafür, was im eigenen Organismus geschieht, der gerade mit einem Objekt interagiert (vgl. Damasio 2002, 11).

Damasio betont den engen Zusammenhang zwischen der neuronalen Abbildung des Körpers und der Steuerung der Körperfunktionen einerseits und dem bewussten Erleben andererseits. Das Selbsterleben ist nur auf dem Hintergrund der Gesamtorganisation des individuellen Organismus, in dem es auftritt, zu verstehen. Körperzustände bilden den Urgrund unseres Lebensgefühls. Nichtbewusste neuronale Signale des Organismus erzeugen das Protoselbst. Dieses ermöglicht das Kernselbst und das Kernbewusstsein. Die Kontinuität unseres Bewusstseins gründet auf dem Pulsschlag des Kernbewusstseins, der grundlegenden Bewusstseinsform. Emotionen und Kernbewusstsein hängen von der gleichen neurobiologischen Grundlage ab. Die Mechanismen, die Emotionen produzieren, sind in subkortikalen Strukturen zu finden, die sowohl Körperzustände steuern als auch abbilden.

Damasio bewundert die antike Weisheit, die für das, was wir „Geist" nennen, den Begriff „Seele" (*psyché*) verwendet, der auch Leben, Atem und Blut bezeichnet. Seine Sicht des Bewusstseinsproblems skizziert er anhand der Metapher „Kino im Kopf". Ein Bewusstsein von sich selbst entsteht beim Wissenserwerb innerhalb des Kinos im Kopf. Dieses Bewusstsein ist Teil des Films und erzeugt zugleich das Gesehene und den Sehenden, den Gedanken und den Denker. Im Kopf gibt es keinen separaten Zuschauer. Den geistigen Vorgängen entsprechen bestimmte Gehirnzustände. Anders formuliert: Manche neuronale Muster sind zugleich geistige Bilder. Diese Bilder können bewusst werden, wenn andere neuronale Muster ein ausreichendes Selbst-Prozess-Subjekt erzeugen. Wenn kein Selbst erzeugt wird, dann gibt es die Bilder zwar trotzdem, aber niemand weiß etwas von ihnen. Subjektivität ist für die Existenz mentaler Zustände nicht erforderlich, sondern nur dafür, dass sie privat bewusst werden (vgl. Damasio 2012, 16).

Damasio vertritt die These, dass Geisteszustände und Gehirnzustände einander im Wesentlichen entsprechen (Damasio 2012, 314). Beide gehören zusammen und bilden die zwei Seiten desselben Vorgangs. Die Äquivalenz von geistigen Zuständen und Gehirnzuständen sei vorerst nicht als sichere Tatsache zu betrachten, sondern als nützliche Hypothese. Wenn man Geisteszustände und Gehirnzustände als zwei Seiten desselben Vorgangs ansieht, dann ist auch die abwärtsgerichtete Kausalität (downward causality) kaum noch ein Problem. Geistige Zustände können im Körper deshalb kausal wirksam werden, weil sie selbst auch etwas Körperliches sind. Geistige Zustände sind in der Lage, das physische Nervensystem zu beeinflussen, weil sie zugleich etwas Physisches sind (vgl. Damasio 2012, 314–317; 2010, 328–331). Damasio meint, dass sich bis 2050 so viel Wissen über biologische Phänomene anhäufen wird, dass die überkommenen dualistischen Trennungen von Körper und Geist, Körper und Seele, Gehirn und Geist verschwinden werden (vgl. Damasio 2002, 11).

Die Suche nach der neurobiologischen Grundlage des Selbsterlebens

Es ist wahrscheinlich nicht zielführend, nach der neurobiologischen Grundlage des Selbsterlebens im Allgemeinen zu suchen. Das sehr komplexe leib-seelische Erleben der eigenen Einheit und Identität durch die Zeit besteht aus mehreren Einzelaspekten. Antonio Damasio spricht von Protoselbst, Kernselbst und autobiografischem Selbst. In der Psychologie werden zudem die Begriffe Selbstbild, Selbstkonzept, Idealselbst und Selbstverwirklichung verwendet. Es ist auch die Rede von der Suche nach dem wahren Selbst. Diese Begriffe decken ein sehr weites Bedeutungsfeld ab. Für die Erforschung der neurobiologischen Grundlage des Selbsterlebens müssten diese Konzepte zunächst ausreichend operationalisiert werden. Dazu wären konkrete beobachtbare Kriterien dafür anzugeben, ob und wann ein zu untersuchender Aspekt des Selbsterlebens vorliegt.

Der Psychiater Christian Scharfetter unterscheidet am Selbsterleben oder Ich-Bewusstsein fünf Dimensionen: 1. die Ich-Vitalität, die Gewissheit der eigenen Lebendigkeit; 2. die Ich-Aktivität, die Gewissheit der Eigenbestimmung des Denkens und Handelns; 3. die Ich-Konsistenz, die Gewissheit, im Fühlen, Denken und Handeln ein einheitliches Ganzes zu sein; 4. die Ich- Demarkation, die Gewissheit, sich von anderen Menschen, Lebewesen und Dingen abgrenzen und unterscheiden zu können, und 5. die Ich-Identität, die Gewissheit, im Verlauf des Lebens und in verschiedenen Lebenslagen dieselbe Person zu sein (vgl. Scharfetter 2012, 163–198). Berichte von Patienten, deren Ich-Bewusstsein gestört ist, zeigen, dass diese Aspekte unabhängig voneinander betroffen sein können. Es ist daher zu vermuten, dass diese fünf Dimensionen des Selbsterlebens auch ihre je eigene neurobiologische Grundlage haben.

Wie steht es um die Neuroanatomie des Selbst? Martin Kurthen betont, dass es im Gehirn weder ein „Selbstzentrum" noch ein „Selbstmodul" gibt, das ausschließlich selbstbezogene Informationen verarbeitet. Er berichtet von Untersuchungen, in denen die Hirnaktivität bei Aufgaben, die auf die eigene Person bezogen sind, mit solchen, die auf andere Personen bezogen sind, verglichen wurde. Selbstbezogene Kognitionen gehen mit einer Aktivierung von Arealen im Stirnhirn, entlang der kortikalen Mittellinienstrukturen, einher. Es handelt sich um Areale in beiden Großhirnhälften, die an den zur Hirnmittellinie hin einander zugewandten Innenflächen der Hirnhälften liegen. Die Rolle dieser Strukturen in selbstbezogenen Kognitionen ist jedoch nur die Spitze ihres funktionalen Eisbergs. Ihnen kommt in vieler Hinsicht auch eine bewertende Funktion im komplizierten Gefüge der zerebralen Handlungssteuerung und Handlungsüberwachung zu. Da menschliches Handeln in hohem Maße soziales Handeln ist, geht die Aktivierung dieser Areale auch mit der Einschätzung der Sozialpartner, mit Selbsteinschätzung und Fremdeinschätzung einher (vgl. Kurthen 2010, 166–179). Die „selbstrelevanten" Hirnareale scheinen in unterschiedlichen Verknüpfungen mit anderen Arealen auch verschiedenartige Informationen zu verarbeiten. Die Neurowissenschaft kann die zerebralen Korrelate unterschiedlicher Teilaspekte selbstbezogener Kognitionen ermitteln. Diese Korrelate bilden ein Funktionssystem, welches „überregional" eine ganze Reihe von Zentren zusammenbindet, „die je nach Anforderungskontext auch im Dienste nicht selbstbezogener Kognition stehen können" (Kurthen 2010, 179). Über seelische Phänomene, so Kurthen, könne die Neurowissenschaft prinzipiell keine eigene Auskunft geben, da zu ihrem Gegenstandsbereich nur neuronale Prozesse, also physische Phänomene, gehören. Sie könne nur versuchen, das zerebrale Korrelat des Selbst zu beschreiben. „Sie kann nur intern das zerebrale Korrelat *ihres* operationalisierten ‚Selbst' möglichst präzise darstellen und dieses Ergebnis den anderen Wissensdisziplinen zur Verfügung stellen." (Kurthen 2010, 184)

Selbsterleben und die dunkle Energie des Gehirns

Das Erleben unserer eigenen Identität und Kontinuität durch die Zeit ist wohl nur auf dem Hintergrund der Gesamtorganisation unseres individuellen Organismus und der dinglichen und sozialen Umwelt, in der wir leben, zu verstehen. Wie soll die Neurowissenschaft die neuronale Grundlage des Selbsterlebens erforschen, wenn dieses nicht nur das Gehirn, sondern auch den Organismus und die dingliche und soziale Umwelt betrifft?

Die Neurowissenschaft versucht, die zerebralen Korrelate unterschiedlicher Teilaspekte des Selbsterlebens zu ermitteln. Martin Kurthen weist darauf hin, dass in den letzten Jahren in der Hirnforschung ein grundsätzliches Interesse an globalen Funktionszuständen des Gehirns entstanden ist. Bemerkenswert sind vor allem Untersuchungen zur Hintergrundaktivität des Gehirns, zum sogenannten *Default Mode Network*, dem Ruhestandardnetz oder Ruhezustandsnetzwerk des Gehirns. Es gibt sogar Spekulationen darüber, dass dieses Netzwerk ein Kandidat für das zerebrale Korrelat des Selbst sein könnte (vgl. Kurthen 2015, 144) bzw. zur Entstehung, Veränderung und Aufrechterhaltung dessen beiträgt, was Antonio Damasio als Kernselbst bezeichnet (vgl. Schneider et al. 2008). Der US-amerikanische Gehirnforscher Marcus Raichle und sein Team nennen die fortwährende Hintergrundaktivität im Gehirn scherzhaft die „dunkle Energie" des Gehirns, vergleichbar mit der hypothetischen, bisher nicht fassbaren dunklen Energie, der Hauptenergieform im Universum (vgl. Raichle 2010).

Viele Forscher waren bis vor Kurzen der Meinung, dass weite Teile unseres Gehirns ihre Aktivität stark herunterfahren, wenn wir uns ausruhen, die Gedanken schweifen lassen oder uns einfach entspannen. Die verbleibende Restaktivität im Gehirn betrachteten sie bloß als eine Art Hintergrundrauschen ohne besondere Bedeutung. Raichle und sein Team entdeckten, dass die Hintergrundaktivität des Gehirns sechzig bis achtzig Prozent der Gesamtenergie des Gehirns verbraucht. Für Reaktionen auf äußere Reize benötigt das Gehirn hingegen lediglich fünf Prozent mehr an Energie. Die bewusste Auseinandersetzung mit der Außenwelt macht demnach nur einen kleinen Bruchteil der Hirnaktivität aus. Mehr oder weniger durch Zufall bemerkten Raichle und seine Mitarbeiter bei ihren Studien Folgendes: Während Versuchspersonen eine Aufgabe wie laut lesen ausführten, fuhren einige Hirnregionen, die daran nicht beteiligt waren, ihre Aktivität herunter, anstatt auf dem Niveau der Hintergrundaktivität zu verharren. Sie nahmen sich immer dann zurück, wenn andere Hirnbereiche einer speziellen Anforderung nachkamen. Das Gebiet mit dem eindrucksvollsten Aktivitätsabfall nannten Raichle und sein Team Rätselregion des Scheitellappens. Die Entdeckung des Ruhezustandsnetzwerks ließ sie die intrinsische Aktivität des Gehirns mit anderen Augen sehen. „Wir hatten nicht gewusst, dass hier ein eigenständiges System existiert, zu dem verschiedene Gebiete gehören, die sich miteinander austauschen, um Aufgaben zu erledigen, und zwar gerade dann, wenn das Gehirn scheinbar ausruht." (Raichle 2010, 64) Das Gehirn unterhält im vermeintlichen Ruhezustand eine intrinsische Aktivität und spannt dafür verschiedene, weit auseinanderliegende Hirnbereiche ein wie den mittleren präfrontalen Kortex in beiden Hirnhälften, den rechten mittleren Scheitellappen, den linken seitlichen Scheitellappen und den linken seitlichen Schläfenlappen. Weltweit untersuchen Arbeitsgruppen mittlerweile dieses rätselhafte Phänomen und kartieren die intrinsische Aktivität sämtlicher wesentlicher Hirnregionen. Die auffallenden Aktivitätsmuster treten sogar unter Vollnarkose auf, ebenso wie im leichten Schlaf. Das Ruhezustandsnetzwerk bildet nur einen, wenn auch entscheidenden, Teil der intrinsischen Aktivität des Gehirns. Alle anderen Hirnsysteme unterhalten ebenso eine gewisse Grundaktivität. Wie dieses Netzwerk die Gehirnaktivität im Einzelnen regelt, ist noch nicht geklärt. Vermutlich setzt es, ähnlich wie der Dirigent eines Orchesters, Zeitsignale und koordiniert die Hirnregionen und deren Aktionsbereitschaft. Auf diese Weise gelingt es ganz verschiedenen Hirnbereichen, sich beim Reagieren auf äußere Ereignisse aufeinander abzustimmen. Kann man das Ruhezustandsnetzwerk sogar als den Dirigenten des Selbst ansehen? Bildet die über das Gehirn verteilte Grundaktivität die Basis für das Selbsterleben, auf der sich erst spezifische Bewusstseinstätigkeiten entfalten können? Raichle meint, in Grenzen passt der Vergleich mit einem Sinfonieorchester ganz gut. Indem sich alle Instrumente demselben Rhythmus beugen, erzeugen sie eine Klangtapete. „Auf das Gehirn übertragen entsprechen die extrem langsamen Schwingungen dem Schlag des Dirigenten." (Raichle 2010, 65) Im Gehirn herrscht keine allgemeine Freiheit und Unabhängigkeit eines jeden, sondern eine Föderation voneinander abhängiger Komponenten. Noch ist nicht geklärt, wie das Ruhezustandsnetzwerk als Chefdirigent seine Aufgabe im Hintergrund erfüllt und alle Grundaktivitäten des Gehirns miteinander vereinbart. Raichle meint: „Vielleicht entpuppt sich die dunkle Energie des Gehirns als die Essenz, die uns überhaupt funktionieren lässt." (Raichle 2010, 66)

Macht das Gehirn tatsächlich die Seele?

In seinem Buch *Wie das Gehirn die Seele macht* betont Gerhard Roth, dass nach den Erkenntnissen der Hirnforschung neuronale Prozesse seelische Erlebniszustände verursachen und nicht umgekehrt. Seelisches ist untrennbar mit Gehirnfunktionen verbunden. „Das zeitliche Nachlaufen des Bewusstseins gegenüber unbewussten neuronalen Prozessen ist mit einer strengen zeitlichen Parallelität von Geist und Gehirn nicht vereinbar, sondern legt eine *Verursachung des Geistes durch Hirnprozesse* nahe." (Roth & Strüber 2015, 232) Sind seelische Vorgänge folglich nichts anderes als das Feuern von Neuronen? Roth sagt: Unsere Antwort lautet: „Nein!" Geist und Bewusstsein sind etwas anderes als das Feuern von Neuronen. Wenn geistige Vorgänge sich auf Gehirnvorgänge zurückführen ließen, dann könnten geistige Prozesse aus Gehirnprozessen vollständig erschlossen werden. Dies sei zumindest derzeit jedoch nicht möglich. Selektive Aufmerksamkeit und kognitive Leistungen gehen zum Beispiel mit hochfrequenten Hirnwellen, sogenannten Gamma-Wellen, einher, die in größeren Neuronenverbänden Oszillationsmuster von 30 bis 70 Hertz Schwingungen pro Sekunde zeigen. Die bloße Feststellung, dass Gamma-Oszillationen in bestimmten Netzwerken auftreten müssen, damit die dort verarbeiteten Inhalte bewusst werden, erklärt noch nicht den Übergang von der Gehirnaktivität zum Bewusstsein und erst recht nicht das Phänomen Bewusstsein selbst. Bewusstsein kommt in der Beobachtung der Gamma-Oszillation nicht vor, sondern nur im subjektiven Erleben eines Menschen. „Wenn wir Gamma-Oszillationen zwischen Neuronen betrachten, entdecken wir darin kein Bewusstsein, und wenn wir Bewusstseinszustände haben, erleben wir keine Gamma-Oszillationen." (Roth & Strüber 2015, 233). Es könne auch keine Rede davon sein, mentalistische Beschreibungen zugunsten rein neurobiologischer Kausalerklärungen aufgeben zu wollen. Ein Neurobiologe findet im Gehirn keine Gedanken, Gefühle und Erinnerungen, genauso wie ein Computerspezialist mit dem Mikroskop auf der Festplatte eines Computers keine Texte, Bilder und Musikstücke findet, sondern nur magnetisierte Eisenpartikel. So absurd wie die Behauptung, Texte, Bilder und Musikstücke seien in Wirklichkeit nichts anderes als magnetisierte Eisenpartikel, so abwegig wäre die Aussage, geistige Prozesse seien in Wirklichkeit nichts anderes als neuronale Aktivitäten. Geistige Prozesse sind geistige Prozesse, doch sie sind neuronal realisiert (vgl. Pauen & Roth 2008, 125–126). Die Hirnforschung könne nur systematische zeitliche Korrelationen von neuronalen Ereignissen einerseits und Bewusstseinsereignissen andererseits feststellen. Aus einer Korrelation allein ergebe sich jedoch noch keine Kausalbeziehung.

Roth deutet seelische Vorgänge als schwach emergente Eigenschaften innerhalb des physikalischen Systems Gehirn. Schwach emergente Eigenschaften lassen sich aus der Kenntnis der Eigenschaften der Komponenten eines Systems vorhersagen. Stark emergente Eigenschaften hingegen lassen sich auch aus der genauen Kenntnis der Eigenschaften der Systemkomponenten *nicht* vorhersagen. Viele Philosophen und Wissenschaftler würden auch heute noch Geist als eine stark emergente Eigenschaft des Gehirns ansehen, als eine Art Blitz des Geistes, der im Laufe der menschlichen Evolution sowie auch während der Entwicklung des Individuums im Gehirn eingeschlagen ist. Roth meint, bei nüchterner Betrachtung können zahlreiche Eigenschaften des Geistes zumindest als ein schwach emergentes Phänomen innerhalb des physikalischen Systems Gehirn angesehen werden. Dagegen werde häufig der Einwand erhoben, dass damit das Rätsel, wie aus dem materiellen Gehirn ein immaterieller Geist hervorgeht, keineswegs gelöst sei. Dieser populärphilosophische Einwand, so Roth, berücksichtigt nicht die Tatsache, dass der Begriff der „Materie“ in der modernen Physik einen starken Wandel erfahren hat. Der Begriff „Materie“ beschränkte sich auf diejenigen physikalischen Phänomene, die eine Masse haben. Licht ist masselos und wie alle elektromagnetischen Wellen im Sinne des traditionellen Materiebegriffs „immateriell“. Licht zeigt aber eine Wechselwirkung mit materiellen Phänomenen, wie etwa im Zusammenhang mit Absorption, Reflexion, Streuung und Brechung. Obwohl masselos und mit vielen zum Teil bis heute nicht erklärten Eigenschaften ausgestattet, unterliegt das Licht fundamentalen Naturgesetzen. Entsprechend können wir Roth zufolge auch Geist und Bewusstsein als „immaterielle physikalische Zustände" ansehen. Sie verletzen die universellen Naturgesetze nicht und wechselwirken eindeutig mit physikalischen Zuständen, wie sie im Gehirn vorkommen.

Die These des neurobiologischen Konstruktivismus

Dem neurobiologischen Konstruktivismus zufolge konstruiert das Gehirn die Welt, wie wir sie wahrnehmen und erleben. Die Welt außerhalb unseres Bewusstseins unterscheidet sich radikal von unserer Erlebniswelt. Kein Fachmann, so Roth, würde daran zweifeln, dass unsere Wahrnehmungen, Gedanken, Gefühle, Vorstellungen und Erinnerungen von unserem Gehirn konstruiert werden. Kompliziert werde dieser Sachverhalt dadurch, dass alles, was Hirnforscher an Ergebnissen zutage fördern, ebenfalls Konstrukte des Gehirns sind. In Anlehnung an Immanuel Kants Unterscheidung zwischen den „Dingen für uns" (den Phainomena) und den „Dingen an sich" (den Noumena) bezeichnet Roth unsere bewusst erfahrene Erlebniswelt als *Wirklichkeit* und die von unserem Bewusstsein unabhängige Welt als *Realität*. Er unterscheidet zudem zwischen einem *wirklichen* und einem *realen* Gehirn. Das reale Gehirn ist der eigentliche Konstrukteur oder Macher der Seele. Es konstruiert die Wirklichkeit, unsere Erlebniswelt, sämtliche Erkenntnisse und auch das wirkliche Gehirn. Das Gehirn, welches die Neurowissenschaftler erforschen, ist das wirkliche Gehirn. Das reale Gehirn ist ihnen nicht zugänglich, genauso wenig wie die reale Welt, die Welt an sich. Gehirnforschung vollzieht sich ausschließlich innerhalb der Wirklichkeit und kann nur wirkliche, jedoch niemals reale Gehirne untersuchen. Nicht nur die Dinge, die wir wahrnehmen, sind Konstrukte in der Wirklichkeit, sondern auch wir selbst sind ein Konstrukt in der Wirklichkeit. „Dies bedeutet, dass das reale Gehirn eine Wirklichkeit hervorbringt, in der ein Ich existiert, das sich als *Subjekt* seiner mentalen Akte, Wahrnehmungen und Handlungen erlebt, einen Körper besitzt und einer Außenwelt gegenübersteht. ... *Die Wirklichkeit ist nicht ein Konstrukt meines Ich, denn ich bin selbst ein Konstrukt.*" (Roth 1994, 293–294)

Gerhard Roth zufolge befinden sich die Neurowissenschaftler in einer paradoxen Situation: Das Gehirn, das sie untersuchen, das „wirkliche Gehirn", bringt keine seelischen Phänomene hervor, und das „reale Gehirn", das alle seelischen Phänomene und die Wirklichkeit erzeugt, können sie nicht untersuchen, weil es ihnen prinzipiell nicht zugänglich ist. Die Wirklichkeit, so Roth, ist die *einzige* Welt, die uns zur Verfügung steht. Über die Realität können wir nur spekulieren.

Gesicherte Erkenntnisse über sie sind ebenso unmöglich wie über das reale Gehirn, das unsere Erlebniswelt hervorbringt. Das reale Gehirn, der Produzent unserer bewusst erfahrbaren Welt einschließlich des wirklichen Gehirns, kann keine echte Teilmenge seines Produkts sein. Wir sollten deshalb auch das, was wir als seelisch erleben, nicht mit dem, was das „Seelische" eigentlich ist, verwechseln, denn die reale Natur des Seelischen bleibt uns für immer verschlossen. Auch über die Eigenschaften der realen Neurone des realen Gehirns werden wir niemals irgendwelche gesicherten Erkenntnisse besitzen. Über sie können wir nur Mutmaßungen anstellen.

Welchen Sinn hat demnach die These von Roth, Geist und Bewusstsein seien schwach emergente Eigenschaften der Gehirnaktivität? Es kann sich ja nur um emergente Eigenschaften des wirklichen Gehirns handeln, das weder Geist noch Bewusstsein hervorbringt. Der Buchtitel *Wie das Gehirn die Seele macht* ist deshalb völlig irreführend, denn das Gehirn, das Roth beschreibt, das wirkliche Gehirn, macht gar keine Seele, keinen Geist und kein Bewusstsein. Über den eigentlichen Macher der Seele, über das reale Gehirn, werden wir Roth zufolge nie etwas erfahren. Welchen Erkenntnisgewinn hätten Entdeckungen eindeutiger zeitlicher Korrelationen zwischen seelischen Erlebniszuständen und neuronalen Vorgängen des wirklichen Gehirns, wenn dieses Gehirn gar keine seelischen Phänomene verursacht? Die These von Roth, dass neuronale Prozesse seelische Erlebnisse verursachen und nicht umgekehrt, ergibt keinen Sinn, denn damit können nur Prozesse des wirklichen, jedoch nicht des realen Gehirns gemeint sein. Roth zufolge kann uns die Hirnforschung darüber, wie das „reale Gehirn" die Seele macht, keinerlei Auskunft geben, genauso wie sie uns über die „reale Natur" des Seelischen nichts sagen kann (vgl. Roth & Strüber 2015, 237–239).

Ist der Tod des Gehirns auch der Tod der Seele?

Ist der Tod des Gehirns auch der Tod des Menschen? Ist der Hirntod mit dem Verlust des Lebens gleichzusetzen? Ist der Hirntod ein sicheres Todeszeichen des Menschen? Sind Hirntote als Entseelte zu betrachten? Der Ausdruck „Hirntod" bezeichnet den vollständigen und unumkehrbaren Ausfall aller Funktionen des Gehirns, des Großhirns, des Kleinhirns und des Hirnstamms. Wenn das Gehirn mehrere Minuten lang nicht mit Blut und Sauerstoff versorgt wird, dann gehen die Hirnfunktionen unwiederbringlich verloren und die Zerstörung der Hirnzellen setzt ein. Der Hirntod ist der unsichtbare Tod. Erste Hinweise auf sein Vorhandensein sind: ein tiefes Koma, der Verlust der Spontanatmung und der Ausfall der Reflexe wie Pupillenreflex, Hornhautreflex, Würgereflex, Hustenreflex und Schmerzreaktionen. Bis in die Mitte des vergangenen Jahrhunderts galten Atemstillstand und Herzstillstand als Kriterien des Todes. Akzeptiert man den Hirntod als Tod der Person, dann sind Hirntote als Leichen zu betrachten. Der Neurologe Heinz Angstwurm betont nachdrücklich, dass es nur *einen* Tod des Menschen gibt. Dieser besteht im vollständigen und endgültigen Verlust der Lebensmerkmale, die ihn als Lebewesen Mensch kennzeichnen. Diese Merkmale werden von seinem Gehirn bewirkt. „Die Bedeutung der Hirntätigkeit für das Leben des Menschen macht den unabänderlichen Ausfall der Gesamtfunktion des Gehirns, den Hirntod, zu einem sicheren Todeszeichen des Menschen." (Angstwurm 1999, 284).

Der amerikanische Neurologe Alan Shewmon nennt mehrere Gründe, warum unter Ärzten im Allgemeinen und Neurologen im Besonderen ein überwältigender Konsens darin besteht, dass der Hirntod auch der Tod des Menschen ist (vgl. Shewmon 2007). Das Gehirn gilt als Organ des Bewusstseins, und das Bewusstsein, das Wesentliche am Menschen, wird vom Gehirn produziert. Das Gehirn ist zudem das zentrale integrierende Organ des Körpers. Stellt es seine Tätigkeit ein, dann hört der Körper auf, ein lebendiger ganzheitlicher Organismus zu sein, und desintegriert. In den Siebziger- und Achtzigerjahren bezeichneten Vertreter des Hirntod-Konzepts die integrative Funktion des Gehirns als hartes medizinisches Faktum. Demnach kann der menschliche Körper ohne funktionierendes Gehirn nicht länger ein ganzheitlicher Organismus sein und gilt deshalb als tot. Der Hirntod markiert das Ende des Organismus als Funktionseinheit. Er selbst, so Shewmon, war auch ein Vertreter der integrierenden Funktion des Gehirns, änderte jedoch seine Ansicht, als beeindruckende Beweise gegen dieses „medizinische Faktum" auftauchten. Eine zunehmende Anzahl sowohl von Verfechtern als auch von Kritikern des Hirntod-Konzepts wiesen in den letzten zehn Jahren die These der somatischen Integration des Gehirns als nicht länger haltbar zurück. Allmählich begann sich die Ansicht durchzusetzen, dass ein hirntoter Körper immer noch ein lebendiger menschlicher Organismus ist.

Um zu begründen, warum der Hirntod der Tod der Person ist, verglich man den Hirntod mit einer Enthauptung und argumentierte wie folgt: Eine enthauptete Person ist tot; physiologisch gesehen kommt der Hirntod einer Enthauptung gleich; deshalb ist eine hirntote Person tot. Die Analogie von Hirntod und Enthauptung sollte verständlich machen, warum der Hirntod das Ende des Organismus als Ganzheit bedeutet. Der Grund für die Gleichsetzung von Hirntod und Tod der Person ist angeblich der Verlust der integrierenden und ganzheitlichen Kontrolle des Gehirns über den Körper. Shewmon vertritt inzwischen die Position, dass der Hirntod nicht mit dem Tod des Organismus gleichzusetzen ist. Das Gehirn wirkt nicht als zentraler Integrator aller menschlichen Körperfunktionen. Der Körper hat kein primär integrierendes Meisterorgan. Die somatische Integration findet vielmehr verstreut über den gesamten Körper statt und besteht in der wechselseitigen Interaktion seiner Teile. Sie ist eine emergente Eigenschaft des ganzen Organismus. Selbst wenn das Gehirn nicht mehr funktioniert, gibt es immer noch den Rest des Nervensystems, das Rückenmark mit seinen integrativen Funktionen und seiner wechselseitigen Kommunikation mit fast allen anderen Körperteilen über die Nerven des peripheren und autonomen Nervensystems. Das Gehirn ist zwar jenes Organ, das dem Menschen eine Vorrangstellung vor allen anderen Kreaturen verleiht. Es ist das Organ, das am stärksten mit dem menschlichen Bewusstsein, der Persönlichkeit und dem Geist zu tun hat. Es ist das großartigste Gebilde im gesamten physischen Universum. Dies impliziert aber nicht, dass es auch das primäre Organ für Leben und Tod des menschlichen Organismus ist oder dass es überhaupt ein „primäres Organ" für Leben und Tod gibt (vgl. Shewmon 207, 309–310).

Bis 1988 sammelte Shewmon 175 Fälle von hirntoten Patienten, die mindestens eine Woche lang überlebt hatten. Bei diesen Menschen verging zwischen der Feststellung des Hirntodes und dem Eintritt des Herzstillstandes viel Zeit. Shewmon berichtet von einem Rekordüberlebenden mit dem Decknamen „TK", der zur Zeit, als er ihn untersuchte, bereits vierzehn Jahre lang hirntot war und mit einem Beatmungsgerät zu Hause lebte. Bei ihm wurde eine totale Gehirnzerstörung festgestellt. Nach zwanzig Jahren im Zustand des Hirntodes starb er. Shewmon zufolge handelt es sich bei diesem hirntoten Menschen um einen lebenden menschlichen Organismus und keineswegs bloß um eine desintegrierte Ansammlung von Organen oder um einen „Leichnam", dessen Tod zwanzig Jahre lang durch künstliche Beatmung maskiert worden war. Dieser Patient und andere Langzeitüberlebende des Hirntodes zeigen viele ganzheitliche Funktionen des Organismus, die intakt sind: Verdauung und Ausscheidung funktionieren weiterhin, ebenso die Aufrechterhaltung der Körpertemperatur, die Wundheilung, die Überwindung von Infektionen und die Erholung von Krankheiten, die schwer genug waren, um zum Beispiel bei „TK" einen Klinikaufenthalt zu erfordern. Derartige Fälle sprechen dafür, dass die integrative Einheit des Körpers nicht ausschließlich von Gehirnfunktionen abhängt. Manche Hirntote, betont Shewmon, sind eindeutig lebende menschliche Wesen, wenn auch schwer behindert und von mechanischer Beatmung, künstlicher Ernährung und von Pflege abhängig. Die These, nur die Hirnaktivität mache den Menschen zum Menschen und der Tod des Gehirns sei auch der Tod des Menschen, werde zunehmend infrage gestellt.

Shewmon meint, die meisten Neurologen und Ärzte geben zwar zu, dass ein hirntoter Körper ein lebendiger Organismus ist, fragen sich aber, ob er noch eine menschliche Person ist. Wem gehört der Organismus eines Hirntoten? Gehört er überhaupt jemandem? Die Antwort darauf hänge von der jeweiligen philosophischen Grundposition ab und könne nicht durch wissenschaftliche Untersuchungen weiter geklärt werden. Für Vertreter einer materialistischen Position sei die Rede von der Seele bedeutungsloser Unsinn, ein Überbleibsel aus früheren Zeiten unwissenschaftlich religiöser Leichtgläubigkeit. Das menschliche Bewusstsein sei gänzlich ein Produkt der physischen Gehirnaktivität. Person und Gehirn seien ein und dasselbe. Dieser Anschauung zufolge befinde sich die Person in jenem Körperteil, der das funktionierende Gehirn enthält. Der Rest des Körpers eines Hirntoten sei nicht mehr der Körper einer Person, mag er auch noch so sehr aussehen wie ein menschlicher Körper. Für Vertreter der aristotelisch-thomistischen Position hingegen sei die Seele das Lebensprinzip, die „substanzielle Form" des Leibes.

Mit „Form“ sei nicht bloß die äußere Gestalt des Körpers gemeint, sondern vor allem das ihn formende, bewegende und bestimmende Lebensprinzip. Die Seele sei sowohl Grundlage der geistigen Fähigkeiten als auch der Lebensfunktionen. Sie mache den Körper erst zu einem lebendigen, ganzheitlichen Organismus. Daraus folge, dass Schädigungen des Gehirns, die zu Bewusstlosigkeit führen, die geistigen Fähigkeiten der Seele zwar lähmen, diese aber nicht zerstören, genauso wenig wie die Durchtrennung aller Klavierseiten einen Pianisten zu einem Nichtpianisten mache. Solange es Anzeichen dafür gebe, dass der Körper am Leben ist, solange seien auch Seele und Person gegenwärtig, selbst bei dauerhafter Bewusstlosigkeit (vgl. Shewmon 2007, 319–320). Permanente Bewusstlosigkeit bedeute zwar eine schwere geistige Unfähigkeit und die Lähmung aller psychologischen Funktionen, aber nicht den Tod der Person. Solange der Organismus eine lebendige biologische Einheit darstelle, sei das ein Zeichen dafür, dass die menschliche Seele in ihrer Funktion als substanzielle Form des Leibes weiterhin anwesend ist (vgl. Shewmon 2007, 295–296).

Alan Shewmons Deutung der aristotelisch-thomistischen Sicht der Seele ist nicht unumstritten. Die aristotelische Auffassung von der Geistseele kann so gedeutet werden, dass ein funktionierender Organismus nach dem endgültigen Ausfall aller kognitiven und geistigen Fähigkeiten kein menschlicher Organismus mehr ist. Die Geistseele, die nach Aristoteles den Menschen zum Lebewesen Mensch macht und ihn wesentlich von den Tieren und den Pflanzen unterscheidet, ist nicht mehr anwesend. In einem hirntoten Organismus mag es zwar noch vegetatives Leben geben, aber wegen des irreversiblen Verlustes der kognitiven und geistigen Fähigkeiten, von Verstand und Vernunft, ist dieser nicht mehr als menschlicher Organismus zu betrachten. Im Sinne des aristotelischen Seelenkonzepts ist bei einem Hirntoten das höchste Seelenvermögen nicht mehr vorhanden, sondern nur noch ein vegetatives Seelenvermögen. Auf der Grundlage der aristotelischen Sicht der Seele lässt sich also durchaus für den

Hirntod als den Tod des Menschen argumentieren. Der Kirchenlehrer Thomas von Aquin war der Auffassung, dass ein Mensch manchmal aufhört zu existieren, bevor alles Leben in ihm erloschen ist. In solchen Fällen sei die Geistseele nicht mehr vorhanden, sondern nur noch das sensitive oder sogar bloß das vegetative Seelenvermögen. Man könne deshalb sagen: Obwohl es weiterhin noch Leben gibt, gibt es den Menschen, der einmal existierte, nicht mehr (vgl. Pasnau 2002, 124). Das endgültige Erlöschen allen Lebens, der biologische Tod, ist dann gegeben, wenn die letzte Körperzelle des Leichnams abgestorben ist.

Die aristotelisch-thomasische Sicht der Seele kann, im Gegensatz zu Shewmons Deutung, so verstanden werden, dass ein Hirntoter wegen des irreversiblen Verlustes sämtlicher kognitiver und geistiger Fähigkeiten als Entseelter, als Toter, zu betrachten ist, selbst wenn im Körper noch vegetatives Leben vorhanden ist. Der Hirntod, der vollständige und endgültige Ausfall aller Funktionen des Gehirns, kann auch im Sinne einer aristotelisch-thomasischen Sicht der Seele als sicheres Todeszeichen des Menschen angesehen werden. Demnach gelten Hirntote als Entseelte, denn die Geistseele, die substanzielle Form des menschlichen Leibes, die den Menschen als Lebewesen Mensch auszeichnet, ist im hirntoten Körper nicht mehr anwesend.

Für Vertreter einer materialistischen Position, die Bewusstsein mit Hirnprozessen gleichsetzen, ist ein hirntoter Körper ebenfalls nicht mehr der Körper einer Person, denn die Person stirbt, wenn das Gehirn stirbt. Es gibt jedoch Vertreter einer materialistischen Sicht, die das Hirntod-Konzept ablehnen, weil sie den Menschen mit dem noch funktionierenden Organismus gleichsetzen.

Alan Shewmon zufolge hat die Auffassung, dass der Hirntod nicht der Tod des Menschen ist, tiefgreifende Konsequenzen für das Gebiet der Organtransplantation. Er betont allerdings, dass eine Ablehnung des Hirntod-Konzepts nicht notwendigerweise das Totengeläute für die Organtransplantation bedeutet, wie viele Befürworter des Hirntod-Konzepts befürchten. Es bedeutet jedoch einen anderen Umgang mit den Betroffenen, sodass die Entnahme vitaler Organe den Spender weder tötet noch verletzt, wenn dieser noch nicht tot ist. Sich einzugestehen, dass viele hirntote Patienten schwer komatöse und behinderte menschliche Wesen sind, sei als Fortschritt und nicht als Rückschritt zu sehen (vgl. Shewmon 2007, 326).

Zusammenfassung

Versuche, die Seele im Körper zu lokalisieren, zeigen ihre Spuren in der Gegenüberstellung von Kopf und Bauch, von Herz und Gehirn. Cerebrozentristen lokalisieren die Seele im Gehirn, Kardiozentristen hingegen im Herzen. Platon betrachtete das Gehirn als Sitz der unsterblichen Vernunftseele, die beiden sterblichen Seelenvermögen, Affekt und Begierde, verortete er aber im Herzen und im Bauch. Aristoteles hingegen wies dem höchsten menschlichen Seelenvermögen, der unsterblichen Geistseele, keinen Ort zu. Als Ort des vegetativen und sensitiven Seelenvermögens nannte er das Herz. Der Begriff „Seele" diente ihm dazu, das Lebendigsein sowie alle biologischen und geistigen Vorgänge und Aktivitäten zu erklären. Seele bedeutet bei Aristoteles den Einheitsgrund, den Sinnzusammenhang aller organischen und geistigen Aktivitäten und die Zielbestimmung des Menschen.

Seit dem antiken Arzt Hippokrates vertraten Naturforscher die Meinung, dass das Gehirn der Sitz der Seele, zumindest der Vernunftseele, der Intelligenz und der kognitiven Fähigkeiten, ist. Die neuzeitliche Debatte um den Ort der Seele beginnt mit Descartes und seiner strikten Trennung von Geist und Körper, von Innenwelt und Außenwelt. Er spaltete den Menschen in ein denkendes Wesen einerseits und eine mechanische Gliedermaschine andererseits auf. Von der Seele als Quelle der Lebendigkeit und als Einheitsgrund aller organischen und geistigen Vorgänge sah er ab. Alle geistigen Leistungen schrieb er dem Ich zu. Damit setzte er das Bewusstsein an die Stelle der Seele, und die körperlich-seelische Einheit des Erlebens geriet aus dem Blickfeld.

Laut Gerhard Roth ist die Suche nach dem Sitz der Seele inzwischen erfolgreich zu einem Abschluss gekommen. Es kann keinen Zweifel daran geben, dass das Gehirn das Seelische hervorbringt. Aktivitäten der Hirnzellen gehen geistigen Aktivitäten voraus, und nicht umgekehrt. Seelisches ist untrennbar an das Gehirn gebunden. Schädigungen und Zerstörungen von Gehirngewebe zeigen, wie massiv unser Erleben, Verhalten und Handeln von einem funktionierenden Gehirn in einem intakten Organismus abhängen. Das Gehirn gilt als Organ der Seele. Seelisches im engeren Sinne, d. h. sämtliche bewussten und unbewussten Emotionen, Motive und Ziele, werden dem limbischen System, dem emotionalen Gehirn, zugeordnet. Höhere kognitive und geistige Fähigkeiten sowie die Synthese kognitiver und emotionaler Prozesse sind Leistungen der Großhirnrinde zu verdanken. Chemische Botenstoffe im Nervensystem, welche die Stimmung, das Denken, Fühlen und Erinnern beeinflussen, nennt Gerhard Roth die „Sprache der Seele".

Kann der Begriff „Selbst" als Ersatz für den Begriff „Seele" dienen? Der Begriff „Seele" umfasst mehr als der Begriff „Selbst" und als der Begriff „Bewusstsein". Seele meint auch die Quelle der Lebendigkeit und den Einheitsgrund aller organischen und geistigen Vorgänge. Selbsterleben ist die Erfahrung, dass wir dieselbe Person sind, obwohl wir uns im Laufe der Zeit körperlich, psychisch und geistig verändern. Die Hirnforschung versucht, die neurobiologische Grundlage des Selbsterlebens zu entschlüsseln. Antonio Damasio betrachtet Körperzustände als den Urgrund unseres Lebensgefühls. Das entscheidende Element am Selbsterleben ist demnach das Gefühl, am Leben zu sein. Körpergefühle übersetzen den aktuellen Zustand unseres Organismus in die Sprache des Bewusstseins. Darüber, wie diese Übersetzung vor sich geht, gibt uns Damasio allerdings keinerlei Auskunft, denn das käme einer Erklärung gleich, wie aus objektiv beschreibbaren elektrochemischen Vorgängen im Gehirn subjektive Gefühle entstehen. Damasio betrachtet geistige und körperliche Zustände als zwei Seiten ein und desselben Vorgangs. Geistige Zustände können im Körper deshalb kausal wirksam werden, weil sie selbst auch etwas Körperliches sind. Er unterscheidet zwischen Kernbewusstsein und erweitertem Bewusstsein. Das Kernbewusstsein verleiht uns ein Gefühl für den eigenen Körper im Akt des Bewusstseins. Das erweiterte Bewusstsein gibt uns ein Gefühl für die eigene Vergangenheit, Gegenwart und erwartete Zukunft.

Das Erleben der eigenen Identität und Kontinuität durch die Zeit ist vielfältig und besteht, wie Christian Scharfetter betont, aus mehreren Gewissheiten: der Gewissheit, lebendig zu sein; Urheber des eigenen Denkens, Verhaltens und Handelns zu sein; sich von anderen Menschen, Lebewesen und Dingen abgrenzen zu können, und der Gewissheit, im Verlauf des Lebens dieselbe Person zu sein. Das Selbsterleben ist letztlich nur auf dem Hintergrund der Gesamtorganisation unseres Organismus und der materiellen und sozialen Umwelt, in der wir leben, zu verstehen. Es betrifft nicht nur unseren Organismus mit seinem Gehirn, sondern auch unsere Interaktion mit den Mitmenschen und der dinglichen Umwelt. Hirnforscher können versuchen, die neuronalen Korrelate von operationalisierbaren Aspekten des Selbsterlebens zu identifizieren. In letzter Zeit deuten einige von ihnen die Hintergrundaktivität des Gehirns, das sogenannte Ruhestandardnetzwerk, als neurobiologische Grundlage des Selbsterlebens.

Das Gehirn ist kein Ersatz für die Seele. Es ist auch nicht der Ort, das Organ oder der Macher der Seele. Seele meint etwas Letztes, nicht auf anderes Zurückführbares und steht für die Einmaligkeit, Unverwechselbarkeit und Unwiederholbarkeit des Menschen. Der Begriff „Seele“ verhindert, dass wir den Menschen als ganzen aus dem Blick verlieren. Seele ist ein Symbol für das, was lebt und gegenwärtig ist. Für die Hirnforschung und die Psychologie ist der Begriff „Seele“ zu umfassend. Als experimentell orientierte Wissenschaften können sie nur Teilaspekte des menschlichen Erlebens, Verhaltens und Handelns als Erscheinungsformen des Seelischen untersuchen. Hirnforscher suchen nach den neuronalen Korrelaten seelischer Phänomene wie Bewusstsein, Emotionen, Wahrnehmungen, Erinnerungen und willentliche Handlungssteuerung. Weiterhin unbeantwortet bleibt die Frage, wie aus elektrochemischen Vorgängen im Gehirn, die immer die gleichen sind, der Reichtum unseres bewussten Erlebens entsteht. Seelisches Erleben hängt nicht nur vom Gehirn, sondern auch vom gesamten Organismus und seiner Interaktion mit der dinglichen und sozialen Umwelt ab.

Ist der Hirntod der Tod des Menschen? Gelten Hirntote als Entseelte? Die Annahme, das Gehirn mache den Menschen zum Menschen und der Tod des Gehirns sei auch der Tod des Menschen, wird in letzter Zeit infrage gestellt. Hinterfragt wird vor allem die Annahme, dass der unwiederbringliche Ausfall aller Hirnfunktionen dazu führt, dass der Körper nicht länger ein lebendiger, ganzheitlicher Organismus sein kann. Fälle von Patienten, die nach dem Hirntod noch längere Zeit lebten, sprechen dafür, dass ein hirntoter Körper sehr wohl ein lebender Organismus ist. Die integrative Einheit des Organismus wird nicht ausschließlich vom Gehirn geleistet. Ist ein hirntoter lebender Organismus jedoch noch als menschliche Person zu betrachten? Die Antwort darauf hängt auch von der jeweiligen philosophischen Grundüberzeugung ab. Für die meisten Vertreter einer materialistischen Position ist der Tod des Gehirns der Tod des Bewusstseins und damit der Tod des Menschen. Alan Shewmon, der eine aristotelisch-thomistische Position vertritt, betont, dass die Seele als substanzielle Form des Leibes so lange in einem hirntoten Organismus anwesend ist, so lange dieser am Leben bleibt. Die aristotelisch-thomistische Sicht der Seele kann jedoch auch so gedeutet werden, dass der endgültige Verlust aller kognitiven und geistigen Fähigkeiten darauf hinweist, dass die Geistseele, die den Menschen als Lebewesen Mensch auszeichnet, im hirntoten Körper nicht mehr anwesend ist. Hirntote sind demnach als Entseelte zu betrachten, selbst wenn noch vegetatives Leben in ihrem Körper vorhanden ist.

IV.
Ist der Geist die Seele?

Kaum etwas ist uns so vertraut wie das, was wir wahrnehmen, empfinden und fühlen. Im Alltag ist uns die Einheit von Körperlichem und Seelischem ganz selbstverständlich. Beispiele dafür sind Sinneswahrnehmungen, Körperempfindungen, Emotionen und Bedürfnisse. Am offenkundigsten äußert sich diese Einheit in starken Gefühlserlebnissen. Diese gehen mit körperlichen Reaktionen einher, die ihnen erst Tiefe, Echtheit und Glaubwürdigkeit verleihen. Ohne diese körperlichen Begleiterscheinungen könnten wir Engagement und Gleichgültigkeit nicht so klar unterscheiden. Unsere Alltagssprache verfügt über eine Fülle von Redewendungen, um die körperlichen Veränderungen, die mit Gefühlserlebnissen einhergehen, zu beschreiben.

Die Frage, in welchem konkreten Verhältnis Körper und Geist zueinander stehen, beschäftigt die Philosophie seit ihren Anfängen. Macht der Körper des Menschen den ganzen Menschen aus? Erschöpft sich unser Menschsein in reiner Körperlichkeit oder ist unser Bewusstsein etwas, was auch ohne Körper existieren kann? Gibt es eine vom Körper unterscheidbare, immaterielle Seele? Bereits die Philosophen der Antike versuchten, Antworten auf diese Fragen zu geben. Ihre Deutungen des Verhältnisses von Körper und Geist finden sich in der gegenwärtigen Diskussion zum Teil wieder. Die folgenden Erörterungen bringen zeitgenössische dualistische, materialistische und funktionalistische Deutungen des Verhältnisses von Körper und Geist, von Leib und Seele, zur Sprache.

Dualistische Deutungen des Leib-Seele-Problems

Im Alltag vertreten wir oft unreflektiert einen Dualismus von Körper und Geist. Es gibt Körperliches und Seelisches, Materielles und Geistiges. Es gibt Häuser, Möbel, Autos, Elektronen, Körper, Organe und Gehirne. Es gibt Gedanken, Gefühle, Absichten,

Sinneseindrücke, Lust und Schmerz. Ganz selbstverständlich glauben wir an den kausalen Einfluss des Geistes. Wir geben zum Beispiel geistige Ursachen für körperliche Veränderungen an. Auf die Frage: „Warum hast du den Arm gehoben?" antworten wir: „Ich wollte jemanden grüßen." Die Ursache der Armbewegung sehen wir in der Absicht, jemanden grüßen zu wollen. Wie kann aber eine Absicht, die keinen Ort und keinen Raum einnimmt, kausal auf den Körper einwirken? Wo und vor allem *wie* soll diese Wirkung auf den Körper geschehen? Im Alltag fragen wir auch nicht, ob Körper und Geist zwei eigenständige Wirklichkeiten oder nur zwei verschiedene Beschreibungen ein und derselben Sache sind.

Dualisten betrachten Körper und Geist als zwei völlig eigenständige Wirklichkeiten. Demnach bestehen wir Menschen aus einem sterblichen Körper und einer unsterblichen Seele. Der französische Philosoph René Descartes prägte durch seine strikte Trennung von Seele und Köper die Debatte über das sogenannte Leib-Seele-Problem (vgl. Kap. III., S. 186 ff). In seiner Schrift über die Leidenschaften der Seele schreibt er der Seele sowohl tätige Zustände wie das Denken, Wissen und Wollen zu als auch leidende Zustände wie Verwunderung, Liebe, Hass, Trauer, Freude und Begierde. Den Körper vergleicht er mit einer Maschine und schreibt ihm alle Arten der Wärme und Bewegung zu. Die Leidenschaften der Seele haben den Zweck, die Seele zu Taten zu veranlassen, die der Erhaltung und Vervollkommnung des Körpers dienen. Die Seele als Lebensprinzip des Körpers zu betrachten beruht nach Descartes auf einem Irrtum. Weil man sah, dass tote Körper ohne Wärme und Bewegung sind, glaubte man, das Verschwinden der Seele hätte die Bewegungen und die Wärme beendet. Descartes zufolge unterscheidet sich der Körper eines lebenden Menschen von dem eines toten Menschen so, wie eine funktionierende Uhr sich von einer zerbrochenen, nicht mehr funktionierenden Uhr unterscheidet. Der Mensch stirbt nicht, weil die Seele seinen Körper verlässt, sondern weil wichtige Organe seines Körpers versagen. Die Seele verlässt den Körper als Folge seines Todes, und nicht umgekehrt (vgl. Descartes: *Les passions de l'âme* I Artikel 5–6).

Descartes' Sicht des Menschen halten viele für absurd und sehen in ihr den Grund dafür, dass der Dualismus unter Philosophen keinen guten Ruf genießt. Einer von ihnen, Daniel Dennett, ruft sogar zum heiligen Krieg gegen den Dualismus auf. Diesen zutiefst unwissenschaftlichen Standpunkt gelte es, um jeden Preis zu bekämpfen (vgl. Dennett 1991, 37). Mittlerweile vertreten wieder einige zeitgenössische Philosophen eine dualistische Sicht des Menschen. So zum Beispiel der englische Philosoph Richard Swinburne.

Substanzdualismus

Swinburne verteidigt dezidiert einen Substanzdualismus (vgl. Swinburne 2006). Demgemäß besteht jeder Mensch auf Erden aus einem physischen Körper und einer nicht-physischen Seele. Der Ausdruck „Substanz" bezeichnet im Allgemeinen das, woraus etwas besteht, das sogenannte Darunter-Stehende. Substanz meint die über die Zeit hinweg beständige Grundlage von etwas, dessen Besonderheiten sich ändern können. Swinburne definiert Substanz als ein Ding, als einen Bestandteil der Welt. Tische, Sterne und Personen sind beispielsweise Substanzen, sie sind Träger von Eigenschaften. Eigenschaften definiert er als Charakteristika, die zu einer Substanz gehören, wie etwa eine bestimmte Farbe, ein bestimmtes Gewicht oder eine bestimmte Größe zu haben. Eine wesentliche Eigenschaft einer Substanz ist eine Eigenschaft, ohne die diese Substanz nicht existieren würde. Jeder Tisch hat zum Beispiel die wesentliche Eigenschaft, Raum einzunehmen. Tische könnten nicht weiter bestehen und zugleich keinen Raum mehr einnehmen.

Swinburne unterscheidet zudem zwischen physischen und geistigen Eigenschaften. Geistige Eigenschaften sind Eigenschaften, zu denen ihre Träger notwendig einen privilegierten Zugang haben. Zu unserem persönlichen Erleben, zu unserem Empfinden, Fühlen, Denken und Wollen, haben wir einen derartigen besonderen Zugang. Geistige Eigenschaften sind, im Gegensatz zu physischen Eigenschaften, privat und öffentlich nicht zugänglich. Swinburne erläutert dies am Beispiel von Kopfschmerzen. Diese sind der Person, die sie hat, auf eine Weise zugänglich, wie sie keinem Außenstehenden zugänglich sind. Andere Menschen können das Verhalten dieser Person beobachten, ihr Gehirn untersuchen und dadurch herausfinden, dass sie Kopfschmerzen hat. Die Person selbst jedoch *erlebt* die Schmerzen als ihre Schmerzen. Diese Erlebnisqualität kann niemand feststellen, der nur das Verhalten und das Gehirn der Person untersucht. „Ein Marsbewohner, der zur Erde käme, einen Menschen gefangen nähme und sein Gehirn untersuchte, könnte alles entdecken, was in diesem Gehirn vor sich geht, und dennoch fragen: ‚Fühlt dieser Mensch tatsächlich etwas, wenn ich ihm auf die Zehe trete?'" (Swinburne 2006, 44) Erlebnisse sind öffentlich nicht zugänglich. Sie müssen folglich etwas anderes sein als Ereignisse im Gehirn. Swinburne bestreitet nicht, dass die meisten rein geistigen Ereignisse durch Hirnereignisse verursacht werden. Umgekehrt verursachen aber auch geistige Ereignisse andere geistige Ereignisse, und körperliche Ereignisse werden oft durch geistige Ereignisse verursacht.

Im Sinne des Substanzdualismus definiert Swinburne geistige und physische Substanzen auf folgende Weise: „Ich definiere eine geistige Substanz als eine Substanz, zu deren Existenz diese Substanz notwendigerweise privilegierten Zugang hat, und eine physische Substanz als eine Substanz, zu deren Existenz diese Substanz notwendigerweise keinen privilegierten Zugang hat; das ist eine öffentliche Substanz." (Swinburne 2006, 44–45) Wir Menschen, unterstreicht er, sind nicht bloß geistige Substanzen, sondern *rein geistige* Substanzen. Das bedeutet jedoch nicht, dass wir keinen Körper haben, sondern nur, dass wir keinen Körper brauchen, um zu existieren. Eine rein geistige Substanz definiert er als eine Substanz, für die ausschließlich geistige Eigenschaften wesentlich sind. Die Seele ist eine rein geistige Substanz, sie ist der wesentlichste Teil von uns Menschen. Ausschlaggebend dafür, dass es uns gibt, sind nicht unsere körperlichen Eigenschaften oder unsere geistigen Fähigkeiten wie Denken, Fühlen, Wollen und Erinnern, sondern unsere Seele. Sie ist der Träger unserer geistigen Eigenschaften. Wenn wir das Wort „ich" verwenden, beziehen wir uns unfehlbar auf unsere Seele.

Swinburne fragt: Was ist ausschlaggebend dafür, dass wir heute dieselbe Person sind, die wir gestern oder vor einigen Jahren waren? Was bestimmt unsere personale Identität durch die Zeit hindurch? Einer populären Theorie zufolge existieren wir deshalb weiterhin als dieselbe Person, weil eine Anzahl bestimmter Körperteile, die mit geistigen Eigenschaften verbunden sind, weiterhin existiert. Dabei scheinen gewisse Körperteile wichtiger zu sein als andere. Damit eine Person heute dieselbe Person ist wie vor einem Jahr, muss sie dasselbe Gehirn oder einen Großteil davon haben wie vor einem Jahr. Anhand von zwei Gedankenexperimenten versucht Swinburne zu zeigen, dass diese populäre Theorie falsch sein muss.

Im ersten Gedankenexperiment fordert er uns auf: Stellen Sie sich vor, Sie haben einen Zwilling. Beiden wird in einer Operation ihr Gehirn zweigeteilt. Aus dem Schädel jedes Zwillings wird eine Gehirnhälfte entnommen und in den jeweils anderen Schädel transplantiert. Nach der geglückten Operation gibt es zwei lebende Personen mit bewussten Erfahrungen. Welche der beiden Personen bin nun ich? Es gibt drei Möglichkeiten: die Person mit meiner rechten Hirnhälfte ist mit mir identisch; die Person mit meiner linken Hirnhälfte ist mit mir identisch; keine von beiden ist mit mir identisch. Selbst wenn ich genau wüsste, was mit meinem Gehirn geschehen ist, wüsste ich nicht, was mit *mir* geschehen ist. Es geht nicht darum, dass nach der Operation jemand aufwacht, der sich mehr oder weniger an mein früheres Leben erinnert. Es geht darum, dass *ich* aufwache, der Träger der Erinnerungen, Gefühle und Gedanken. Ob ich überlebt habe, hängt davon ab, *wer* diese Erinnerungen, Gefühle und Gedanken hat, d.h. für welche geistige Substanz diese Eigenschaften wesentlich sind. Nur wenn diese geistige Substanz überlebt hat, habe ich überlebt. Das Überleben der Seele ist eine notwendige Bedingung für mein Überleben. Bloß dasselbe Gehirn oder die Hälfte davon zu haben ist für mein Überleben nicht hinreichend. Folglich muss ich mehr sein als der Stoff, aus dem mein Körper und mein Gehirn gemacht sind.

Im zweiten Gedankenexperiment sollen wir uns vorstellen, was passiert, wenn beide meiner Gehirnhälften krankheitsbedingt entfernt und durch die Gehirnhälften eines identischen Zwillings ersetzt werden müssten. Habe ich nach der erfolgreichen Operation überlebt oder nicht? Wiederum stellt sich die Frage: Wer kann das sagen? Swinburne meint: „So lange ich weiterhin Gedanken, Gefühle und Absichten habe, habe ich jede beliebige Operation überlebt – was auch immer mit irgendwelchen physischen Teilen von mir geschieht. So ist meine Seele der wesentliche Teil von mir – ihr Überleben ist notwendig und hinreichend dafür, dass ich überlebe." (Swinburne 2006, 51) Benötigen wir nicht auch einen Körper, um überleben zu können? In unserer gegenwärtigen Welt mit ihren Naturgesetzen, bemerkt Swinburne, können Seelen nur existieren, wenn sie mit einem funktionierenden Gehirn verbunden sind. Es ist aber vorstellbar, dass unsere jetzigen Verbindungen mit unserem Körper abgebrochen werden und dass wir trotzdem weiterhin Gefühle und Gedanken haben. Es ist denkbar, dass unser Körper zerstört wird, unser Bewusstsein aber trotzdem weiter besteht. Dies ist nur möglich, wenn es bereits jetzt einen nicht-körperlichen Teil von uns gibt, der unsere Weiterexistenz garantiert. Es ist logisch möglich, dass wir auch ohne Körper existieren können. Den Einwand, dass daraus keineswegs folgt, dass Bewusstsein auch ohne Körper möglich ist, versucht Swinburne dadurch zu entkräften, dass er zwei Arten von Ausdrücken unterscheidet: informative und nichtinformative Designatoren. Informative Designatoren sind Ausdrücke, mit denen wir uns auf Dinge beziehen, deren Wesen wir kennen. Als Beispiel nennt er „grün", „rot", „viereckig" und „rund".

Rein durch apriorisches Nachdenken wissen wir, dass etwas nicht zugleich gänzlich rot und grün sein kann. Mit nicht-informativen Designatoren wie beispielsweise mit den Ausdrücken „Wasser", „Morgenstern" und „Abendstern" beziehen wir uns hingegen auf Dinge, ohne dass wir das Wesen dieser Dinge kennen, ohne dass wir zum Beispiel wissen, dass Wasser H_2O ist, oder dass der Morgenstern und der Abendstern mit dem Planeten Venus identisch sind. „Ich" ist ein informativer Designator. Hier ist ein Irrtum ausgeschlossen. Ich kann nicht Schmerzen haben und fragen, ob sie meine sind oder vielleicht doch die eines anderen. Wenn ich „ich" sage, dann beziehe ich mich unfehlbar auf mich als den Träger geistiger Eigenschaften, auf meine Seele. „Jeder von uns ist eine rein geistige Substanz; wir mögen zeitweise physische Eigenschaften und folglich einen Körper haben, und es mag für uns gut sein, dass es so ist. Aber unser Existieren involviert nicht als solches, dass wir einen Körper haben." (Swinburne 2006, 57)

Was den Körper zu unserem Körper macht, ist seine Verbindung mit unserer Seele. Ohne Körper wären wir einsame Seelen. Die christliche Lehre von der Auferstehung des Leibes sei deshalb eine gute Sache. Die Fortexistenz der Seele nach unserem Tod ermöglicht die Auferstehung eines Körpers, der unser Körper ist, weil er mit unserer Seele vereint wurde.

Swinburne unterscheidet zwischen körperlichen und geistigen Substanzen. Die Seele ist eine rein geistige Substanz, sie ist der Träger der geistigen Eigenschaften und damit der wesentlichste Teil von uns. Es ist vorstellbar, dass wir Erinnerungen, Empfindungen, Gedanken und Gefühle haben, ohne einen Körper zu besitzen. Für Swinburne ist die Seele demnach nicht das innere Lebenszentrum, der innere Einheitsgrund des körperlichen und geistigen Lebens und Erlebens, sondern die Basis der geistigen Fähigkeiten und Vermögen. Sein Seelenbegriff unterscheidet sich deutlich vom umfassenden aristotelischen Seelenbegriff, der sowohl das vegetative und sensitive als auch das rationale Seelenvermögen umfasst und damit körperliche und geistige Aspekte in sich vereint (vgl. oben, Kap. III., S. 184ff).

Vertreter der Wechselwirkungstheorie betrachten, wie Swinburne, Körper und Geist als zwei verschiedene Größen, die kausal aufeinander einwirken. Geistige Zustände wie Wünsche und Absichten können Körperbewegungen verursachen, und körperliche Zustände wie Schädigungen und Verletzungen von Gewebe und Organen können Emotionen und Schmerzen verursachen. Eine andere Bezeichnung für diese Theorie ist der Ausdruck „interaktionistischer Dualismus". Interaktionistische Dualisten sind davon überzeugt, dass es für manche Ereignisse wie zum Beispiel Körperbewegungen, Handlungen und Willensentschlüsse prinzipiell keine rein körperliche Erklärung geben kann, denn die komplette Kausalgeschichte dieser Ereignisse enthält nicht-körperliche Elemente. Vor allem bei willentlichen Handlungen sind Absichten, Wünsche und Überzeugungen einer Person für bestimmte Körperbewegungen kausal mitverantwortlich (vgl. Beckermann 1999, 49). Die wichtigste Stütze für den Dualismus ist die Erfahrung, dass wir zur Welt der Körper und zur Welt des Geistes einen unterschiedlichen Zugang haben: Wir erkennen die physische Welt durch unsere Sinnesorgane, durch Sehen, Hören, Tasten, Riechen und Schmecken, aber unseren eigenen Geist erkennen wir durch den zusätzlichen sechsten Sinn, durch die *innere Wahrnehmung* oder *Introspektion* (vgl. Zoglauer 1998, 37–38).

Der Philosoph Sir Karl Popper und der Gehirnphysiologe und Nobelpreisträger für Physiologie und Medizin (1963) Sir John Eccles treten in ihrem gemeinsam verfassten Buch *Das Ich und sein Gehirn* für die Wechselwirkungstheorie ein (vgl. Popper & Eccles 1982; Goller 1992, 254–271). Beide betonen die Autonomie des Ich-Bewusstseins gegenüber dem Gehirn. Das Gehirn gehört dem Ich und nicht umgekehrt. Beide bezweifeln, dass wir die Beziehung zwischen Körper und Geist jemals wirklich verstehen werden. Popper nahm an, dass der Geist das Gehirn kausal beeinflusst, und glaubte, die moderne Quantenphysik werde die

Grundlage für das Verständnis dieses Einflusses bereitstellen. Eccles war überzeugt, die Schnittstelle zwischen Körper und Geist in Teilen der linken Gehirnhälfte, im sogenannten Liaison-Hirn, lokalisieren zu können (vgl. Eccles & Zeier 1984). In seinen späteren Veröffentlichungen versuchte er, die Frage nach dem Wo und Wie der Wechselwirkung zwischen Geist und Gehirn durch eine Deutung der Quantenmechanik zu beantworten (vgl. Eccles 1996). Geist und Gehirn nehmen demnach über die Quantenmechanik eine Wechselbeziehung auf. Der quantenmechanische Indeterminismus bietet genügend Schlupflöcher, durch die der Geist kausal auf den Körper einwirken kann. Dabei berief Eccles sich auf Ergebnisse der Hirnforschung, um seine Theorie zu untermauern. Vertreter des Materialismus beriefen sich auf dieselben Ergebnisse, um ihre Hypothesen zu stützen. Die Frage, welche der beiden Deutungen der Ergebnisse die angemessenere ist, lässt sich mit empirischen Mitteln allein nicht klären, sie ist auch eine philosophische Frage (vgl. Brüntrup 2008, 55 f.).

Gegenüber der zurzeit dominierenden naturwissenschaftlichen Weltanschauung befindet sich der interaktionistische Dualismus in einer unterlegenen Position. Sein Hauptproblem besteht darin, zu zeigen, wie und wo die Wechselwirkung zwischen Geist und Körper stattfindet. Er müsste beweisen, dass die materielle Welt für den kausalen Einfluss des Geistes auf eine Weise offen ist, ohne dabei die physikalischen Gesetze zu verletzen. Wenn der Geist kausal auf den Körper einwirkt, dann könnte man eigentlich erwarten, dass sich dies in empirischen Untersuchungen zur Funktionsweise des Gehirns nachweisen lässt. Derartige Untersuchungen haben bisher jedoch nirgends einen Anhaltspunkt für das Wirken geistiger Ursachen gefunden. Empirisch konnte keine kausale Wechselwirkung zwischen geistigen und körperlichen Vorgängen nachgewiesen werden. Aus der angenommenen grundsätzlichen Verschiedenheit von Körper und Geist und vor allem aus der Nichträumlichkeit des Geistes ergibt sich für die Möglichkeit der kausalen Wechselwirkung eine Reihe von Fragen. Wie kann ein körperloses Bewusstsein Ursache von etwas Körperlichem sein? Warum benötigt der Geist, um kausal wirksam werden zu können, ein äußerst komplexes und funktionstüchtiges Gehirn? Wie sieht der Mechanismus aus, auf dem die kausale Beziehung zwischen Geist und Körper beruht (vgl. Beckermann 1999, 49–56)? Der britische Philosoph Colin McGinn meint, wir sollten die mentale Kausalität nicht von der physikalischen Kausalität trennen, wie es der Dualismus zu tun versucht. Das tiefere Problem des Dualismus besteht darin, dass er die mentale Kausalität nicht nachweisen kann (vgl. McGinn 2001, 110–112).

Psychophysischer Parallelismus

Der psychophysische Parallelismus geht davon aus, dass es zwischen Körper und Geist keine kausale Wechselwirkung gibt. Kausale Beziehungen gibt es nur innerhalb des geistigen und innerhalb des körperlichen Bereichs, jedoch nicht zwischen beiden Bereichen. Geistige und körperliche Zustände laufen streng parallel, jedoch kausal unabhängig voneinander ab. Wenn wir zum Beispiel Hunger haben und etwas essen möchten, dann werden parallel dazu bestimmte Gruppen von Nervenzellen in unserem Gehirn aktiv, die bewirken, dass wir uns etwas zu essen besorgen. Nicht das Erleben des Hungers ist die Ursache dafür, dass wir uns etwas zu essen holen, sondern die Aktivität bestimmter neuronaler Netzwerke.

Der deutsche Philosoph Gottfried Wilhelm Leibniz prägte für den Parallelismus das Bild zweier synchron laufender, miteinander jedoch nicht verbundener Uhren, die den Anschein erwecken, sie wären kausal verbunden (vgl. Carrier & Mittelstraß 1989, 20–27). Auf ähnliche Weise postuliert der Philosoph Baruch de Spinoza in seiner Lehre über die Affekte, dass seelische und körperliche Zustände einander genau entsprechen, obwohl zwischen beiden keine kausale Beziehung besteht.

„Übrigens habe ich die äußeren Affektionen des Körpers, die man bei den Affekten beobachtet, wie das Zittern, das Erblassen, das Schluchzen, das Lachen usw. beiseite gelassen, weil sie sich bloß auf den Körper beziehen und keine Beziehung auf die Seele haben." (Spinoza 1976, 167) Emotionen (Affekte) beziehen sich Spinoza zufolge immer auf Körper *und* Geist. Sie lassen sich sowohl als geistige als auch als körperliche Phänomene beschreiben. Eine wechselseitige kausale Einwirkung der geistigen und der körperlichen Seite der Emotion schließt Spinoza aus. Den synchronen Ablauf der seelischen und der körperlichen Phänomene führt er darauf zurück, dass ihnen eine gemeinsame Wirklichkeit zugrunde liegt, die selbst weder psychischer noch physischer Natur ist.

Dem Parallelismus zufolge bestimmen die Gesetze des Psychischen die Abfolge seelischer Zustände, die Naturgesetze die Abfolge physikalischer Zustände. Obwohl Seelenleben und Körperwelt zwei eigenständige Bereiche sind und keinerlei Wirkung aufeinander ausüben, herrscht zwischen ihnen strenge Korrespondenz. Detlef Linke und Martin Kurthen vertreten eine moderne Version des Parallelismus. Sie betonen, dass wir empirisch nur eine gesetzmäßige Korrelation zwischen körperlichen und geistigen Ereignissen feststellen können, aber keine kausale Wechselwirkung. Der interaktionistische Dualismus sollte deshalb in den Neurowissenschaften aufgegeben werden. Gerade die Nichterklärbarkeit kausaler psychophysischer Wechselwirkung habe dem Materialismus in der Philosophie des Geistes und später auch in den Neurowissenschaften zu neuem Ansehen verholfen. Beide Autoren pochen auf eine saubere Trennung der Beschreibungsebenen und auf eine klare Unterscheidung zwischen Korrelation und Kausalität. So seien beispielsweise die seelischen Wirkungen von „Psychopharmaka" kein Beweis für den Interaktionismus. Psychopharmaka wirken auf das Gehirn, das Gehirn wirkt aber nicht auf die Seele. Die einzige Rechtfertigung des Ausdrucks „Psychopharmaka" besteht darin, dass dem Gehirnzustand ein seelischer Zustand zugeordnet ist. Der psychophysische Parallelismus entspricht auch dem derzeitigen Stand der empirischen Forschung und ist die zeitgemäßere, weil bescheidenere vorläufige Arbeitshypothese für die Hirnforschung. Es gibt nämlich keine empirischen Beweise für eine kausale Wechselwirkung zwischen neuronalen und irreduzibel mentalen Prozessen (vgl. Linke & Kurthen 1988).

Die Frage, wer oder was die perfekte Parallelität von Körper und Geist gewährleistet, wird den Vertretern des Parallelismus seit jeher gestellt. Wenn Parallelität nicht als unerklärbares Geheimnis stehen bleiben soll, dann muss man Gott, oder wie Spinoza, eine neutrale Substanz zu Hilfe nehmen, um den synchronen Ablauf neuronaler und mentaler Vorgänge zu begründen. Der Parallelismus geht ja davon aus, dass der Bereich des Seelischen und der Bereich des Körperlichen kausal geschlossen sind. Der Philosoph Peter Bieri gibt dagegen zu bedenken, dass unser Erleben kein geschlossenes System ist und wir nicht alle unsere Erlebnisse dadurch erklären können, dass wir sie auf andere mentale Phänomene zurückführen. „Ich kann meine Gedanken an den Arzt und meine Absicht, ihn aufzusuchen, durch meinen Schmerz erklären. Der Schmerz seinerseits aber lässt sich nicht mehr vollständig durch andere mentale Phänomene erklären. Die Erklärung muss auf Phänomene in meinem Körper zurückgreifen. Zu vieles, was nicht selber mental ist, affiziert das Mentale.“ (Bieri 1993, 7)

Epiphänomenalismus

Erleben und Bewusstsein werden irgendwie durch Gehirnprozesse hervorgebracht, haben selbst aber keinen Einfluss auf das Gehirn und den Körper. Sie sind bloß eine Begleiterscheinung, ein Epiphänomen, der Gehirnmechanik, vergleichbar dem Schatten eines galoppierenden Pferdes, der auf die Geschwindigkeit des Pferdes auch keinerlei Einfluss hat. Erleben und Bewusstsein können folglich nicht Ursache des Verhaltens und Handelns sein. Thomas Henry Huxley, ein britischer Biologe und Philosoph, ist der bekannteste Vertreter des klassischen Epiphänomenalismus. Er betrachtet das Bewusstsein als Produkt biochemischer Prozesse im Gehirn. Jede Veränderung im Bewusstsein des Menschen wird durch Veränderungen in seiner Gehirntätigkeit hervorgebracht. Huxley zweifelt nicht daran, dass bewusste Erlebnisse durch Aktivitäten in bestimmten Hirnregionen verursacht werden. Veränderungen im Gehirn verursachen bewusste Erlebnisse, diese können ihrerseits jedoch niemals körperliche Veränderungen bewirken. Es gibt kein Bewusstsein ohne materielle Ursachen, wohl aber Körperbewegungen ohne mentale Ursachen. Unser Erleben, Verhalten und Handeln wird vollständig von physikalischen Mechanismen bestimmt (vgl. Huxley 1874).

Unserem Alltagsverständnis erscheint diese Ansicht paradox. Absichten, Pläne und Wünsche hätten weder einen Einfluss auf unser Handeln noch auf den Verlauf unseres Lebens. Wir glauben, dass wir unseren Körper steuern und kontrollieren können. Unsere willkürlichen Bewegungen und absichtlichen Handlungen scheinen dies zu beweisen. Immer, wenn wir einen Arm bewegen wollen, gehorcht und bewegt sich dieser. Ein Epiphänomenalist sieht das anders: Nicht wir bewegen den Arm, sondern Nervenzellen in den motorischen Rindenfeldern unseres Gehirns bewirken dies. Vorgänge im Gehirn verursachen die Armbewegung und erzeugen zugleich das Gefühl, dass wir den Arm bewegen wollen. Dieses „Wollen" ist jedoch lediglich eine Begleiterscheinung neuronaler Aktivität. Unsere Absicht, den Arm zu bewegen, ändert nichts an der Körperbewegung. Der Arm bewegt sich „von selbst", wir aber glauben fälschlicherweise, wir hätten ihn durch unsere Absicht bewegt (vgl. Zoglauer 1998, 76–87).

Dem Epiphänomenalismus zufolge leben wir unser Leben wie in einem Film, auf dessen Handlung wir keinen Einfluss haben. Wir sind wie Passagiere in einem Flugzeug, das auf Automatik geschaltet ist und dessen Flugbahn wir nicht bestimmen. Wenn der Epiphänomenalismus wahr ist, dann hätte die Evolution im

Laufe von Jahrmillionen als höchste ihrer Errungenschaften die völlig überflüssige und einflusslose Fähigkeit zu fühlen, zu denken und zu wollen hervorgebracht. Wenn Fühlen, Denken und Wollen keinen kausalen Einfluss auf unser Verhalten und Handeln haben, dann sind sie für unser Überleben auch nicht notwendig.

Der Philosoph Hans Jonas weist dem Epiphänomenalismus einen Selbstwiderspruch nach. Wenn unser Bewusstsein nur ein Nebenprodukt der Hirnmaschinerie ist, das selbst keinen Einfluss auf das Gehirn und den Körper hat, dann ist auch unser Denken und Überlegen ohnmächtig. Alles vernünftige Argumentieren und logische Schließen entlarven sich dann als Schein. Welchen Sinn hätte da noch jeglicher Versuch, andere Menschen mithilfe von Argumenten überzeugen zu wollen oder sie zum Epiphänomenalismus bekehren zu wollen? (vgl. Jonas 1987).

Materialistische Deutungen des Leib-Seele-Problems

Der Materialismus behauptet, dass alles, was existiert, physikalischer Natur ist. Es gibt keine nicht-physikalischen Tatsachen. Deshalb ist auch die Bezeichnung *Physikalismus* für diese Deutung des Leib-Seele-Verhältnisses gebräuchlich. Auf der untersten Ebene gibt es Elementarteilchen und ihre Wechselwirkungen. Alle anderen Dinge wie Atome, Moleküle, unbelebte Körper, Pflanzen, lebende Organismen, Tiere und Menschen bestehen aus diesen Elementarteilchen und deren komplexen Wechselwirkungen. Der sogenannte reduktive Physikalismus reduziert geistige Phänomene auf physikalische Eigenschaften des Gehirns. Am Geist ist nicht mehr dran, als das Gehirn zu bieten hat. Unser bewusstes Erleben ist mit bestimmten Hirnprozessen identisch. Ein Gefühl der Freude ist nichts anderes als das synchrone Feuern von Neuronengruppen, und das ist ein physikalischer Prozess. Ein Materialist würde zugeben, dass Freude nicht so aussieht, wenn man sie introspektiv betrachtet, doch ist die Introspektion für ihn voller Irrtümer und Illusionen. Sie enthüllt nicht die wahre Natur des Bewusstseins. Die wahre Natur der Freude bleibt unserem unmittelbaren Erleben verborgen. Sie lässt sich nur durch die Wissenschaft erfassen, die untersucht, was in unserem Gehirn vor sich geht, wenn wir uns freuen. Die Art und Weise, wie wir im Alltag über unser Erleben sprechen, liegt allein daran, dass wir nicht genug über das Gehirn wissen (vgl. McGinn 2001, 30–32). Angesichts der beachtlichen Fortschritte in der Hirnforschung glaubt man, das Bewusstsein in Zukunft naturwissenschaftlich erklären zu können. Wenn wir genau wüssten, wie das Gehirn Informationen verarbeitet, dann hätten wir das Rätsel des Bewusstseins gelöst. Die Konsequenzen einer erfolgreichen Reduktion des bewussten Erlebens auf Gehirnprozesse wären beachtlich. Die Psychologie, die Philosophie und die Theologie könnten durch die Neurowissenschaften ersetzt werden.

Es gibt zwei Hauptvarianten des Materialismus: die materialistische Identitätstheorie und den eliminativen Materialismus. Der Identitätstheorie zufolge sind mentale Phänomene wie Empfinden, Fühlen, Wissen, Denken, Wollen und Erinnern mit Gehirnzuständen identisch. Der eliminative Materialismus eliminiert alle mentalen Zustände zugunsten des Materiellen, weil es in der Wirklichkeit nichts gibt, was ihnen entspricht.

Identitätstheorie

Der Identitätstheorie zufolge sind mentale Zustände mit physikalischen Zuständen des Gehirns identisch. Daraus folgt, dass Beschreibungen des bewussten Erlebens und Beschreibungen der damit einhergehenden Hirnereignisse sich in Wirklichkeit auf denselben Gegenstand beziehen. Das bewusste Erleben lässt sich einerseits mit Begriffen der Alltagspsychologie und andererseits mit Begriffen der Neurobiologie beschreiben. Dass beide Beschreibungen sich auf ein und dasselbe Phänomen beziehen, wäre durch die zukünftige Hirnforschung zu entdecken. Sie müsste zeigen, dass sich psychologische und neurobiologische Aussagen auf dasselbe Etwas beziehen, das aber letztlich physikalisch ist. Ein viel zitiertes Beispiel in diesem Zusammenhang ist Gottlob Freges Unterscheidung zwischen Sinn und Bezug bzw. zwischen Intension und Extension (vgl. Frege 1892). Die Ausdrücke „Morgenstern" und „Abendstern" haben zwar einen verschiedenen Sinn, aber denselben Bezug. Die Astronomie fand heraus, dass der Morgenstern und der Abendstern mit dem Planeten Venus identisch sind. Ein anderes Beispiel für die Unterscheidung von Sinn und Bezug ist die Aussage: Der Mensch ist sowohl ein vernünftiges Tier als auch ein ungefiederter Zweibeiner. Obwohl beide Beschreibungen dem Sinn nach verschieden sind, beziehen sie sich doch auf dieselbe Klasse von Lebewesen. Das gleiche Verhältnis soll zwischen psychologischen und neurobiologischen Beschreibungen von Bewusstseinszuständen bestehen. Der Dualismus von Bewusstsein und Gehirn ist so zu sehen wie der Dualismus von Morgenstern und Abendstern, von Blitzen und elektrischen Entladungen, von Wasser und H_2O oder von Genen und DNS-Molekülen: als ein Dualismus der Beschreibungen, und nicht als ein Dualismus irreduzibler Phänomene (vgl. Bieri 1993, 38–39).

Eine empirische Entdeckung beruht häufig auf der Reduktion von Phänomenen durch Identifikation, wie zum Beispiel die astronomische Entdeckung, dass der Morgenstern und der Abendstern mit dem Planeten Venus identisch sind. So wie die Wissenschaft entdeckte, dass Wasser H_2O ist, dass Blitze elektrische Entladungen sind und Gene DNS-Moleküle, so wird die zukünftige Hirnforschung zeigen, dass Fühlen, Denken, Wissen, Wollen und Erinnern nichts anderes sind als Gehirnprozesse. Diese Beispiele hintergehen jedoch den Unterschied zwischen der Erlebnisperspektive und der Beobachterperspektive. Wasser und H_2O, Gene und DNS-Moleküle, Blitze und elektrische Entladungen sowie Morgenstern und Abendstern sind uns alle in der Perspektive des Beobachters zugänglich. Mentale Zustände sind uns aber unmittelbar und direkt nur in der Erlebnisperspektive gegeben. Aus diesen Beispielen einen Analogieschluss auf das Verhältnis von mentalen Zuständen und Hirnprozessen ziehen zu wollen ist deshalb mehr als fragwürdig.

Die Feststellung, dass mentale Ereignisse und Hirnereignisse gesetzmäßig aufeinander bezogen sind, ist der wichtigste Prüfstein für die Identitätsthese. Die Identifizierung mentaler Zustände mit Hirnzuständen überschreitet aber ein ganz entscheidendes Hindernis. Sie setzt subjektive Erlebnisse, die uns nur in der Erlebnisperspektive gegeben sind, mit objektiv feststellbaren Ereignissen gleich. Dies hätte zur Folge, dass private Zustände nicht mehr länger nur privat, sondern einer intersubjektiven Beschreibung zugänglich wären (vgl. Zoglauer 1998, 98).

Wie können Freude, Trauer, Ärger, Erinnerungen, Absichten und Entschlüsse mit Gehirnprozessen identisch sein? Es gibt beachtliche Unterschiede zwischen der subjektiven Erlebnisqualität dieser Phänomene und den mit ihnen einhergehenden Gehirnzuständen. Der Sprung von der subjektiven Erlebnisperspektive zur objektiven Beschreibung auf der Ebene der Hirnprozesse führt von den mentalen Phänomenen, so wie wir sie erleben, weg. Die objektive Analyse verfehlt den wesentlichsten Aspekt dieser Phänomene. Was bliebe zum Beispiel von Gefühlserlebnissen übrig, wenn wir die subjektive Erlebnisperspektive ignorierten und sie nur als Gehirnprozesse erfassten? Die erlebten Gefühle sind genau so, wie sie sich für uns anfühlen. Eine noch so umfassende Kenntnis der neurobiologischen Grundlage von Ärgererlebnissen würde uns nichts darüber sagen, wie es sich anfühlt, sich zu ärgern (vgl. Bieri 1992). Der amerikanische Philosoph John Searle betont: Erlebnisqualitäten lassen sich nicht dadurch erfassen, dass man sie „naturalisiert", d. h. auf körperliche Phänomene zurückführt. Wenn wir sagen, Schmerz ist in Wirklichkeit nichts anderes als ein Muster feuernder Neuronen, dann lassen wir die wesentlichen Merkmale des Schmerzes unberücksichtigt (vgl. Searle 1994, 117). Es ist völlig unklar, wie die Eigenschaft, Erlebnisqualitäten zu haben, durch physikalische Gehirnprozesse erklärt werden könnte. Neuronenverbände ärgern sich nicht, sie langweilen sich nicht und freuen sich nicht. Limbische Systeme verlieben sich nicht, und Mandelkerne erleben keine Panikattacken. Dies alles erleben und tun Menschen als ganze, natürlich mithilfe ihres Körpers und ihres Gehirns. Die Behauptung, die Eigenschaft, Erlebnisqualitäten zu haben, käme nur genügend großen Verbänden von Millionen oder Milliarden Neuronen zu, ist keine überzeugende Erklärung (vgl. Zoglauer 1998, 108).

Gegen die materialistische Identitätstheorie werden verschiedene Argumente vorgebracht. Im Folgenden kommen drei dieser Argumente zur Sprache: Das Argument aus dem Leibniz-Gesetz, das Argument des unvollständigen Wissens und das Argument der Erklärungslücke.

Nach dem Leibniz-Gesetz sind zwei Dinge dann und nur dann identisch, wenn sie dieselben Eigenschaften besitzen. Sobald zwei Dinge sich in mindestens einer Eigenschaft unterscheiden, können sie nicht identisch sein. Wenn das Mentale mit dem Gehirn identisch ist, dann hat das Mentale jede Eigenschaft, die das Gehirn hat, und das Gehirn hat jede Eigenschaft, die das Mentale hat. Daraus ergeben sich erhebliche Probleme für die Identitätstheorie. Wenn gezeigt werden kann, dass das Mentale und das Physische jeweils verschiedene Eigenschaften besitzen, dann wäre ihre Nichtidentität bereits bewiesen. Unser bewusstes Erleben und unser Gehirn unterscheiden sich in mehreren Eigenschaften. Das Erleben ist subjektiv und privat, es ist an die Erlebnisperspektive gebunden und es ist unräumlich. Diese Eigenschaften kommen dem Gehirn nicht zu, folglich können beide nicht identisch sein.

Das Argument des unvollständigen Wissens geht auf den australischen Philosophen Frank Jackson zurück. Anhand eines Gedankenexperimentes über Mary und ihre schwarz-weiße Welt will er zeigen, dass geistige Eigenschaften nicht auf physikalische

Eigenschaften reduzierbar sind (vgl. Jackson 1986). Mary lebt in einer Umgebung, in der alles schwarz, weiß oder grau ist. Sie wurde in einem schwarz-weißen Raum geboren und wuchs dort auf. Sie hat nie eine andere Farbe gesehen. Mary ist eine überaus begabte Naturwissenschaftlerin. Über einen Schwarz-Weiß-Bildschirm in ihrem Zimmer studiert sie alles, was die Neurowissenschaften über das menschliche Gehirn entdeckt haben. Mary entwickelt sich zur weltweit führenden Expertin auf dem Gebiet der menschlichen Farbwahrnehmung. Sie erwirbt vollständige naturwissenschaftliche Kenntnisse darüber, was in unserem Gehirn abläuft, wenn wir das Blau des Himmels oder das Rot reifer Tomaten sehen und dabei Ausdrücke wie „blau" und „rot" verwenden. Es gibt keinen physikalischen Aspekt der Farbwahrnehmung, über den sie nicht Bescheid weiß. Ihr sind alle Gehirnprozesse, die mit Farberlebnissen einhergehen, vertraut. Nun, eines Tages öffnet sich die Tür zum schwarz-weißen Zimmer, und Mary geht hinaus in die bunte Welt der Farben. Zum ersten Mal in ihrem Leben sieht sie das Blau eines wolkenlosen Himmels und das Rot reifer Tomaten. Mary erlebt in diesem Augenblick etwas, was sie bisher nicht erlebt hat: wie es ist, Farben zu sehen. Sie lernt eine neue Art des Erlebens kennen. Obwohl sie alle wissenschaftlichen Fakten über die menschliche Farbwahrnehmung kannte, wusste sie bisher nicht, wie es ist, ein Farberlebnis zu haben. Wenn das stimmt, dann wusste Mary, als sie noch in ihrer schwarz-weißen Welt lebte, nicht alles über Farbwahrnehmung, obwohl ihr sämtliche Fakten, welche die Neurowissenschaften darüber entdecken können, vertraut waren. Folglich gibt es über Farbwahrnehmung mehr zu wissen, als die Neurowissenschaften dazu beitragen können. Das Wissen über die Beschaffenheit des menschlichen Gehirns summiert sich nicht automatisch zum Wissen über das menschliche Bewusstsein. Trotz ihres vollständigen Wissens über die objektiven Fakten der menschlichen Farbwahrnehmung wusste Mary in ihrer schwarz-weißen Welt nicht, wie es sich anfühlt, ein Farberlebnis zu haben. Ihr fehlte etwas, und dieses Etwas war nichts anderes als ein Stück Bewusstsein, eine Art des Erlebens. Das Erleben ist aber das Wesentliche am Bewusstsein. Jackson folgert: „Da sie über alle physikalischen Informationen verfügte, muss es folglich mehr zu wissen geben als das, und der Physikalismus ist falsch." (Jackson 2001, 128) „Physikalische Informationen" nennt Jackson jene Informationen, die uns die Physik, die Chemie und die Biologie zur Verfügung stellen können. Mit seinem Argument des unvollständigen Wissens will er zeigen, dass es Tatsachen gibt, welche die Neurowissenschaften prinzipiell nicht entdecken können, und zwar Tatsachen, die nicht einmal im weitesten Sinne physikalisch sind. Ich mag alles wissen, was es aus der Sicht der Neurowissenschaften über das menschliche Gehirn zu wissen gibt, dennoch werde ich weder etwas über die Schmerzhaftigkeit eines Schmerzes, das Jucken eines Juckreizes oder den Stich der Eifersucht wissen noch werde ich wissen, wie es ist, eine Zitrone zu schmecken, eine Rose zu riechen, einen lauten Knall zu hören oder den Himmel zu sehen (vgl. Jackson 2001, 124). Wenn es aber nichtphysikalische Tatsachen gibt, dann muss der Physikalismus falsch sein.

Der amerikanische Philosoph Joseph Levine führte den Begriff „Erklärungslücke" in die Gehirn-Geist-Debatte ein. Neurowissenschaftler sagen uns seit Langem, dass es einen engen Zusammenhang zwischen Bewusstsein und Gehirnprozessen gibt, aber wir haben nicht die leiseste Ahnung davon, welcher Art dieser Zusammenhang ist. Zwischen dem bewussten Erleben und den vermuteten Hirnereignissen, die mit ihm einhergehen, klafft eine Erklärungslücke. Es bleibt rätselhaft, wie ein Nervensystem zu einer Erlebnisperspektive kommt. Wir wissen nicht, wie die subjektiven Erlebnisse, die uns nur in der Ersten-Person-Perspektive gegeben sind, aus objektiv beschreibbaren Hirnprozessen hervorgehen. „Wir wissen nicht, warum es sich aus der Innenperspektive ausgerechnet so anfühlen sollte, sich in einem bestimmten neuronalen Zustand zu befinden; wir wissen noch nicht einmal, warum es sich *überhaupt irgendwie* anfühlen sollte." (Walter 2001, 66) Levine zufolge müsste eine adäquate physikalistische Theorie des Geistes nicht nur physikalische Beschreibungen mentaler Zustände und Eigenschaften liefern, sie sollte diese Zustände und Eigenschaften auch *erklären*. Sie sollte erklären, warum wir, wenn wir uns in einem bestimmten Hirnzustand befinden, gerade das erleben, was wir erleben. Sie müsste zeigen, warum Grünsehen, sich freuen oder einen süßen Geschmack empfinden sich für uns so anfühlt, wie es sich anfühlt. Durch die Erklärung sollten wir erkennen können, dass die Dinge genauso sein müssen, wie sie uns erscheinen. Die materialistische Identitätstheorie erklärt unser bewusstes Erleben nicht. Zwischen unserer körperlichen Beschaffenheit und unserem bewussten Erleben klafft eine große Erklärungslücke, und diese offenbart eine tiefgehende Unzulänglichkeit aller physikalistischen Theorien des Geistes (vgl. Levine 2001, 79).

Bewusstseinszustände lassen sich nicht dadurch erklären, dass man sie auf Gehirnprozesse reduziert. Für Levine gibt es einen entscheidenden Unterschied zwischen wissenschaftlich anerkannten theoretischen Identitätsaussagen wie „Wasser ist identisch mit H_2O" und umstrittenen Identitätsaussagen wie „Schmerz ist identisch mit einem spezifischen Muster neuronaler Aktivität". Im Falle des Wassers vermittelt uns die Identifizierung mit H_2O ein tieferes Verständnis seiner Natur. Die Tatsache, dass Wasser bei Zimmertemperatur flüssig ist, bei null Grad Celsius gefriert und bei hundert Grad Celsius kocht, führen wir auf seine H_2O-Struktur zurück. Bewusstseinszustände werden jedoch dadurch nicht erklärt, dass man sie mit Hirnzuständen gleichsetzt. Es bleibt eine Erklärungslücke. Man versteht überhaupt nicht, wie zum Beispiel ein bewusstes Schmerzerlebnis mit einem Hirnzustand identisch sein soll, der kein qualitativer bewusster Zustand ist. Wir können uns immer ein Wesen vorstellen, das sich in genau dem gleichen neuronalen Zustand befindet wie wir, wenn wir Schmerzen haben, und das trotzdem keinerlei Schmerzen empfindet. Eine genaue Kenntnis der neuronalen Prozesse, die dem Schmerzerleben zugrunde liegen, erklärt uns zwar den Mechanismus, auf dem die kausale Rolle des Schmerzes beruht, aber sie erklärt uns nicht, warum Schmerzen sich so anfühlen, wie sie sich anfühlen. Unser Begriff von Schmerzen umfasst nämlich mehr als die kausale Rolle des Schmerzes, er umfasst auch den Erlebnisgehalt, d.h. wie es sich anfühlt, Schmerzen zu haben. Die Neurobiologie kann nicht verständlich machen, warum bestimmte Hirnzustände mit spezifischen Erlebnisqualitäten verbunden sind oder warum Erlebnisqualitäten überhaupt mit diesen Zuständen einhergehen. Deshalb, so Levine, lassen Erklärungen mithilfe psychophysischer Identitätsaussagen notwendigerweise etwas aus. Er betont, dass die Unterscheidung zwischen der Art und Weise, wie etwas erscheint, und dem, wie etwas wirklich ist, die sich im Fall von Wasser und H_2O als so nützlich erwiesen hat, bei Erlebnisqualitäten nicht greift. Erlebnisqualitäten sind genau so, wie sie sich anfühlen. Das bewusste Erleben ist dadurch noch nicht befriedigend wissenschaftlich erklärt, dass uns Neurowissenschaftler zeigen, dass wir immer dann bei Bewusstsein sind, wenn unser Gehirn sich in einem bestimmten Zustand befindet. Sie müssten uns verständlich machen, warum bestimmte neuronale Aktivitätsmuster mit Erlebnisqualitäten verbunden sind.

Francis Crick und andere Identitätstheoretiker glauben, das menschliche Bewusstsein lasse sich mithilfe neurobiologischer Befunde prinzipiell erklären. Unter „erklären" verstehen sie die vollständige Zurückführung mentaler Phänomene auf neuronale Vorgänge. Dadurch werden Begriffe wie Subjekt, Geist und Selbst als Illusionen entlarvt (vgl. Schockenhoff 2000, 241). Eine wissenschaftliche Theorie, die mentale Phänomene durch Gehirnzustände erklären möchte, ist aber selbst ein mentales Phänomen, denn wissenschaftliches Erklären spielt sich im Bewusstsein ab. Diese Theorie setzt das zu Erklärende, das menschliche Bewusstsein, im Vollzug der Formulierung einer reduktionistischen Theorie bereits voraus. Das Bewusstsein ist der Ausgangspunkt, und nicht das Ergebnis des Erklärens. Es kann deshalb auch nicht „wegerklärt" oder auf noch ursprünglichere Phänomene zurückgeführt werden. Eine wissenschaftliche Theorie, die das versucht, zerstört ihre eigenen Voraussetzungen. Sie endet in einem Selbstwiderspruch, weil sie ihre notwendigen Entstehungsbedingungen nicht mitreflektiert, sondern nachträglich wieder aufhebt. Eine wissenschaftliche Erklärung lässt sich nicht mehr durch Argumente begründen, wenn man Argumenten und Gründen durch eben diese Theorie jede kausale Wirksamkeit abspricht (vgl. Schockenhoff 2000, 256 f.).

Ist die materialistische Identitätstheorie eine empirisch überprüfbare wissenschaftliche Hypothese? Der Aufweis eindeutiger Korrelationen zwischen mentalen Zuständen und neuronalen Zuständen ist der Ausgangspunkt für die empirische Bestätigung der Identitätshypothese. Der Schritt von der Korrelation zur Identität, so argumentieren Identitätstheoretiker, sei dann naheliegend. Der bloße Aufweis strikter psychophysischer Korrelationen berechtigt jedoch keineswegs zu einer Identifikation. Von einer Korrelation kann man nicht ohne Weiteres auf Identität schließen, ja nicht einmal auf einen kausalen Zusammenhang. Eine erfolgreiche Reduktion der Psychologie auf die Neurobiologie wäre der einzig legitime Weg zur empirischen Bestätigung der Identitätstheorie. Sieht man sich die wenigen interdisziplinären Forschungsansätze auf dem Gebiet zwischen Hirnforschung und Psychologie an, dann ergibt sich ein ernüchterndes Fazit: Eine Reduktion der Psychologie auf die Neurobiologie ist nirgends in Sicht (vgl. Carrier & Mittelstraß 1989, 134).

Eliminativer Materialismus

Vertreter des eliminativen Materialismus behaupten, dass dem bewussten Erleben, wie wir es im Alltag kennen und beschreiben, in der Wirklichkeit nichts entspricht. Anders als die Vertreter der Identitätstheorie wollen sie es deshalb auch nicht auf Gehirnprozesse reduzieren, denn ihrer Meinung nach gibt es bewusstes Erleben ebenso wenig wie es Hexen und Dämonen gibt. Ihr Ziel ist es, Mentales zugunsten des Materiellen zu eliminieren, daher der Name „eliminativer Materialismus“. Diese Deutung des Leib-

Seele-Verhältnisses geht auf den amerikanischen Philosophen Richard Rorty und den österreichischen Philosophen Paul Feyerabend zurück. Zurzeit bringen die amerikanischen Philosophen Paul und Patricia Churchland und vor allem Daniel Dennett den eliminativen Materialismus in die Leib-Seele-Debatte ein.

Wie begründen eliminative Materialisten ihre ungewöhnliche Behauptung, bewusstes Erleben gebe es gar nicht? Die Alltagspsychologie spielt in ihrer Argumentation eine entscheidende Rolle. Der Ausdruck „Alltagspsychologie" bezeichnet die Art und Weise, wie wir im Alltag unser Verhalten und Handeln und das unserer Mitmenschen erklären und vorhersagen. In der Regel tun wir das mithilfe von Bedürfnissen, Wünschen, Emotionen, Absichten, Meinungen und Überzeugungen. Für eliminative Materialisten ist unsere dualistisch ausgerichtete Alltagspsychologie jedoch eine völlig falsche und irreführende Theorie. Sie rufen zu einer Art Kreuzzug gegen die Alltagspsychologie auf und möchten an ihrer Stelle einen strengen Physikalismus etablieren (vgl. Beckermann 1999, 233–254; Zoglauer 1998, 119–129).

Richard Rorty behauptet, dass wir uns mit den Begriffen der Alltagspsychologie auf keine wirklich existierenden Phänomene beziehen (vgl. Rorty 1993 a, 1993 b). Die Alltagspsychologie ist eine falsche und überholte Theorie. Sie muss folglich beseitigt und durch eine bessere, eine neurobiologische Theorie ersetzt werden. Früher glaubten die Menschen zum Beispiel, Geisteskrankheiten sind ein Werk des Teufels, eine Machenschaft von Hexen oder Dämonen. Heute stehen uns, dank der Wissenschaft, viel bessere Erklärungen psychischer Störungen zur Verfügung. Dämonen, Teufel und Hexen haben ausgedient. Auf ähnliche Weise, so Rorty, kann die Art, wie wir im Alltag unser Erleben beschreiben und erklären, durch Aussagen über Gehirnprozesse ersetzt werden. Was wir Empfindungen, Gefühle, Gedanken und Willensentschlüsse nennen, sind in Wirklichkeit nichts anderes als Aktivitäten der Gehirnzellen. Aussagen über Gefühle, Wünsche, Absichten und Gedanken sind genauso falsch wie Aussagen längst überholter Theorien. Freude, Angst, Wut, Trauer, Hoffnung, Überzeugungen, Absichten und Wünsche gibt es genau so wenig wie Dämonen, Hexen und Teufel. Ihnen entspricht in der Wirklichkeit nichts. Die Neurowissenschaften können unser Verhalten und Handeln viel besser erklären als unsere Alltagspsychologie. Wie die moderne Wissenschaft den Glauben an Dämonen und Hexen ablöste, so wird die zukünftige Neurowissenschaft die Alltagspsychologie eines Tages ersetzen.

Wir erleben Freude, Angst, Wut und Schmerz mit zweifelsfreier Gewissheit. Diese Erlebnisse sind uns unmittelbar gegeben, und keine wissenschaftliche Erkenntnis kann uns davon überzeugen, dass wir sie nicht haben. Wie können eliminative Materialisten behaupten, dass unseren Erlebnissen in der Wirklichkeit nichts entspricht, dass es sich hier bloß um die Art und Weise handelt, wie uns Gehirnzustände erscheinen, und dass unsere Sicht falsch ist? Einen Menschen, der an einer schweren Depression leidet, wird es vermutlich wenig trösten, wenn man ihn darüber aufklärt, dass seiner gedrückten Stimmung, seiner Antriebslosigkeit und dem Stillstand seines Erlebens in der Wirklichkeit nichts entspricht. Wenn die eliminativen Materialisten recht hätten, dann träfe dies gleichermaßen auf Liebeskummer, Eifersucht und Schmerz zu. Sollten wir Menschen uns über das eigene bewusste Erleben derart täuschen, dann wäre das mit Sicherheit der größte Irrtum, den wir je begangen hätten.

Rorty bemüht sich, die „intuitive Unplausibilität" des eliminativen Materialismus zu erklären. Er führt diese jedoch nicht auf die Merkmale des Mentalen wie Subjektivität, Privatheit und Unräumlichkeit zurück, sondern allein auf die Tatsache, dass die Beseitigung von Ausdrücken wie „Empfindung" aus unserer Sprache höchst *unpraktisch* wäre (vgl. Rorty 1993 a, 99). Die Merkmale des Mentalen sind für ihn empirisch korrigierbare Alltagsüberzeugungen. Unser alter mentalistischer Sprachgebrauch hält sich nur deshalb so hartnäckig, weil er der bequemere ist. Obwohl wir wissen, dass Tische und Stühle in Wirklichkeit nichts anderes sind als „Wolken von Molekülen", wird niemand daran denken, die Tisch-Terminologie durch die Molekül-Terminologie zu ersetzen. Prinzipiell ist es aber möglich, die Worte „Tisch" und „Stuhl" aus unserem Wortschatz zu streichen, nur wäre es ungeheuer unbequem (vgl. Rorty 1993 a, 101). Rorty meint, dem Materialisten müsse es genügen, zu zeigen, dass ein Wechsel vom „mentalen" zum „neurobiologischen" Sprachgebrauch prinzipiell möglich sei. „Würden die Menschen feststellen, dass sie Verhalten durch Bezugnahme auf Gehirnzustände mindestens ebenso gut erklären können wie durch Bezugnahme auf Meinungen, Wünsche, Gedanken und Empfindungen, dann könnte es sein, dass sie einfach aufhörten, von Letzteren zu reden." (Rorty 1993 b, 256) In seiner späteren Wende zum Pragmatismus meint Rorty, die Psychologie behaupte sich nur deshalb so hartnäckig gegenüber der Neurobiologie, weil die neurobiologischen Zusammenhänge offenbar sehr kompliziert und schwer verständlich sind, sodass weiterhin ein Bedürfnis nach einem praktikablen mentalistischen Diskurs besteht. Wäre der Körper leichter zu verstehen, wäre niemand auf den Gedanken gekommen, dass wir mentale Zustände haben. Der mentalistische und der neurobiologische Diskurs seien zwei Weisen, von derselben Sache zu sprechen, wobei die Frage: von welcher Sache?, nach Rorty keine Antwort verdient.

Wie kann jemand behaupten, es gäbe weder Meinungen noch Überzeugungen, wenn er selber davon *überzeugt* ist, dass der eliminative Materialismus wahr ist? Wer so argumentiert, verhält sich wie ein Skeptiker, der behauptet, die Aussage „Es gibt keine Wahrheit" sei wahr. Vertreter des eliminativen Materialismus benötigen alltagspsychologische Begriffe, um ihre Position überhaupt ausdrücken zu können (vgl. Brüntrup 2008, 131). Wäre der eliminative Materialismus wahr, dann gäbe es zum Beispiel keine Interessen, Überzeugungen und Absichten. Es gäbe keinen Unterschied zwischen absichtlichen und unabsichtlichen Taten, keine Lüge und keine Wahrheit. Jede moralische oder juristische Beurteilung einer Tat, bei der es nicht nur auf die Tat, sondern auch auf die Absichten und Motive des Täters ankommt, wäre hinfällig (vgl. Beckermann 1999, 242–243). Wenn alles, was wir sagen und schreiben, keine Bedeutung hat, dann hat auch der eliminative Materialismus keine Bedeutung. Warum äußert der Eliminativist eigentlich seine Behauptungen, wenn er sie nicht glaubt? Was will er mit seinen Äußerungen erreichen? Es kann ja nicht sein „Ziel“ sein, jemanden davon überzeugen zu wollen, dass er recht hat (vgl. Beckermann 1999, 252). Der eliminative Materialist leugnet, dass es Meinungen, Überzeugungen und andere mentale Phänomene gibt. Trotzdem meint oder ist er davon überzeugt, dass es keine Meinungen gibt. Das ist ein Widerspruch in sich. Patricia Churchland behauptet, dieser Widerspruch komme nur deshalb zustande, weil sich auch der eliminative Materialist notgedrungen im Rahmen der Alltagspsychologie bewegen und deren Sprache verwenden müsse. Wenn die Alltagspsychologie eines Tages durch eine bessere neurobiologische Theorie ersetzt sein werde, lasse sich auch dieser Widerspruch vermeiden. Weil man sich unter diesem Versprechen so recht nichts vorstellen kann, wird der eliminative Materialismus auch „versprechender Materialismus“ genannt oder als „Vertröstungsstrategie“ kritisiert (vgl. Brüntrup 2008, 132; Zoglauer 1998, 127).

Der Philosoph Daniel Dennett vertritt die Position des eliminativen Materialismus in Bezug auf Erlebnisqualitäten (Qualia). Der Ausdruck „Qualia“ oder „Erlebnisqualitäten“ bezeichnet qualitative Bewusstseinszustände wie Gefühle (Freude, Trauer, Wut, Ärger, Scham, Ekel), Körperempfindungen (Schmerzen, Hunger, Durst, Wärme, Kälte) und Sinnesqualitäten (Farben, Töne, Gerüche). Es fühlt sich auf eine ganz bestimmte Art und Weise an, sie zu haben. Dennett behauptet jedoch, dass es Erlebnisqualitäten schlicht und einfach nicht gibt, auch wenn es sie zu geben scheint. An Erlebnisqualitäten festzuhalten sei wie „Wasser in einem Sieb tragen“ (Dennett 2001, 253). Für viele scheinen Erlebnisqualitäten so etwas wie die letzte Bastion der „Innerlichkeit“ und „Unerreichbarkeit“ unseres Geistes zu sein. Sie möchten dieses Heiligtum vor der Eroberung durch die Wissenschaft schützen. Selbst Albert Einstein meinte, die Wissenschaft könne uns keine Auskunft darüber geben, wie Suppe schmeckt. Dennett nennt es ein frustrierendes Unterfangen, die Vorstellung von Erlebnisqualitäten eliminieren zu wollen, „denn kaum zieht sich die von mir attackierte Vorstellung angesichts eines Arguments zurück, taucht sie, scheinbar unbeeindruckt von allen Anklagepunkten, in anderer Gestalt wieder auf" (Dennett 2001, 454). Mit einer Reihe von Intuitionsargumenten versucht er, unsere falschen Vorstellungen von Erlebnisqualitäten zu unterhöhlen und dann völlig wegzuspülen. Das bewusste Erleben besitze keine Eigenschaften mit jenen Besonderheiten, die Qualia angeblich auszeichnen. Nach traditioneller Auffassung sind Qualia die unaussprechlichen, privaten und direkt zugänglichen Arten und Weisen, wie uns die Dinge erscheinen. Dennett empfiehlt allen, die von privaten und subjektiven Eigenschaften oder vom qualitativen Gehalt des Erlebens sprechen, zunächst einmal zu beweisen, dass sie damit keine Fehler begehen. Mit seinen Intuitionsargumenten will er aufzeigen, dass es nichts gibt, was die Beschreibung der Erlebnisqualitäten als unaussprechliche, private und unmittelbar zugängliche Eigenschaften des Erlebens erfüllt. Es gibt keine Qualia, auch wenn es uns so vorkommt, als ob uns die Dinge phänomenal auf die eine oder andere Art und Weise erscheinen. Der philosophische Ausdruck „Qualia" habe außer Unklarheiten nichts gebracht und beziehe sich letztlich auf überhaupt keine Eigenschaften oder Merkmale. Qualia seien wissenschaftlich nicht erkennbar und erfassbar. Selbst wenn es sie tatsächlich geben sollte, dann könnten wir über ihre objektive Beschaffenheit nichts wissen und mithilfe der Wissenschaft nichts über sie herausfinden. Folglich sei es besser, anzunehmen, dass es sie gar nicht gibt.

Dennett befasst sich in seiner Argumentation gegen die Vorstellung von Erlebnisqualitäten ausschließlich mit Sinnesempfindungen, mit Schmecken, Sehen und Hören. Gefühle, den Kern unseres Erlebens, und Stimmungen, den atmosphärischen Hintergrund unseres gesamten Erlebens, erwähnt er mit keinem Wort. Es ist wohl einfacher, Erlebnisqualitäten zu beseitigen, wenn man den Großteil des bewussten Erlebens erst gar nicht berücksichtigt. Für Dennett sind wir alle naive „Qualiarealisten“. In unserer Naivität glauben wir zum Beispiel zwischen Freude, Trauer, Ärger, Wut, Überraschung, Scham, Ekel und Langeweile unterscheiden zu können, weil wir davon überzeugt sind, dass jede einzelne dieser Emotionen sich anders anfühlt. Dennett will uns jedoch darüber aufklären, dass dies alles nur so zu sein scheint. Und daraus, dass etwas der Fall zu sein scheint, folgt nicht, dass es auch der Fall ist. Für Dennett gibt es keine Erlebnisqualitäten, auch wenn es sie für uns zu geben scheint.

Eliminative Materialisten bieten für das Leib-Seele-Problem eine sehr einfache Lösung an: Alles, was von einem objektiv-wissenschaftlichen Standpunkt aus nicht erfasst werden kann, und alles, was das Weltbild des Physikalismus stört, gibt es nicht. Damit lehnen sie auch jeden Begriff von Seele kategorisch ab.

Funktionalistische Deutung

Vertreter des Funktionalismus betrachten das Verhältnis von Leib und Seele, von Körper und Geist, ähnlich dem Verhältnis von Computer und Computerprogramm, von „Hardware“ und „Software“. Allein der enormen, unvorstellbar komplexen und extrem schnellen Rechenleistung unseres Gehirns ist es zu verdanken, dass es so etwas wie Erleben gibt. Denken, Fühlen, Wollen, Erinnern und Planen sind hochkomplexe Formen der Informationsverarbeitung. Funktionalisten deuten mentale Phänomene als abstrakte funktionale Zustände, die materiell auf verschiedene Weise realisiert werden können. Wenn wir zum Beispiel wissen möchten, warum ein Computer uns bestimmte Buchstaben auf dem Bildschirm nicht anzeigt, dann hat es wenig Sinn, den Computer zu zerlegen, um herauszufinden, aus welchen Materialien er zusammengesetzt ist. Hilfreicher ist es, das installierte Textverarbeitungsprogramm genauer unter die Lupe zu nehmen. Gleichermaßen unsinnig ist es, menschliches Erleben, Verhalten und Handeln allein mithilfe von Gehirnprozessen erklären zu wollen. Es gilt vielmehr, etwas über das „Programm", über das „Seelenleben" oder den „Geist" des Menschen herauszufinden. Geistige Erklärungen sind rein materiellen Erklärungen überlegen, beide beziehen sich jedoch auf ein und dieselbe Wirklichkeit.

Dem Funktionalismus gemäß sind mentale Zustände durch ihre *kausale Rolle* bestimmt, die sie in der Organisation von Nervensystemen einnehmen. Ein Beispiel für funktionale Zustände sind Zeitangaben. Diese können mit verschiedenen Geräten, mit Sonnenuhren, Sanduhren, elektrischen Uhren oder Atomuhren, gemacht werden. Genauso wie Computer unterschiedlicher technischer Ausführung in der Lage sind, nach dem gleichen Programm zu arbeiten, können mentale Zustände in verschiedenen Nervensystemen oder im selben Nervensystem zu verschiedenen Zeiten auf unterschiedliche Weise realisiert werden. Es ist möglich, dass nach einer Gehirnverletzung zunächst nicht mehr ausführbare Funktionen von anderen, noch intakten Neuronengruppen übernommen werden.

Der Funktionalismus wurde zur Grundthese der Künstlichen-Intelligenz-Szene. Was will die künstliche Intelligenz? Oft wird behauptet, sie wolle Maschinen konstruieren, die intelligent sind, die wahrnehmen, denken, entscheiden und handeln. Eine viel verwendete Definition formuliert es etwas behutsamer: „Künstliche Intelligenz ist der Zweig der Computerwissenschaften, der sich damit befasst, Computer so zu programmieren, dass sie Aufgaben ausführen können, die, wenn sie von einem Menschen ausgeführt würden, Intelligenz erfordern." (Gevarter 1987, 9) Anders formuliert: Die Künstliche Intelligenz möchte Maschinen konstruieren, die sich so verhalten, dass wir es beim Menschen alltagspsychologisch durch mentale Zustände erklären würden (vgl. Tetens 1994, 106). Wenn eine Maschine das beobachtbare Verhalten eines Menschen kopiert, kopieren dann ihre internen funktionalen Zustände auch das Erleben dieses Menschen? Bisher kennen wir nur Maschinen, die menschliche

Verhaltensweisen durch Mechanismen kopieren, die Erlebniszuständen in keiner Weise ähnlich sind.

Nach der These der *Starken Künstlichen Intelligenz* sind Wesen mit mentalen Zuständen nichts anderes als komplexe Computer. Wenn diese These stimmt, dann gibt es für die Nachbildung und Überbietung des menschlichen Geistes auf Computern keine Grenzen mehr. Ein Computer, der die Rechenleistung eines menschlichen Gehirns erbrächte, hätte die Schallmauer zum bewussten Erleben durchbrochen. Der Neurowissenschaftler Christof Koch formuliert es so: „Wenn jedes Axon, jede Synapse und jede Nervenzelle in meinem Gehirn von Drähten, Transistoren und elektrischen Schaltungen ersetzt würde, die *exakt* dieselbe Funktion erfüllten, bliebe mein Geist derselbe." (Koch 2013, 215) Wesentlich bescheidener klingen die Ambitionen von Vertretern der *Schwachen Künstlichen Intelligenz*. Sie sind der Auffassung, dass Gehirnprozesse und geistige Vorgänge mithilfe von Computern *simuliert* werden können.

Der Funktionalismus reduziert mentale Phänomene auf ihre kausale Rolle, die mechanisch auf verschiedene Weise realisiert werden kann. Durch die These, dass beim Menschen mentale Zustände faktisch durch Gehirnprozesse realisiert werden, wird der Funktionalismus zum funktionalen Materialismus. Es sind die Gehirnzustände, die kausal wirksam sind. Schmerzen haben zum Beispiel charakteristische Ursachen und Wirkungen, ihnen kommt eine bestimmte kausale Rolle zu. Körperverletzungen verursachen Schmerzen, diese führen zu Klagen, Schreien, Erbleichen und zum Verlangen, die Schmerzen zu beseitigen. Schmerzen verursachen ein charakteristisches Schmerzverhalten. Ein Programmierer könnte im Sinne dieser Auffassung einem Industrieroboter ein Schmerzprogramm schreiben. Immer, wenn der Roboter sich während der Arbeit beschädigt, bringt ihn dieses Programm dazu, die Arbeit sofort zu unterbrechen und die beschädigten Teile seines Maschinenkörpers zu reparieren oder auszutauschen. Das Programm registriert zudem alle Schäden und Funktionsstörungen im Maschinenkörper und leitet die notwendigen Reparaturmaßnahmen ein. Es sorgt auch dafür, dass der Roboter allen gefährlichen Situationen in Zukunft aus dem Wege geht, um Schäden an seinem Maschinenkörper zu vermeiden. Dazu speichert das Programm alle Umstände, unter denen sich der Roboter beschädigt. Die kausale Rolle des Schmerzes ließe sich auf diese Weise realisieren, ohne dass der Roboter irgendetwas spürte. Für die Realisierung der kausalen Rolle des Schmerzes ist das Empfinden des Schmerzes völlig unnötig und überflüssig. Das widerspricht jedoch unserem Alltagsverständnis von Schmerz. Schmerzen sind nicht allein durch ein bestimmtes Verhalten charakterisiert. Unser Begriff von Schmerz umfasst vor allem das Schmerzempfinden, die Art, wie es ist, Schmerzen zu erleben.

Wo hinkt der Vergleich, das Verhältnis von Leib und Seele, von Geist und Gehirn, sei wie das Verhältnis von Programm und Computer? Programmierer schreiben Programme, und diese werden in Computern installiert. Im Gehirn hingegen gibt es keine Trennung zwischen Hardware und Software. Das Gehirn muss nicht programmiert werden, es programmiert sich selbst. Teils tut es dies spontan und teils, indem es auf Informationen reagiert, die es aus der Umwelt und aus dem Körper-Inneren erhält. Dabei verändert sich sowohl seine Funktionsweise als auch seine strukturelle Organisation. Rosenzweig und seine Mitarbeiter zeigten das in einem Experiment an Ratten. Je nachdem, ob Ratten in Isolationshaft dahinvegetierten, in einer Paarbeziehung lebten oder in einer größeren sozialen Gruppe mit vielgestaltiger Umgebung aufwuchsen, veränderte sich die Dicke ihrer Hirnrinde und die Vernetzung der Nervenzellen. Bei den Ratten, die in einer größeren Gruppe und in einer Luxusumgebung aufwuchsen, war die Dicke der Hirnrinde stärker und die Vernetzung der Neuronen viel ausgeprägter als bei den Ratten der zwei anderen Gruppen (vgl. Rosenzweig et al. 1972). Das Gehirn verändert und formt sich also in Abhängigkeit von Reifungsprozessen und Umwelteinflüssen. Neurowissenschaftler sprechen von „neuronaler Plastizität". Wie ein Muskel sich durch Training oder fehlende Benutzung vergrößert oder verkleinert, so ändern sich die Neuronen im Ausmaß ihrer Verästelungen. Beispielsweise führt motorisches Training zu einer Vergrößerung der motorischen und somatosensorischen Areale der Großhirnrinde (vgl. Markowitsch & Welzer 2005, 109–113).

Am Funktionalismus wird vor allem kritisiert, dass er den Erlebnisgehalt mentaler Phänomene missachtet. Erlebnisqualitäten lassen sich mit den Begriffen des Funktionalismus nicht angemessen deuten. Wenn wir zum Beispiel den Ausdruck „Freude" verwenden, dann beziehen wir uns nicht auf die kausale Rolle dieser Emotion, sondern auf das erlebte Gefühl der Freude selbst. Gegen die funktionalistische Deutung des bewussten Erlebens richten sich vor allem drei philosophische Argumente: das Argument der fehlenden Qualia, das Argument der vertauschten Qualia und das Argument des chinesischen Zimmers.

Das Argument der fehlenden Qualia

Dem Argument der fehlenden Qualia liegt die Intuition zugrunde, dass Erlebnisqualitäten sich jeder funktionalen Analyse entziehen und durch ihre kausale Rolle nicht befriedigend erklärt werden können. Ausgangspunkt ist die Vorstellung, dass es „philosophische Zombies" geben könnte (vgl. Chalmers 1996 a). Zombies sind Wesen wie wir, sie haben einen Körper und ein Gehirn wie wir. Sie leben in der Zombiewelt, in der alles so ist, wie in unserer Welt, nur gibt es dort kein bewusstes Erleben. Zombies verhalten sich wie wir, sie sprechen wie wir, sie haben Überzeugungen wie wir, doch sie fühlen überhaupt nichts, weil keiner ihrer Gehirnzustände mit einer Erlebnisqualität einhergeht. Es gibt nichts, wie es sich anfühlt, ein Zombie zu sein. Wären wir in der Lage, Zombies als solche zu erkennen? Könnten Zombies selbst herausfinden, dass sie Zombies sind? Reicht es aus, das Verhalten eines Menschen zu beobachten, um zu wissen, ob er überhaupt etwas erlebt und was er konkret erlebt? Ein perfekter

Schauspieler könnte sich so verhalten wie jemand, der starke Schmerzen hat, obwohl ihm gar nichts weh tut.

Woran beurteilen wir im Alltag die Echtheit eines Gefühls bei unseren Mitmenschen? Worauf verlassen wir uns, wenn wir einen Widerspruch feststellen zwischen dem, was uns jemand von seinem Erleben berichtet, und dem, was er nonverbal ausdrückt? Wem glauben wir eher: seinen verbalen Äußerungen oder dem, was er in Mimik, Gestik und Tonfall zum Ausdruck bringt? Im Zweifelsfall verlassen wir uns auf das Ausdrucksverhalten, und das hat seinen guten Grund. Untersuchungen zum Gesichtsausdruck belegen, dass sich spontane und absichtliche Gesichtsausdrücke in ihrem Erscheinungsbild unterscheiden. Ein absichtlicher, willkürlicher Gesichtsausdruck ist stärker auf der linken Gesichtshälfte ausgeprägt, während ein spontaner Gesichtsausdruck auf beiden Gesichtshälften symmetrischer ist (vgl. Ekman 1988, 149–179). Bei willkürlichen und unwillkürlichen Gesichtsbewegungen sind verschiedene Nervenbahnen beteiligt. Menschen, die an einer totalen Lähmung der Gesichtsmuskulatur leiden (Pseudobulbärparalyse), zeigen trotzdem spontane Gesichtsbewegungen, wenn sie ein Gefühl erleben. Bei Parkinsonkranken verhält es sich umgekehrt: Obwohl ihr Gesicht beinahe unbeweglich und maskenhaft erscheint, sind sie in der Lage, auf Anordnung Gesichtsbewegungen auszuführen. Sie können jedoch ihre spontanen Gefühlsregungen nicht ausdrücken, obwohl ihr Gefühlsleben erhalten bleibt. Das Erleben ihrer Gefühle ist gleichsam vom Ausdruck abgekoppelt (vgl. Ploog 1987). Im Alltag machen wir uns ein Bild davon, was unsere Mitmenschen empfinden, fühlen und denken. Wir können uns bis zu einem gewissen Grad in sie einfühlen. Von ihrem Verhalten schließen wir auf ihr Erleben. Die Tatsache, dass unsere Mitmenschen für uns Gefühle haben und dass wir für sie Gefühle haben, spielt im Alltag eine sehr wichtige Rolle. Wir wollen wissen, was sie uns gegenüber empfinden und welche Rolle wir in ihrem Erleben spielen. Könnten wir uns damit abfinden, bezüglich Liebe, Zuneigung, Bewunderung, Neid und Hass bloß von erlebnislosen

Automaten registriert zu werden? Die Vorstellung, von Zombies umgeben zu sein, ist nicht nur gedanklich schwer nachvollziehbar, sie ist auch gefühlsmäßig absurd. Ist es wirklich vorstellbar, dass ein Zombie das spontane Ausdrucksverhalten eines wütenden, eines ängstlichen oder eines glücklichen Menschen zeigt, ohne dabei irgendetwas zu empfinden? Der Zusammenhang zwischen Erleben und Ausdruck ist viel enger, als es die Zombie-Annahme nahelegt.

Das Argument der fehlenden Qualia will zeigen, dass man Erlebnisqualitäten dadurch noch nicht erfasst und erklärt hat, wenn man sie auf ihre kausale Rolle reduziert. Es ist kaum vorstellbar, dass ein Zombie nichts erlebt, obwohl er sich im funktionalen Zustand befindet, der bei Nicht-Zombies mit der Erlebnisqualität Freude einhergeht.

Das Argument der vertauschten Qualia

Der Philosoph Ansgar Beckermann erörtert dieses Argument anhand eines Gedankenexperiments. Frau Martine hat eine angeborene abnorme Farbwahrnehmung. Rote Dinge wie Tomaten, Feuerwehrautos und Mohnblumen lösen bei ihr Empfindungen aus, die mit einem Grün-Eindruck verbunden sind. Diese Empfindungen fühlen sich so an wie die Empfindungen, die bei uns Gurken, Gras und Laubfrösche auslösen. Umgekehrt rufen Gurken, Gras und Laubfrösche bei Martine Empfindungen hervor, die nicht mit einem Grün-Eindruck, sondern mit einem Rot-Eindruck verbunden sind. Da Martines abnorme Farbwahrnehmung angeboren ist, hat sie gelernt, die Empfindungen, die bei ihr durch Tomaten, Feuerwehrautos und Mohnblumen hervorgerufen werden, mit dem *Wort* „rot“, und die Empfindungen, die bei ihr durch Gurken, Gras und Laubfrösche verursacht werden, mit dem *Wort* „grün“ zu verbinden. Auf die Frage: „Welche Farbe haben Tomaten?“ antwortet sie ohne zu zögern mit „Rot“, und auf die Frage: „Wie sehen Laubfrösche aus?“ ebenso problemlos mit „Grün". Offenbar haben bei Martine die Empfindungen, die bei ihr mit einem Grün-Eindruck verbunden sind, dieselbe kausale Rolle wie bei uns Empfindungen, die mit einem Rot-Eindruck verbunden sind, und umgekehrt. Denn sie werden durch dieselben Dinge verursacht (Tomaten, Feuerwehrautos, Mohnblumen), die bei uns Rot-Empfindungen verursachen; und sie verursachen unter anderem dieselben verbalen Reaktionen, die bei uns von Rot-Empfindungen hervorgerufen werden. Also gehören Martines „Grün-Empfindungen" und unsere Rot-Empfindungen, dem Funktionalismus zufolge, zum selben Typ mentaler Zustände. Doch das ist noch nicht alles. Martines Grün-Empfindungen sind dem Funktionalismus zufolge gar keine Grün-Empfindungen, sondern Rot-Empfindungen. Denn für einen Funktionalisten ist die Rot-Empfindung eben der mentale Zustand, der durch Tomaten, Feuerwehrautos und Mohnblumen verursacht wird und der seinerseits zum Beispiel die sprachliche Reaktion „Tomaten sind rot" hervorruft, unabhängig davon, welcher Eindruck mit diesem Zustand verbunden ist. Konsequenterweise ist es für den Funktionalisten letzten Endes belanglos, ob ein mentaler Zustand *überhaupt* mit irgendeinem Eindruck verbunden ist, ob es sich überhaupt „irgendwie anfühlt", in diesem Zustand zu sein. Jeder Zustand, der die richtige kausale Rolle innehat, ist eine Rot- bzw. Grün-Empfindung, unabhängig davon, ob damit überhaupt eine Erlebnisqualität verbunden ist oder nicht. Diese Konsequenz, so die Vertreter des *Argumentes der vertauschten Qualia*, ist aber völlig absurd. Das Entscheidende an jeder Empfindung ist doch, wie sie sich anfühlt. Was einen mentalen Zustand zu einer Rot-Empfindung macht, ist also nicht seine kausale Rolle, sondern die damit verbundene Erlebnisqualität, die Art, wie es sich anfühlt, diesen Zustand zu haben. Martines Grün-Empfindungen sind daher tatsächlich Grün-Empfindungen und nicht Rot-Empfindungen, auch wenn diese Empfindungen bei Martine die kausale Rolle innehaben, die normalerweise Rot-Empfindungen spielen. Kausale Rollen können deshalb nicht das entscheidende Merkmal mentaler Zustände sein. Der

Funktionalismus verfehlt genau das, was wirklich zählt (vgl. Beckermann 1999, 169–172).

Dieses Gedankenexperiment hat seine eigenen Probleme. Erstens ist es keineswegs selbstverständlich, dass zwei mentale Zustände exakt dieselbe kausale Rolle innehaben können, obwohl sie mit verschiedenen Erlebnisqualitäten verbunden sind. Ist es möglich, dass ein Mensch sich genauso verhält wie jemand, der sich in heller Panik befindet, obwohl sein Zustand sich gar nicht wie eine Panikattacke anfühlt, sondern eher wie Langeweile? Die Erlebnisqualität ist in der Regel verhaltensrelevant. Jemand, der starken Hunger hat, verhält sich anders als jemand, der starken Durst hat. Jemand, dem Rosenduft in die Nase steigt, verhält sich anders als jemand, dem der Gestank fauler Eier in die Nase dringt. Unterschiedliche Erlebnisqualitäten besitzen normalerweise auch verschiedene kausale Rollen. In der Diskussion um vertauschte Qualia werden durchwegs Beispiele von Farbeindrücken verwendet. Eine verhaltensirrelevante Vertauschung von Erlebnisqualitäten ist bei Farbeindrucken noch am ehesten vorstellbar. Dabei wird allerdings nicht berücksichtigt, dass auch Farbeindrücke eine emotionale Komponente besitzen, die sich letzten Endes im Verhalten äußert. Die Wahrnehmung der Farbe Rot zum Beispiel wirkt eher stimulierend, während die der Farbe Grün eher beruhigend wirkt. Außerdem gibt es noch ein erkenntnistheoretisches Problem mit dem Argument der vertauschten Qualia. Wie können wir feststellen, ob eine Person eine Grün- und keine Rot-Empfindung hat, wenn sie sich genauso verhält wie jemand, der tatsächlich eine Rot-Empfindung hat? Auch für die betroffene Person selbst scheint es unmöglich, dies festzustellen, denn sie kann ihre Empfindungen nicht mit denen anderer vergleichen.

Das Argument der fehlenden Qualia und das Argument der vertauschten Qualia führten zu einer lebhaften Diskussion über die Merkmale von Erlebnisqualitäten. Physikalisten und Funktionalisten behaupten, dass Bewusstseinszustände „naturalistisch" als materielle oder funktionale Zustände eines physikalischen

Systems erklärt werden können. Gegner des Physikalismus und Funktionalismus bezweifeln, dass Erlebnisqualitäten sich auf physikalische oder funktionale Zustände reduzieren oder durch sie erklären lassen (vgl. Zoglauer 1998, 147).

Das Argument des chinesischen Zimmers

Der amerikanische Philosoph John Searle bekämpft die Auffassung, das Verhältnis von Geist und Gehirn sei analog dem Verhältnis von Computerprogramm und Computermaschine. Computerprogramme sind nur syntaktisch, der Geist aber ist semantisch und besitzt neben einer formalen Struktur auch Inhalte. Der Computer führt seine Operationen aus, ohne sie zu verstehen, da seine Programme gänzlich durch die syntaktische Struktur definiert sind. Er arbeitet mit Zeichen nur unter der Rücksicht der Syntax. Die Zeichen selbst haben für ihn keine Bedeutung. Menschen hingegen verbinden beim Sprechen nicht bloß Worte nach bestimmten Regeln, sondern sprechen *über* etwas, die Worte haben für sie eine Bedeutung. Searle veranschaulicht sein Argument mit dem bekannten Gedankenexperiment des chinesischen Zimmers.

Stellen Sie sich vor, Sie sind in einem Zimmer eingesperrt, in dem mehrere Körbe mit chinesischen Schriftzeichen stehen. Stellen Sie sich zudem vor, dass Sie kein Wort Chinesisch verstehen, dass Ihnen aber ein auf Deutsch verfasstes Regelwerk für die Handhabung chinesischer Schriftzeichen zur Verfügung steht. Die Regeln geben rein syntaktisch, d. h. nur im Hinblick auf die formale Anordnung der Zeichen und ohne Rücksicht auf ihre Bedeutung, an, was mit den Schriftzeichen zu geschehen hat. Stellen Sie sich vor, Leute reichen Ihnen von draußen irgendwelche anderen chinesischen Schriftzeichen ins Zimmer. Sie schauen dann im Regelbuch nach, was mit diesen Schriftzeichen zu tun ist und welche Schriftzeichen jeweils aus dem Zimmer hinauszureichen sind. Die hereingegebenen Schriftzeichen nennen die Leute draußen Fragen und die von Ihnen nach draußen gereichten Zeichen Antworten. Dies alles geschieht jedoch ohne Ihr Wissen. Sie sind wie ein Computer, der ein Programm zur Beantwortung chinesischer Fragen ausführt, ohne selbst ein Wort Chinesisch zu verstehen. Nach einiger Zeit der Übung sind Sie in der Handhabung chinesischer Schriftzeichen so gut, dass sich Ihre Antworten von denen eines chinesischen Muttersprachlers nicht mehr unterscheiden lassen. Würde das bedeuten, dass Sie begonnen haben, Chinesisch zu verstehen? Offenbar nicht. Sie hantieren zwar geschickt mit chinesischen Zeichen, wissen aber deshalb nicht, was diese bedeuten. Wenn Sie trotz Ihrer Arbeit in diesem Zimmer kein Chinesisch verstehen, dann versteht auch kein Computer Chinesisch, der chinesische Schriftzeichen aufgrund derselben formalen Regeln erzeugt und verändert (vgl. Searle 1997, 11; Beckermann 1999, 278–279).

Searle schreibt, dass es über hundert Erwiderungen auf sein einfaches Gedankenexperiment gab. Mit dem Experiment wollte er vor allem drei Dinge betonen: 1. Computerprogramme sind vollständig syntaktisch; 2. der Geist besitzt Semantik und 3. Syntax ist weder dasselbe wie Semantik noch ist sie hinreichend für Semantik. Aus diesen Gründen können Computerprogramme nicht mit Bewusstsein gleichgesetzt werden (vgl. Searle 1997, 11–12).

In einem späteren Argument betont Searle, dass Syntax keine Eigenschaft ist, die dem Material irgendeines Rechensystems an sich zukommt. Syntax ist vom Beobachter abhängig. Die Operationen eines Computers sind an sich weder symbolisch noch syntaktisch. Nach seinen physikalischen Eigenschaften ist ein Computer nichts anderes als ein komplexer elektrischer Kreislauf. Was die elektrischen Impulse zu Symbolen macht, ist dasselbe, was Tintenkratzer auf Buchseiten zu Symbolen macht. Es ist der Leser des Buches. Es gibt keine vom Beobachter unabhängigen Symbole. Ein Beispiel dafür ist Geld. An sich besteht ein 100-Dollar-Schein nur aus Zellulosefasern. Diese Tatsache ist unabhängig vom Beobachter. Die Tatsache, dass es sich um einen 100-Dollar-Schein handelt, ist jedoch beobachterabhängig. Ein Stück Papier ist nur insofern Geld, als die Leute glauben, dass es Geld ist. Die elektrischen Impulse eines Computers sind beobachterunabhängig. Die rechnerische Interpretation ist relativ zum Beobachter oder Programmbenutzer. Wir können allem eine rechnerische Interpretation geben. Wenn wir Allen Turings Definition akzeptieren, nach der alles ein Computer ist, dem man eine Null oder eine Eins zuschreiben kann, dann ist auch das Fenster in meinem Zimmer ein sehr einfacher Computer. Fenster offen ist Eins, Fenster geschlossen ist Null. Jeder physikalische Prozess in der Natur ist nur in Bezug auf eine Interpretation rechnerisch. Syntax, so der Schluss, ist keine Eigenschaft, die dem Physischen an sich zukommt (vgl. Searle 1997, 14–17).

Das Rätsel des bewussten Erlebens

Werden wir das Verhältnis von Leib und Seele, von Körper und Geist, jemals begreifen, oder stehen wir hier vor einem unlösbaren Rätsel? Bleibt das bewusste Erleben der weiße Fleck auf der Landkarte unseres wissenschaftlichen Weltbildes? Muss dieser Fleck immer ein weißer Fleck bleiben? Die philosophische Erörterung des Leib-Seele-Problems in den Siebziger- und Achtzigerjahren des vergangenen Jahrhunderts war vom Optimismus geprägt, das Bewusstsein lasse sich letztlich physikalisch erklären. Derzeit mehren sich jedoch die Stimmen, die Bewusstsein für etwas Rätselhaftes halten, das unserem Verständnis für immer entzogen bleiben wird. Vor allem die Subjektivität und die qualitativen Aspekte des Bewusstseins bilden für die Neurowissenschaften und die Philosophie das größte Rätsel. Peter Bieri, David Chalmers, Alfred Gierer, Colin McGinn, Thomas Nagel, John Searle, Wolf Singer und Thomas Zoglauer setzen sich mit diesem Rätsel auf je eigene Weise auseinander und zeigen die Grenzen unseres Verstehens auf.

Der Philosoph Peter Bieri ist der Meinung, dass uns das bewusste Erleben für immer unbegreiflich bleiben wird. In Bezug auf das Bewusstsein unterliegen wir einer kognitiven Begrenzung. Die eigene Unfähigkeit hindert uns, herauszufinden, was am Gehirn es ist, das für Erleben verantwortlich ist. Selbst wenn wir in einem menschlichen Gehirn wie in einer Fabrik herumlaufen und alles gründlich untersuchen könnten, verstünden wir immer noch nicht, wie bewusstes Erleben zustande kommt. Es scheint nicht am Material zu liegen, aus dem das Gehirn besteht, auch nicht an seinem Aufbau, noch an den chemischen Reaktionen und den elektrischen Mustern. Auch eine ganzheitliche Betrachtung des Gehirns hilft uns nicht weiter. Wir können nicht erkennen, was im Gehirn es notwendig macht, dass der Mensch etwas erlebt. Für das Rätsel des bewussten Erlebens gilt etwas, was für sonstige Rätsel nicht gilt: Wir haben keine Vorstellung davon, was als Lösung, als Verstehen, zählen würde. Trotzdem äußert Bieri Zweifel an der Idee der kognitiven Begrenzung. Erklären und Verstehen heißt, eine bestimmte Art von Beziehung zu entdecken. Die Hypothese der kognitiven Begrenzung liefe auf die Behauptung hinaus, dass es in der Welt eine Art von Beziehung gibt, von der wir nie etwas wissen werden. Es wäre seltsam, wenn beim Thema „Erleben" eine verborgene Beziehung im Spiel wäre, die es sonst nirgendwo gibt und die sich sonst nirgends bemerkbar macht und unser Verstehen behindert. Gäbe es ein Wesen, das die uns verschlossene, aber für das bewusste Erleben entscheidende Art des Verstehens kennte, so könnte es sie uns nicht vorführen, weil wir sie nicht nachvollziehen könnten. Diese Zweifel, so Bieri, sollten uns trotzdem ermutigen, weiterzusuchen nach neuen Begriffen, nach neuen Modellen und Analogien und vor allem nach neuen Einsichten und Fehlerquellen (vgl. Bieri 1992).

Der australische Philosoph David Chalmers plädiert dafür, Bewusstsein als einen grundlegenden und irreduziblen Wesenszug der Wirklichkeit anzuerkennen. Je genauer die Neurowissenschaftler unser Gehirn erforschen, desto offenkundiger wird, dass sie den zentralen Aspekt des Bewusstseins, die Erlebnisqualitäten, nicht erfassen. Sie versuchen zwar, die unmittelbar mit dem bewussten Erleben einhergehenden Gehirnprozesse zu erfassen, aber erst wenn wir wüssten, warum diese Prozesse das bewusste Erleben hervorbringen, könnten wir die Erklärungslücke zwischen Gehirn und Bewusstsein überwinden. Seine eigene Deutung des Verhältnisses von Körper und Geist, von Gehirn und Bewusstsein, nennt Chalmers „naturalistischen Dualismus" oder Zwei-Aspekte-Theorie, wobei „naturalistisch" nicht zu verwechseln ist mit „materialistisch" (vgl. Chalmers 1996 a, 1996 b). Die Zwei-Aspekte-Theorie ist eine Alternative zum Substanzdualismus und zum Materialismus. Ihr zufolge enthält die substanziell einheitliche Wirklichkeit sowohl einen mentalen als auch einen physischen Aspekt. Körper und Geist, Bewusstsein und Gehirn, sind demnach zwei Aspekte ein und derselben „Sache", und nicht zwei verschiedene Substanzen. Die beiden Aspekte sind vergleichbar mit den zwei Seiten einer Münze. Wenn Bewusstsein eine Grundeigenschaft der Wirklichkeit ist, dann muss es weit verbreitet sein. Der Begriff „Information" spielt im Ansatz von Chalmers eine zentrale Rolle. Es gibt physikalische und erlebte Informationen. Wo immer es kausale Interaktion gibt, gibt es Information, und wo immer es Information gibt, gibt es Bewusstsein. Sehr einfache Systeme haben zwar keine phänomenalen, wohl aber „protophänomenale" Eigenschaften. Wo sehr komplexe Informationsverarbeitung stattfindet, gibt es komplexe Erlebnisse, bei einfachen Verarbeitungsschritten hingegen nur simple Formen von Bewusstsein. Seine Zwei-Aspekte-Theorie, so Chalmers, sei notgedrungen hoch spekulativ und lasse viele Fragen offen. Zum Beispiel die Frage, ob tatsächlich jede Information einen Erlebnisaspekt enthält oder nur bestimmte Formen davon. Chalmers behauptet, einfache Systeme besitzen „protomentale" Eigenschaften. Was soll man sich darunter vorstellen? Irgendeine minimale Erlebnisqualität? Wie es sich anfühlt, ein einfaches System zu sein? Chalmers entwirft mit seinem Ansatz ein alternatives Bild der Materie. Er erweitert den Materiebegriff, sodass dieser auch mentale Aspekte enthält (vgl. Brüntrup 2008, 152 f.). Der Geist ist folglich Teil der materiellen Welt. Für die Zukunft hofft Chalmers, dass es eines Tages vielleicht gelingt, theoretische Physik und Bewusstseinstheorie im Rahmen einer übergeordneten Theorie der Information zu integrieren. Das Rätsel des bewussten Erlebens müsse nicht für immer ungelöst bleiben (vgl. Chalmers 1996 a, 276–310).

Der Physiker Alfred Gierer findet, dass sich die Körper-Geist-Beziehung prinzipiell nicht vollständig entschlüsseln lässt. Er verweist auf die grundsätzlichen Grenzen einer Wissenschaft des Bewusstseins und fragt: Welche Beziehung besteht zwischen den unmittelbar erlebten Zuständen, die sprachlich mitteilbar sind, und den entsprechenden neuronalen Zuständen des menschlichen Gehirns? „Zwar folgt, nach allem, was wir wissen, das Gehirn den gleichen physikalischen Gesetzen wie eine Maschine; aber eine Maschine, die wir verstehen, könnte nicht alles wie ein Mensch; und eine Maschine, die alles könnte wie ein Mensch, würden wir nicht verstehen. Wenn wir den seelischen Zustand eines Menschen kennen, wissen wir unmittelbar mehr, als durch rein physikalische Außenanalyse zu ermitteln wäre.“ (Gierer 1989, 82) Gierer ist davon überzeugt, dass das Bewusstsein sich selbst nicht vollständig erfassen kann, auch nicht auf dem scheinbar so klugen Umweg über eine objektive Analyse seiner physikalischen Voraussetzungen im menschlichen Gehirn. Auch eine objektive Definition von Bewusstsein scheint grundsätzlich nicht möglich zu sein. Bewusstsein ist eher eine Urgegebenheit, eine Voraussetzung jedes Denkens. Es ist nur durch die eigene Selbsterfahrung und durch die Mitteilung fremder Selbsterfahrung zugänglich.

Der englische Philosoph Colin McGinn meint: Wegen unserer kognitiven Begrenzung bleibt es für uns rätselhaft, wie das „Wasser“ der neuronalen Aktivität sich in den „Wein“ des bewussten Erlebens verwandelt (vgl. McGinn 1989). Wir sind nicht in der Lage, die Verbindung zwischen dem Gehirn und dem bewussten Erleben zu verstehen. Unser Bewusstsein entwickelte sich im Lauf der Evolution primär dazu, mit der physischen Welt und unseren Mitmenschen besser umgehen zu können, und nicht dazu, einen Zugang zu seiner eigenen Funktionsweise zu gewinnen. Aufgrund seiner Innerlichkeit und Subjektivität ist das Bewusstsein für eine objektive Analyse prinzipiell nicht zugänglich. Kein noch so vollständiges Wissen über das Gehirn einer Person würde uns etwas darüber verraten, wie es ist, diese Person zu sein. Unser Erleben können wir nur aus einem bestimmten Blickwinkel betrachten, dem Blickwinkel der Introspektion. Wenn wir das Gehirn erfassen wollen, dann sind wir auf einen ganz anderen Blickwinkel beschränkt, auf den Blickwinkel des Beobachters von außen. Es ist so, als müssten wir einen Elefanten entweder vom Schwanzende oder vom Rüsselende her betrachten, ohne jemals Gelegenheit zu bekommen, das ganze Tier anzuschauen. Das Erkenntnisvermögen, mit dem uns die Evolution ausgestattet hat, reicht nicht aus, um die Beziehung von Gehirn und Geist zu verstehen. „Grundsätzlich liegt die Tatsache, dass wir das Körper-Geist-Problem nicht lösen können, darin begründet, dass wir den Geist nicht *sehen* können. Die Natur hat uns mit Selbst-Bewusstsein ausgestattet, sodass wir wissen können, was mental in uns vor sich geht, und sie hat uns mit fünf Sinnen ausgestattet, auf dass wir erfahren können, was in der räumlichen Welt um uns herum passiert. Diese kognitiven Fähigkeiten aber sind nicht dazu angelegt, zu ergründen, was den Geist mit dem Körper *verknüpft*.“ (McGinn 2001, 67) McGinn meint, wenn die Hirnforschung das Einzige wäre, auf das wir uns zu verlassen hätten, kämen wir nie auf die Idee, dass das Gehirn überhaupt ein Bewusstsein beherbergt. Dass wir das wissen, verdanken wir letztlich der Introspektion. Trotzdem ist er davon überzeugt, dass es etwas gibt, was Körper und Geist zu einem Ganzen, zu einer unlösbaren Einheit, vereint. Auf eine Weise, die wir nicht verstehen, sind Bewusstsein und Gehirn miteinander vereinbare Aspekte derselben Sache, und nicht, wie es scheint, Feuer und Wasser. Das Gehirn ist mehr als bloß Fleisch, und der Geist ist mehr als das, was er oberflächlich betrachtet zu sein scheint (vgl. McGinn 2001, 255). In Bezug auf unser Verständnis von Geist und Gehirn bedürften wir eines qualitativen Sprungs nach vorn, „aber ich behaupte auch, dass dies ein Sprung ist, den unsere intellektuellen Beine nicht bewältigen können" (McGinn 2001, 43). Das Leib-Seele-Problem bleibt einer menschlichen Lösung verschlossen.

Was das Leib-Seele-Problem so kompliziert macht, ist die Schwierigkeit, der Subjektivität und Privatheit des Erlebens gerecht zu werden. Der amerikanische Philosoph Thomas Nagel veranschaulicht das in einem Artikel mit dem Titel: *Wie ist es, eine Fledermaus zu sein?* (vgl. Nagel 1993). Um zu wissen, wie es für eine Fledermaus ist, eine Fledermaus zu sein, reicht es nicht, wenn wir versuchen, uns in die Welt der Fledermäuse einzufühlen. Damit wüssten wir lediglich, wie es für uns wäre, eine Fledermaus zu sein. Um zu wissen, wie es für eine Fledermaus ist, eine Fledermaus zu sein, müssten wir die Welt aus der Perspektive einer Fledermaus betrachten. Wir müssten die subjektiven Erlebnisse einer Fledermaus haben, und dazu bräuchten wir den Körper einer Fledermaus. Erlebnisqualitäten sind subjektiv und an eine bestimmte Perspektive gebunden, die von einem objektiven Standpunkt aus nicht eingenommen werden kann. Wenn wir das Verhalten, den Körper und das Gehirn der Fledermäuse untersuchen, dann interessieren wir uns für die objektive Seite dieser Tiere. Bezüglich der subjektiven Erlebnisqualität führt uns jeder Schritt zu größerer Objektivität vom eigentlichen Untersuchungsgegenstand weg. „Was bliebe letzten Endes von der Weise übrig, wie es ist, eine Fledermaus zu sein, wenn man die Perspektive der Fledermaus entfernte?" (Nagel 1993, 267) Der Köper und das Gehirn lassen sich naturwissenschaftlich erforschen, das bewusste Erleben entzieht sich jedoch dieser Vorgangsweise. Bewusstsein ist keine von außen beobachtbare Eigenschaft des Gehirns. Thomas Nagel meint, die Naturwissenschaften verdanken ihren Fortschritt der Tatsache, dass sie das Seelische aus dem Gebiet dessen aussparen, was sie zu erklären suchen, doch womöglich gibt es zwischen Himmel und Erde mehr, als man mit den

Mitteln der Naturwissenschaften erfassen kann. „Darauf zu bestehen, das Bewusstsein mit Begriffen und Theorien erklären zu wollen, die ausdrücklich zur Erklärung nicht-mentaler Phänomene entwickelt wurden, ist im Hinblick auf die radikal unterschiedlichen Charakteristika des Mentalen intellektuell hinterwäldlerisch und wissenschaftlich selbstmörderisch. Der Unterschied zwischen dem Mentalen und dem Materiellen ist viel größer als der zwischen elektrischen und mechanischen Vorgängen." (Nagel 1986, 52)

Der amerikanische Philosoph John Searle betont: Bewusstseinszustände gibt es nur in Abhängigkeit von einer Person, einem Organismus oder einem Ich, das sie hat. Das bewusste Erleben ist subjektiv, insofern es immer von einem menschlichen oder tierischen Subjekt erlebt wird. Eine objektive Definition des Bewusstseins scheint grundsätzlich nicht möglich zu sein. Bewusstsein ist eine Urgegebenheit, eine Voraussetzung jedes Denkens. Es ist uns nur im eigenen Erleben unmittelbar zugänglich. Seiner Meinung nach kommen wir an die Realität des Bewusstseins nicht auf dem Weg heran, auf dem wir mithilfe des Bewusstseins an die Realität anderer Phänomene herankommen. Wo es um bewusste Subjektivität geht, gibt es keinen Unterschied zwischen Beobachtung und Beobachtetem, zwischen Wahrnehmung und Wahrgenommenem. Wir können die Subjektivität des Bewusstseins weder bei uns selbst noch bei unseren Mitmenschen beobachten. Es gibt für uns keine Möglichkeit, Subjektivität als Bestandteil unseres Weltbildes abzubilden, denn die Subjektivität, um die es geht, ist sozusagen das Abbilden. Die Lösung sieht Searle auch nicht in einer Art Superintrospektion, sondern in der Anerkennung des Faktums, dass biologische Prozesse bewusste mentale Phänomene produzieren, und dass mentale Phänomene irreduzibel subjektiv sind.

Er bezeichnet es als Fehlannahme zu meinen, alles, was existiert, sei unserem Gehirn begreiflich (vgl. Searle 1994, 93–100). Die Subjektivität des Bewusstseins ist der Grund, weshalb es sich gegenüber den konventionellen Methoden der biologischen und psychologischen Forschung als so widerspenstig erweist und für die philosophische Analyse höchst rätselhaft erscheint. Es ist für uns schwer vorstellbar, dass die Welt, wie die Physik, Chemie und Biologie sie beschreiben, unausrottbar subjektive Elemente enthält.

Der Neurophysiologe Wolf Singer betont, dass wir Menschen zwei parallele Beschreibungssysteme entwickelt haben, die Unvereinbares über unser Menschsein behaupten. Aus der Erlebnisperspektive begreifen wir uns als beseelte Wesen, die einen freien Willen haben, über Intentionalität verfügen und fähig sind, handelnd in den Ablauf der Welt einzugreifen. Aus der Beobachterperspektive, der Perspektive der Wissenschaft, wissen wir uns der materiellen Welt zugehörig und sehen, dass unser Verhalten und Handeln vom Nervensystem abhängen und folglich den Naturgesetzen unterliegen. Neurowissenschaftler wollen die kausalen Zusammenhänge zwischen Gehirnprozessen und Verhalten klären. Wir Menschen versuchen, uns selbst im Spiegel unserer eigenen Wahrnehmungen zu erkennen, und wissen nicht, ob dieser Versuch gelingen kann. Das Erklärende, unser Gehirn, setzt seine eigenen kognitiven Werkzeuge ein, um sich selbst zu begreifen. Unsere kognitiven Fähigkeiten reichen, zumindest im Augenblick, nicht aus, um die Beschreibungen aus der Ersten-Person-Perspektive und der Dritten-Person-Perspektive in eine einzige zu überführen. Es gelingt uns bestenfalls, Brückentheorien zu formulieren, um Phänomene aus dem einen Beschreibungssystem mit korrespondierenden Phänomenen aus dem anderen zu korrelieren. Die Ergebnisse dieser Syntheseversuche bleiben jedoch unbefriedigend. Wir verfügen zurzeit über kein widerspruchsfreies Bild vom Menschen. Die Grenzen des Wissbaren werden durch die Beschränkungen der kognitiven Fähigkeiten unseres Gehirns gezogen. „Je mehr uns die Neurobiologie über die materielle Bedingtheit unserer kognitiven Leistungen aufklärt, umso deutlicher wird, dass wir vermutlich vieles nicht wissen können und dass wir die Grenzen nicht kennen, jenseits derer unsere Kognition versagt." (Singer 2005, 48)

Der Philosoph Thomas Zoglauer spricht in Bezug auf die Erklärung des bewussten Erlebens von einem „blinden Fleck der Erkenntnis“. Wer das Zustandekommen des bewussten Erlebens rein biologisch oder physikalisch erklären will, berücksichtigt nicht, dass jede Erklärung, jede Beschreibung und jede Theorie von einem denkenden Subjekt entworfen wird. Es gibt immer ein Subjekt, das Hypothesen aufstellt, Reduktionen vollzieht und das seine Theorie für wahr hält. „Jedes Wahrgenommene setzt etwas Wahrnehmendes, jedes erkannte Objekt setzt ein erkennendes Subjekt voraus. Das Subjekt besteht aus der Menge all jener mentalen Zustände, die es eigentlich zu erklären gilt, und tritt dabei selbst als Erklärer auf.“ (Zoglauer 1998, 187) Jeder Versuch, das Subjekt zu einem Objekt zu machen, ist zum Scheitern verurteilt. Wir können nicht das erklären, was als Bedingung jeder Erklärung von Anfang an vorausgesetzt wird, nämlich unser eigenes Bewusstsein. Das Rätsel des Bewusstseins ist wie ein blinder Fleck, der in der Erkenntnis des Menschen eine Lücke hinterlässt (vgl. Zoglauer 1998, 186–188).

Zusammenfassung

Welche Vorstellungen von Leib und Seele gibt es in der gegenwärtigen Diskussion des Leib-Seele-Problems? Anstelle des Ausdrucks „Leib“ werden die Ausdrücke „Körper“, „Organismus“ und „Gehirn“ verwendet. Leib bedeutet aber ursprünglich so viel wie „Leben“ und bezeichnet den lebendigen, beseelten Körper des Menschen. Der Begriff „Seele“ wird fast durchweg durch die Begriffe „Geist“, „Bewusstsein“ oder „das Mentale“ ersetzt. Der Ausdruck „das Mentale“ bezeichnet einerseits Denkinhalte, Reflexionen, Meinungen und Wissensinhalte, andererseits qualitative Wahrnehmungen und Empfindungen. Für die qualitativen Bewusstseinszustände haben sich in der Philosophie die Ausdrücke „Qualia“ oder „Erlebnisqualitäten“ eingebürgert. Beide bezeichnen die Art und Weise, wie es für das Subjekt ist, in einem Erlebniszustand zu sein. Beide beziehen sich ausschließlich auf das Erleben als solches, und nicht auf die damit verbundenen körperlichen Begleiterscheinungen und Verhaltensweisen. Der Begriff „Seele" als Bezeichnung für den inneren Grund des Lebendigen, für alle geistigen Tätigkeiten und für die Einmaligkeit und Unverwechselbarkeit des Menschen wird in der derzeitigen Leib-Seele-Debatte so gut wie nie verwendet. Dualistische, materialistische und funktionalistische Deutungen thematisieren lediglich unterschiedliche Aspekte dieses umfassenden aristotelischen Seelenbegriffs.

Das bewusste Erleben ist das vertrauteste und zugleich rätselhafteste Geschehen überhaupt. Über nichts wissen wir direkter Bescheid als über das eigene Erleben. Es lässt sich jedoch nur äußerst schwer mit allem, was wir sonst wissen, in Einklang bringen. Warum existiert es? Was tut es? Wie geht es aus Gehirnprozessen hervor? Diese Fragen gehören seit jeher zu den großen Rätseln menschlichen Denkens und Forschens. Die vorhandenen dualistischen und monistischen Deutungen des Leib-Seele-Verhältnisses reichen von Modellen, die voraussetzen, dass das bewusste Erleben sich mit den gängigen Methoden der Neurowissenschaften und der Psychologie erklären lässt, bis zur Position, dass wir das Verhältnis von Gehirn und Bewusstsein niemals wirklich verstehen werden.

Richard Swinburne verteidigt den Dualismus. Er unterscheidet körperliche und geistige Substanzen. Die Seele ist eine geistige Substanz und als solche immateriell und unsterblich. Sie ist der Träger aller geistigen Eigenschaften: der Gedanken, Erinnerungen, Absichten, Empfindungen und Gefühle. Geistige Eigenschaften sind privat und öffentlich nicht zugänglich. Es ist vorstellbar, dass wir geistige Eigenschaften haben, ohne einen Körper zu besitzen. Die Einmaligkeit und Unverwechselbarkeit unseres Körpers ist darauf zurückzuführen, dass er mit unserer Seele verbunden ist. Wir Menschen sind Swinburne zufolge *rein geistige* Substanzen. Im Gegensatz zum umfassenden aristotelischen Seelenbegriff enthält Swinburnes Seelenbegriff nicht die Vorstellung der Seele als Quelle der Lebendigkeit. Er betrachtet die Seele nicht als Einheitsgrund aller organischen und psychischen Vorgänge, sondern als den Träger geistiger Eigenschaften. Sie ist auch der Träger von Empfindungen und Gefühlen, die Swinburne jedoch zu den geistigen Eigenschaften zählt. Damit kann er nur das pure Erleben selbst meinen. Die mit Empfindungen und Gefühlen verbundenen körperlichen Reaktionen und das reiche Ausdrucksverhalten thematisiert er nicht. Geistige Eigenschaften definiert er so, dass sie subjektiv, privat und öffentlich nicht zugänglich sind. Die Erlebnisberichte, das Ausdrucksverhalten und die körperlichen Reaktionen, die mit Empfindungen, Gefühlen und anderen Erlebniszuständen einhergehen, sind sehr wohl intersubjektiv zugänglich. Folglich zählen sie nicht zu seiner Vorstellung von geistigen Eigenschaften. Swinburnes Seelenbegriff bezieht sich ausschließlich auf geistige Eigenschaften und ignoriert die körperlich-geistige Einheit des bewussten Erlebens.

Der Wechselwirkungstheorie zufolge wirkt der Geist kausal auf den Körper und der Körper kausal auf den Geist. Popper und Eccles, zwei Vertreter dieser Theorie, betonen die Autonomie des Geistes gegenüber dem Gehirn und dem Körper. Das Gehirn gehört dem selbstbewussten Geist, und nicht umgekehrt. Der Geist ist der aktive Programmierer des Gehirns. Wo und wie geschieht aber die kausale Wechselwirkung zwischen Geist und Körper? Wie kann ein körperloser Geist körperliche Reaktionen hervorrufen? Warum benötigt der Geist für seinen kausalen Einfluss auf den Körper ein funktionierendes Gehirn? Auf diese Fragen gibt die Wechselwirkungstheorie keine befriedigenden Antworten. Unter „Seele“ verstehen Popper und Eccles die Welt des Denkens, Wissens und Erlebens. Von der Seele als Quelle der Lebendigkeit ist keine Rede. Am komplexen Phänomen des bewussten Erlebens thematisieren beide vor allem das Ich-Bewusstsein. Ihr Verständnis von Bewusstsein erinnert stark an René Descartes: „Ich denke, also bin ich.“ Dabei sehen Popper und Eccles davon ab, dass die Inhalte und Zustände unseres Bewusstseins durch Gefühle eingefärbt sind. Gefühlen scheinen sie in ihrer Interpretation des Ich-Bewusstseins eine niedrigere Bewusstseinsqualität zuzuschreiben als dem Denken und Wissen. Der Vorzug der Wechselwirkungstheorie besteht darin, dass sie unserem Alltagsverständnis der Beziehung von Körper und Geist am nächsten kommt. Das wichtigste Argument für diese Theorie ist, dass wir zur Welt der materiellen Dinge und zur Welt des Geistes einen unterschiedlichen Zugang haben. Zum eigenen Erleben haben wir einen direkten und unmittelbaren Zugang von innen, aus der Erlebnisperspektive. Die materielle und soziale Welt nehmen wir hingegen von außen, aus der Perspektive des Beobachters, wahr.

Dem psychophysischen Parallelismus zufolge verlaufen seelische und körperliche Vorgänge streng parallel. Obwohl es zwischen ihnen keinerlei kausale Beziehung gibt, entsprechen sie einander genau. Wie soll man sich erklären, dass auf körperliche Verletzungen Schmerzen folgen, wenn der Körper keinen kausalen Einfluss auf das bewusste Erleben hat? Gott oder eine neutrale Substanz, die weder körperlich noch geistig ist, werden als Grund für den synchronen Ablauf körperlicher und geistiger Vorgänge geltend gemacht.

Das Gehirn produziert das bewusste Erleben als eine Art Nebenprodukt, als kausal einflusslose Begleiterscheinung seiner komplexen Aktivität. Diese Deutung des Leib-Seele-Verhältnisses trägt den Namen Epiphänomenalismus. Zwar anerkennt der Epiphänomenalismus die Wirklichkeit des bewussten Erlebens, spricht ihm aber jeden kausalen Einfluss ab. Nur der Körper kann kausal auf das Bewusstsein wirken, nicht umgekehrt. Das Bewusstsein gleicht dem Klang einer Dampfpfeife, der auf die Funktionsweise der Dampfmaschine auch keinen Einfluss hat. Der Epiphänomenalismus widerspricht unserem Alltagsverständnis. Wir gehen davon aus, dass Denken, Überlegen, Planen und Entscheiden einen Einfluss auf unser Verhalten und Handeln haben. Wenn diese jedoch vollständig durch Gehirnprozesse determiniert sind und selbst keine kausale Wirkung auf das

Gehirn haben, dann ist auch jede Form des Argumentierens völlig wirkungslos und sinnlos.

Materialismus ist die philosophische Lehre, derzufolge alles materieller Natur ist. Materialisten bestreiten zwar nicht, dass es Bewusstseinszustände gibt, aber für sie sind diese im Grunde materiell. Angesichts der beachtlichen Fortschritte auf dem Gebiet der Hirnforschung glauben sie, dass auch das Bewusstsein naturwissenschaftlich erklärt werden kann. Wenn wir einmal genau wissen, wie das Gehirn Informationen verarbeitet, dann haben wir das Rätsel des bewussten Erlebens gelöst. Die materialistische Identitätstheorie besagt, dass geistige Zustände mit Gehirnzuständen identisch sind. Bewusstsein und Gehirn sind nicht zwei verschiedene Phänomene, sondern bloß zwei verschiedene Beschreibungen ein und desselben Phänomens. Eigenartigerweise wird daraus der Schluss gezogen, dass beide Beschreibungen sich auf das Gehirn und damit letztlich auf physikalische Vorgänge beziehen. Wenn Bewusstsein und Gehirn bloß zwei Beschreibungen ein und desselben Phänomens sind, dann kann dieses Phänomen auch weder das Gehirn noch das Bewusstsein sein. Die beiden Beschreibungen beziehen sich dann auf ein „Drittes“, auf ein unbekanntes Etwas. Die Behauptung, beide Beschreibungen bezögen sich auf die materiellen Vorgänge im Gehirn, beruht auf der Überzeugung, dass materielle Beschreibungen eine umfassendere und genauere Erklärung der Wirklichkeit liefern als geistige Beschreibungen. Es ist der Glaube an die übermächtige Erklärungskraft physikalischer Theorien als Letzterklärungen. Demnach existiert außer der naturwissenschaftlich erforschbaren Welt nichts. Wenn der Mensch Teil der Natur ist, dann muss auch er vollständig nach den Naturgesetzen funktionieren. Das Hauptargument gegen die materialistische Identitätstheorie lautet, dass Erlebnisqualitäten sich nicht dadurch erklären lassen, dass man sie auf Gehirnprozesse zurückführt. Wenn das bewusste Erleben mit Hirnprozessen identisch wäre, dann müsste es jede Eigenschaft haben, die Hirnprozesse haben, und Hirnprozesse müssten jede Eigenschaft besitzen, die das bewusste Erleben besitzt. Das Erleben ist subjektiv, privat, nicht räumlich und an die Erlebnisperspektive gebunden. Diese Eigenschaften kommen Gehirnprozessen nicht zu. Folglich können beide nicht identisch sein. Das Argument des unvollständigen Wissens betont mit dem Hinweis auf Erlebnisqualitäten, dass es Tatsachen gibt, welche die Hirnforschung prinzipiell nicht entdecken kann, und die nicht einmal im weitesten Sinne physikalisch sind. Sogar ein vollständiges Wissen über die Funktionsweise des Gehirns einer Person könnte uns nichts darüber sagen, wie es für die betreffende Person ist, sie selbst zu sein. Das Argument der Erklärungslücke macht darauf aufmerksam, dass die Neurobiologie nicht verständlich machen kann, warum bestimmte Gehirnprozesse mit Erlebnisqualitäten verbunden sind. Es bleibt rätselhaft, wie objektiv beschreibbare elektrochemische Vorgänge im Gehirn subjektive Erlebnisse erzeugen oder wie Gehirne zu einer Erlebnisperspektive kommen. Materialistische Identitätstheoretiker lehnen den Begriff des Seelischen insofern nicht gänzlich ab, als sie anerkennen, dass es Bewusstseinszustände gibt, auch wenn sie diese mit Hirnzuständen identifizieren. Die Vertreter des eliminativen Materialismus hingegen lehnen jeden Begriff von Seele kategorisch ab. Das bewusste Erleben, wie wir es im Alltag beschreiben, gibt es ihrer Meinung nach gar nicht. Aussagen über angebliche seelische Phänomene sind ebenso falsch wie Aussagen überholter Theorien. Den Begriffen unserer Alltagspsychologie entspricht in der Realität nichts. Die Neurowissenschaften erklären unser Verhalten und Handeln viel besser, als wir es im Alltag tun. Eines Tages werden sie auch unsere Alltagspsychologie ersetzen, so wie die moderne Wissenschaft den Glauben an Dämonen und Hexen ersetzt hat. Für das Leib-Seele-Problem bieten eliminative Materialisten eine einfache Lösung: Was objektiv-wissenschaftlich nicht erfassbar ist, existiert nicht.

Der Funktionalismus sieht das Verhältnis von Gehirn und Geist wie das Verhältnis von Computermaschine und Computerprogramm. Mentale Zustände betrachtet er als rein funktionale Zustände, die materiell auf verschiedene Weise realisiert werden können. Die kausale Rolle, die mentale Zustände im Gesamtsystem des Organismus einnehmen, hält der Funktionalismus für ihr Wesensmerkmal. Die Erlebnisqualitäten mentaler Zustände berücksichtigt er nicht. Diesen Mangel thematisieren die drei Hauptargumente gegen den Funktionalismus: das Argument der fehlenden Qualia, der vertauschten Qualia und des chinesischen Zimmers. Sie zeigen, dass man Erlebnisqualitäten weder angemessen erfasst noch erklärt hat, wenn man sie auf ihre kausale Rolle reduziert. Die kausale Rolle ist nicht das entscheidende Merkmal mentaler Zustände. Insgesamt hinkt der Vergleich, Gehirn und Geist verhielten sich zueinander wie Computer und Computerprogramm. Programmierer schreiben Programme, und diese werden in Computern installiert. Im Gehirn gibt es keine Trennung zwischen Hardware und Software wie in einem Computer. Das Gehirn programmiert sich selbst und verändert dabei auch seine Struktur und Organisation.

Konfrontiert uns das Leib-Seele-Problem mit einem unlösbaren Rätsel? Die qualitativen Aspekte des bewussten Erlebens bilden das größte Hindernis auf dem Weg zu einer Lösung dieses Rätsels. Was das Leib-Seele-Problem so verzwickt macht, ist die Schwierigkeit, der Subjektivität und Privatheit des Erlebens gerecht zu werden. Freude fühlt sich anders an als Ärger, Wut anders als Ekel, Verachtung wieder anders als Langeweile. Für jede Person besitzen derartige Zustände eine ganz spezifische Erlebnisqualität. Die innere Welt des Erlebens mit ihren gefühlten Bedeutungen und Erfahrungen ist nur der erlebenden Person selbst unmittelbar zugänglich. Nur sie kann sagen, was sie im Moment fühlt, was sie erlebt und wie sie es erlebt. Es gibt so viele Erlebniswelten wie es Menschen gibt. Die Neurowissenschaften erforschen die materiellen Grundlagen des Erlebens, jedoch nicht das Erleben als solches.

Wird uns das bewusste Erleben für immer unbegreiflich bleiben? Autoren, welche diese Frage bejahen, verweisen auf unsere kognitiven Grenzen. Wir können nicht erkennen, was am Gehirn es notwendig macht, dass wir etwas erleben. Zwischen dem bewussten Erleben und den damit einhergehenden elektrochemischen Aktivitätsmustern im Gehirn klafft, trotz erstaunlicher Fortschritte in der Hirnforschung, weiterhin eine Erklärungslücke. Erst wenn wir wüssten, wie und warum Hirnprozesse bewusstes Erleben hervorbringen, könnten wir diese Erklärungslücke überwinden. Das Bewusstsein scheint sich selbst nicht erfassen zu können, auch nicht durch eine noch so genaue Analyse seiner materiellen Voraussetzungen im Gehirn. Auch eine objektive Definition des Bewusstseins scheint nicht möglich zu sein. Bewusstsein ist eine Urgegebenheit, eine Grundvoraussetzung für alles Denken, Definieren und Forschen. Zum eigenen Erleben haben wir einen unmittelbaren Zugang von innen aus der Erlebnisperspektive. Zum Erleben unserer Mitmenschen haben wir nur einen indirekten Zugang von außen, aus der Beobachterperspektive. Es hat noch kein Mensch das Erleben eines anderen von innen her erfahren. Wir können zwar das Verhalten anderer Menschen beobachten, aber nicht deren Subjektivität. Erlebnisse gibt es nicht an sich. Sie sind immer jemandes Erlebnisse. Erlebnisqualitäten sind subjektiv und an die Erste-Person-Perspektive gebunden. Das Verhalten, das Gehirn und der gesamte Organismus lassen sich naturwissenschaftlich erforschen, das bewusste Erleben als solches jedoch nicht. Weder eine neurowissenschaftliche noch eine funktionale Analyse können Erlebnisqualitäten angemessen erfassen und erklären.

Den gegenwärtigen Lösungsversuchen des Leib-Seele-Problems gelingt es nicht, der körperlich-seelischen Einheit und Ganzheit unseres Erlebens gerecht zu werden. Das Leib-Seele-Problem berührt den Begriff „Seele" überhaupt. Eine Abkehr vom Begriff „Seele" fand bereits bei René Descartes statt. Seinem Dualismus von Körper und Geist entsprechen in der gegenwärtigen Diskussion des Leib-Seele-Problems ein Dualismus von Gehirn und Bewusstsein sowie der Gegensatz von Beobachterperspektive und Erlebnisperspektive. Die Neurowissenschaften leiden an der Unvereinbarkeit dieser beiden Perspektiven. Denken, Fühlen und Wollen beschreiben wir aus der Ersten-Person-

Perspektive. Sie sind uns nur in dieser Perspektive unmittelbar zugänglich. In der Dritten-Person-Perspektive, der wissenschaftlichen Beobachtung von außen, kommen diese Phänomene gar nicht vor. Die beiden Perspektiven lassen sich nicht aufeinander reduzieren. Über eine dritte Perspektive, über einen „Blick von Nirgendwo", verfügen wir nicht. Eine Lösung des Leib-Seele-Problems käme der Überwindung des Gegensatzes von Erlebnisperspektive und Beobachterperspektive und damit einem Blick von Nirgendwo gleich. Die kausale Beziehung vom Gehirn zum Bewusstsein und vom Bewusstsein zum Gehirn bleibt weiterhin rätselhaft. Was Körper und Geist zu einer unlösbaren Einheit im Erleben vereint, so sagen uns verschiedene Autoren, wird uns wegen unserer kognitiven Grenzen wohl für immer unbegreiflich bleiben. Deshalb tappen wir weiterhin darüber im Dunkeln, wie das bewusste Erleben in die natürliche Ordnung passt. Es bildet das größte Hindernis auf dem Weg zu einer umfassenden wissenschaftlichen Theorie des Menschen und des Universums.

V.
Überlebt nur die Seele unseren Tod?

Was geschieht mit uns nach dem Tod?

Was geschieht mit uns nach dem Tod? Gibt es ein Leben nach dem Tod? Kann es ein Leben nach dem Tod geben, so wie es ein Leben vor dem Tod gibt? Überlebt nur die Seele unseren Tod? Ist ein Fortleben nach dem Tod ohne materielle Grundlage möglich? Ist der christliche Glaube an die leibliche Auferstehung völlig unvernünftig? Was bedeutet „Auferstehung der Toten" in einem Universum, in dem in einigen Milliarden Jahren jede Spur des Lebens vollständig ausgelöscht sein wird?

Ist der Tod tatsächlich das unwiderrufliche Ende des Menschen? Der Stillstand aller Lebensfunktionen im Tod, der Abbruch aller zwischenmenschlichen Beziehungen und der Zerfall des Körpers legen diese Sicht nahe. Die Hinterbliebenen trauern und verabschieden sich von ihren lieben Verstorbenen. Das Leben, so wie wir es kennen, ist für die Toten endgültig vorbei. Was bleibt von ihnen? Leben sie lediglich in der Erinnerung derer weiter, die sie liebten? Oder folgt dem Tod das große Vergessen? Innerhalb einer Generation sind die meisten Menschen nach wenigen Jahren vergessen. Die Menschheit erinnert sich bis heute nur an wenige Menschen. Unter diesen finden sich große Vorbilder aus Religion, Wissenschaft, Kunst und Politik ebenso wie monströse Verbrecher. Das sei denjenigen gesagt, betont der Philosoph Holm Tetens, „die allen Ernstes behaupten, die Idee der Unsterblichkeit im ‚aufgeklärten' Zeitalter der Wissenschaften lasse sich nur noch als Weiterleben in der ehrenhaften Erinnerung nachfolgender Generationen denken" (Tetens 2015, 65).

Der verbreiteten neurowissenschaftlichen These zufolge ist der Hirntod, der irreversible Ausfall aller Gehirnfunktionen, zugleich das definitive Ende des Bewusstseins. Ein bewusstes Erleben ohne funktionierendes Gehirn ist unmöglich. Nach dem Tod des Gehirns und des Organismus gibt es für den Menschen kein Leben mehr. Mit dem Tod ist für ihn alles aus. Holm Tetens weist mit Recht darauf hin, dass dies nur dann folgt, wenn das Leib-Seele-Problem überzeugend naturalistisch gelöst werden kann.

Davon kann allerdings keine Rede sein. Die Möglichkeit, dass es ein Leben und Erleben über den Tod hinaus gibt, kann daher nicht definitiv ausgeschlossen werden.

Eine völlig andere Sicht des Todes äußert sich in der Überzeugung, dass die Welt, wie wir sie kennen und wie die Wissenschaften sie uns beschreiben, nicht die gesamte Wirklichkeit ist. Sie zeigt sich in der Sehnsucht, dass unsere Welt nicht abgeschlossen ist, dass die Vergänglichkeit und Begrenztheit unseres Lebens nicht endgültig sind. Diese Sicht des Todes gründet in der Hoffnung, dass die Liebe stärker ist als der Tod und dass es ein Leben jenseits der Todesgrenze, jenseits von Raum und Zeit, gibt.

Nicht jede Form des Fortlebens wäre für uns ein Leben nach dem Tod. Wir möchten als die weiterleben, die wissen, dass sie weiterleben, dass sie dieselbe Person sind wie vor dem Tod. „Denn von einem Leben nach dem Tod kann nur dann die Rede sein, falls die Person, die überlebt, weiß, dass sie die Person ist, die überlebt." (Strasser 2004,102–103) Alle Vorstellungen über ein Leben nach dem Tod sind deshalb mit der Frage konfrontiert: Was garantiert die Identität der irdischen und der jenseitigen Person? Was zeichnet den Menschen als Lebewesen Mensch aus? Was gehört wesentlich zu einer Person? Die emotionalen, kognitiven und geistigen Fähigkeiten, der lebendige Organismus, oder beides?

Über die Möglichkeit eines Lebens nach dem Tod bestehen sehr unterschiedliche Vorstellungen. Dualistische Deutungen betonen die Unsterblichkeit der Seele und damit eine Form des Lebens nach dem Tod ohne materielle Grundlage. Die Seele löst sich vom Körper und existiert körperlos weiter. Von Materialisten würde man annehmen, dass sie ein Weiterleben nach dem Tod grundsätzlich ausschließen.

Materialismus ist die Bezeichnung der philosophischen Lehre, dass alles, was existiert, materieller Natur ist. Es gibt jedoch Denker, die man als „christliche Materialisten" bezeichnen kann und die an ein Leben nach dem Tod glauben. Sie gehen davon aus, dass der Mensch nach dem Tod nur dann weiterleben kann, wenn sein Körper weiterlebt. Eine Seele als Bindeglied zwischen dem Leben vor und dem Leben nach dem Tod lehnen sie ab. Vermittelnde Positionen zwischen Dualismus und Materialismus argumentieren für ein Fortleben des Menschen mit Leib und Seele. Manche Autoren betonen, dass wir nach dem Tod nur in transformierter Form weiterleben werden.

In der christlichen Tradition gibt es die Vorstellung, dass sich die Seele im Tode vom Körper trennt. Der Theologe Franz-Josef Nocke beschreibt dieses in der katholischen Kirche mittlerweile klassisch gewordene Vorstellungsmodell von einem Leben nach dem Tod (vgl. Nocke 2014, 204–206). Demzufolge trennt sich die unsterbliche Seele im Tod vom sterblichen Leib und kommt sofort vor das göttliche Gericht. Ist sie ganz von Gottes Gnade erfüllt, kommt sie direkt in den Himmel. Befindet sie sich im Augenblick des Todes in einer Todsünde, dann gelangt sie in die ewige Verdammnis. Befindet sie sich in einem mittleren Zustand zwischen Gnade und Todsünde, dann durchläuft sie eine Zeit der Läuterung und geht danach in die ewige Seligkeit ein. Am letzten Tag der Weltgeschichte, am „Jüngsten Tag", werden alle Leiber auferweckt und wieder mit ihren Seelen vereinigt. Dann wird über alle Menschen noch einmal Gericht gehalten, und zwar über die Menschen als ganze, über Leib und Seele. Das „Jüngste Gericht" gilt als Schlusspunkt der Weltgeschichte. Evangelische Theologen kritisierten an diesem Modell vor allem das darin enthaltene Menschenbild, das sich mehr an der griechischen Philosophie als an der Bibel zu orientieren schien. „Nach wie vor zwischen den Konfessionen belastend schienen die katholische Lehre vom ‚Fegfeuer' mit ihren Konsequenzen für das Messopfer, das für die armen Seelen dargebracht werde, und die Lehre vom Ablass." (Nocke 2014, 205). So wurden neue Vorstellungsmodelle entwickelt, in denen die Rede vom „Ganztod" des Menschen ist, vom „Seelenschlaf" zwischen Tod und Auferstehung und vom „Ruhen im Gedächtnis Gottes". Auf katholischer Seite problematisierte der Theologe Karl Rahner die Vorstellung von einer vom Körper losgelösten Seele, und der Theologe Gisbert Greshake stellte die Brauchbarkeit des Begriffs „Seele“ ebenso infrage wie die Vorstellung von einem Zustand zwischen dem Todestag und dem Jüngsten Tag. Er prägte die Formulierung „Auferstehung im Tod“. Nocke weist darauf hin, dass sich der veränderte Sprachgebrauch auch in der offiziellen katholischen Totenliturgie niedergeschlagen hat. In der deutschen Ausgabe des überarbeiteten *Missale Romanum* (1974) wird in der Messliturgie des Begräbnistages und des Allerseelenfestes das Wort „Seele“ vermieden und durch die Formulierung „unser Bruder“, „unsere Schwester“, „dein Diener“, „deine Dienerin“, ersetzt. Vor der Liturgiereform in der katholischen Kirche betete man vor allem um Gottes Gnade für die Seele im individuellen Gericht. Jetzt betonen die entsprechenden Gebete die „Auferweckung zum ewigen Leben“, die „letzte Vollendung“ und die „Auferstehung zur ewigen Freude“.

Dualistische Deutungen – Ein Leben nach dem Tod ohne materielle Grundlage

Die Vorstellung, dass die Seele im Augenblick des Todes den Körper verlässt, ist sehr alt. Das Wort „Seele“, griechisch *psyché*, bedeutet „Atem“ und Leben. Im Tod verlässt die „atmende Seele“ den Menschen. Die Beobachtung, dass ein Toter ohne Atem, ohne Bewegung und ohne Leben ist, dürfte zur Entwicklung der Vorstellung von einer Seele beigetragen haben. Sehr frühe Vorstellungen von der Seele enthalten das Bild des „kalten Hauchs des Todes“ oder des „windartigen Totengeistes“, das Bild der Hauchseele, die als Lebenskraft beim letzten Hauch entweicht, oder das Bild einer „Körperseele“, die den Körper bewohnt und im Tod als „Seelenwurm“ aus diesem herauskriecht.

Der antike Philosoph Platon gilt vielfach als der prominenteste Vertreter einer dualistischen Sicht des Menschen. Demnach gehört der menschliche Leib dem Bereich der Veränderlichkeit und Vergänglichkeit an, die menschliche Geistseele hingegen dem Bereich des Unveränderlichen und Unvergänglichen. Platon unterscheidet drei Seelenvermögen: das begehrende Vermögen, das emotionale Vermögen und das Denkvermögen (vgl. Kap. III, 109–111). Die menschliche Vernunftseele ist unsterblich. Während des irdischen Lebens ist sie zwar an den Leib gebunden, nach dem Tod sucht sie aber einen neuen Leib, den Leib eines Tieres oder eines Menschen (vgl. Ricken 1988, 91–96). Ein Mensch, der gut gelebt hat, wird im nächsten Leben in ein höher entwickeltes Lebewesen inkarniert. Ein Mensch, der moralisch verwerflich gelebt und sich bloß seinen Sinnen hingegeben hat, wird, je nach Lebenswandel, in einen tierischen Körper inkarniert, in eine Biene, einen Esel oder einen Geier. Im Dialog Phaidon betont Platon: Die Seelen derer, die ohne alle Scheu ein Leben der Völlerei, des Übermuts und der Trunkenheit führten, werden den Körper eines Esels oder eines ähnlichen Tieres suchen; die Seelen derer aber, die Ungerechtigkeit, Herrschsucht und Raub bevorzugten, werden sich in die Körper von Wölfen, Habichten und Geier begeben (vgl. Phaidon, 81e und 82 b). Nach einer idealen Lebensführung löst sich die Seele endgültig vom Körper und kehrt als reine Seele in den Bereich des Unvergänglichen oder Göttlichen zurück. Das Schicksal der Seele nach dem Tod hängt also vom Verhalten des Menschen während des Lebens ab. Ein und dieselbe Seele kann nacheinander mehrere verschiedene Leben in unterschiedlichen Körpern führen. Die Reinkarnation der Seele bedingt jedoch einen Wandel der körperlichen Identität. Kann man im Falle der Reinkarnation oder Wiederverkörperung der Seele tatsächlich noch von einem persönlichen Fortleben nach dem Tod sprechen? Weiß die Person, deren Seele sich in einen neuen Körper begibt, dass sie die Person ist, die überlebt hat und jetzt in diesem Körper lebt? Wenn sich zum Beispiel die Seele eines Verstorbenen infolge seines unmoralischen Lebenswandels in den Körper eines Geiers begibt: Weiß der Geier dann auch, dass er bereits einmal als Mensch gelebt, wie er dieses Leben geführt hat, und dass er jetzt als Folge davon ein Geier-Dasein fristet? Wenn nicht, so kann von einem persönlichen Überleben des Todes keine Rede sein.

Es gibt christliche Denker, die aus philosophischen und theologischen Gründen ein Seelenverständnis im Sinne Platons oder einen Dualismus im Sinne René Descartes vertreten. Zurzeit beispielsweise der amerikanische Religionsphilosoph Alvin Plantinga und der italienische Theologe Vito Mancuso. Im Folgenden kommen deren Vorstellungen von einem Leben nach dem Tod zur Sprache.

Alvin Plantinga: Christliche Philosophen sollten Dualisten sein

Plantinga betont, dass der Materialismus, demzufolge menschliche Personen nur aus materiellen Teilen bestehen, falsch ist. Der Materialismus widerspricht auch der christlichen Tradition und ihrer Lehre von der Auferstehung der Toten. Christliche Philosophen sollten deshalb Dualisten sein. Er vertritt die These, dass es möglich ist, dass ein Mensch existiert, auch wenn sein Körper nicht existiert. Trotzdem betont er: „... der traditionellen christlichen Position zufolge hat Gott menschliche Wesen als leibliche Wesen entworfen; sie funktionieren nur mit Leib richtig, und natürlich erwarten die Christen die Auferstehung des Leibes. Mein Leib spielt eine zentrale Rolle für mein Wohlbefinden, und ich kann nur ein gelungenes Leben führen, wenn ich einen Leib besitze" (Plantinga 2010, 139). Deshalb tritt Plantinga nicht dafür ein, dass ein Mensch ohne jeglichen Körper existieren kann, auch wenn er der Meinung ist, dass dies grundsätzlich möglich ist.

Wir Menschen sind Substanzen. Angenommen, wir wären materielle Substanzen: Was würde das bedeuten? Die Antwort könnte lauten: Ich bin mein Körper oder ein Teil meines Körpers, zum Beispiel mein Gehirn oder ein Teil meines Gehirns. Plantinga unterstreicht, dass wir nicht unser Körper und auch nicht ein Teil davon, etwa unser Gehirn, sind. Das Austausch-Argument, das er vorlegt, erörtert die Frage: Wie viel von meinem Körper ist austauschbar, ohne dass ich aufhöre, zu existieren und ich selbst zu sein?

In der modernen Medizin gibt es die Möglichkeit, Glieder und Organe zu transplantieren. Menschen können ein neues Herz, eine neue Leber, eine neue Lunge sowie Prothesen für Hände, Füße, Beine und Arme bekommen. Es scheint, im weiteren logischen Sinne, möglich zu sein, dass alle makroskopischen Teile meines Körpers durch andere ersetzt und die Originalteile vernichtet werden können. Geschieht dieser Austausch innerhalb einer Mikrosekunde, dann wird mein ursprünglicher Körper nicht mehr existieren, ich aber werde weiterhin existieren. Dabei würde auch mein jetziges Gehirn zerstört und durch ein anderes ersetzt werden, ohne dass ich aufhörte, weiter zu existieren oder ich selbst zu sein. Der Austausch könnte, statt auf der makroskopischen Ebene, auch auf der mikroskopischen, der Ebene der Atome, Moleküle, Zellen und Elementarteilchen erfolgen. Es scheint möglich, dass die Zellen, aus denen mein Körper besteht, in einer oder zwei Mikrosekunden durch andere Zellen derselben Art und desselben Zustandes ersetzt werden können. Die Originalzellen würden dabei sofort zerstört werden. Es ist möglich, dass dieser Austauschprozess stattfindet, während ich bei Bewusstsein bin und über den Dualismus nachdenke. Damit würde ich zu einer Zeit existieren, zu der mein ursprünglicher Körper nicht existiert. Ist es wahr, dass ein solcher Austauschprozess in der Zerstörung des Körpers mündet? „Schließlich wird dem gegenwärtigen Stand der Wissenschaft zufolge alle Materie in unserem Körper alle paar Jahre durch andere Materie ersetzt, ohne irgendeinen offensichtlichen Kompromiss hinsichtlich körperlicher Integrität oder Identität." (Plantinga 2010, 143) Das Austausch-Argument geht von der Intuition aus, dass es möglich ist, dass die Teile unseres Körpers, die makroskopischen wie die mikroskopischen, ausgetauscht werden können, während wir bei Bewusstsein bleiben.

Plantinga legt ein weiteres Argument gegen den Materialismus und für den Dualismus vor, indem er darauf hinweist, dass kein materielles Objekt in der Lage ist, zu denken, zu urteilen und auf der Grundlage von Überzeugungen zu handeln. Ein rein materielles Objekt kann nicht denken. Das Phänomen des *Bewusstseins* ist für den Materialismus ein ernsthaftes Problem. Plantinga verweist auf den Philosophen Gottfried Wilhelm Leibnitz und dessen Argument, dass Wahrnehmen, Denken und Fühlen, dass ein mentales Leben nicht auf dem Wege der Wechselwirkung mechanischer Teile entstehen kann. Was wäre beispielsweise eine Überzeugung aus materialistischer Sicht? Was für eine Art von Ding wäre sie? Eine Überzeugung wäre ein neuronales Ereignis, ein elektrochemischer Vorgang im Gehirn. Überzeugungen haben jedoch einen Gehalt. Plantinga gibt dafür folgendes Beispiel: „Meine Überzeugung, dass der Naturalismus heutzutage ganz groß in Mode ist, hat als Gehalt die Proposition *Der Naturalismus ist heutzutage ganz groß in Mode*." (Plantinga 2010, 148) Aufgrund ihres Gehalts wird eine Überzeugung wahr oder falsch. Wie kann es sein, dass das Feuern einer Gruppe von Neuronen *einen Gehalt hat*? Was *bedeutet* es für ein neuronales Ereignis, einen Gehalt zu haben? Keine noch so gründliche Untersuchung dieses Ereignisses würde auch nur im Leisesten darauf hindeuten, dass die feuernden Neuronen eine Überzeugung sind. „Diese Neuronen klicken vor sich hin und schicken elektrische Impulse hin und her. Aber was hat das mit Gehalt zu tun?" (Plantinga 2010, 149) Könnte das Feuern der Neuronen jedoch ein Anzeichen für eine Überzeugung sein, so wie Rauch, der vom Feuer verursacht wird, ein Anzeichen für Feuer ist? Man kann hier, so Plantinga, höchstens von einem anzeigenden Gehalt sprechen, jedoch nicht von einem Überzeugungsgehalt. „Keine materielle Struktur kann eine Überzeugung sein." (Plantinga 2010, 151)

Den wesentlichen Unterschied zwischen Dualismus und Materialismus charakterisiert Plantinga folgendermaßen: „Der Materialist begreift Gedanken als etwas, was von den Mechanismen einer zugrunde liegenden Realität hervorgebracht wird – d.h. von der physischen Interaktion solcher Dinge wie Neuronen; der Dualist denkt jedoch typischerweise von einem immateriellen Selbst, der Seele, einem denkenden Ding, als einem *einfachen*. Ein immaterielles Selbst hat keine Teile; daher werden Gedanken natürlich auch nicht durch die Interaktion seiner Teile generiert." (Plantinga 2010, 156–157) Deshalb geht die Frage „Wie produziert das Selbst das Denken?" ebenso an der Sache vorbei wie die Frage „Wie schafft es ein Elektron, eine Ladung zu haben?" In beiden Fällen gibt es kein Wie. Ein Elektron ist einfach und hat keine Teile. Seine negative Ladung ist eine grundlegende und unmittelbare Eigenschaft, die nicht durch eine Tätigkeit oder durch die Interaktion von Teilen entsteht. Dasselbe gilt vom Selbst und vom Denken. Der entscheidende Unterschied zwischen Immaterialismus und Materialismus liegt darin, dass das Denken eine grundlegende und unmittelbare Tätigkeit des Selbst ist. Wenn es einem materiellen Ding gelänge zu denken, dann müsste dies durch die Tätigkeit seiner Teile geschehen. Für ein immaterielles Selbst gilt das nicht. Seine denkende Aktivität ist grundlegend und unmittelbar. Ein Teil des Geheimnisses des Denkens ist, dass es vollkommen anders ist als das, was materielle Objekte tun. Ernsthaft mysteriös wird das Denken allerdings nur dann, wenn wir annehmen, dass es auf irgendeine physische Weise erzeugt werden muss, durch physische Interaktion zwischen physischen Objekten (vgl. Plantinga 2010, 158).

Christen glauben an die leibliche Auferstehung der Toten. Im Hinblick auf diesen Glauben stellt sich die Frage, was die Identität der irdischen und der auferstandenen Person garantiert. Plantinga fragt: Werden unsere Auferstehungsleiber mit den Körpern identisch (nummerisch identisch) sein, die wir jetzt haben? „Wird der Körper, den ich bei der Auferstehung haben werde, mit dem identisch sein, an dem ich mich gegenwärtig (mehr oder weniger) erfreue?" (Plantinga 2010, 159) Oder werden wir einen verklärten Leib haben? Wird dieser der Körper sein, den wir jetzt haben, oder ein neuer Körper, der nicht nummerisch identisch ist mit dem, den wir jetzt besitzen?

Bei der Klärung dieser Frage sei der Dualismus dem Materialismus ebenfalls überlegen. Für den Dualismus sei diese Frage nämlich von sekundärer Bedeutung. „Dualisten können mit beiden Antworten vollkommen zufrieden sein. Das gilt jedoch nicht für Materialisten." (Plantinga 2010, 160) Wenn ich, im Sinne des Materialismus, nur mein Körper bin, dann muss bei der Auferstehung der Körper, der ich bin, existieren, wenn ich existieren soll. Es ist schwer zu sehen, wie derselbe Körper, der ich jetzt bin, in tausend Jahren existieren kann, wenn er sich in der Zwischenzeit vollkommen auflöst und in seine elementaren Bestandteile zerfällt. Für den Dualisten, so verstehe ich Plantingas Argumentation, garantiert das immaterielle Selbst oder die Seele, dass die auferstandene Person mit der irdischen Person nummerisch identisch ist.

Vito Mancuso: Tod als Verwandlung der Person in reinen Geist

Der italienische Theologe Vito Mancuso versucht in seinem Buch *Die Seele und ihr Schicksal* die Unsterblichkeit der Seele und ein persönliches Weiterleben nach dem Tod rein aus der Entwicklung der Seele zu begründen (vgl. Mancuso 2013). Dabei geht er davon aus, dass die Aussagen der Theologie mit denen der Wissenschaft vereinbar sein müssen. Die Menschen hätten aus Angst vor dem Tod alle möglichen Welten und Paradiese im Jenseits ersonnen. Die Angst vor dem Tod habe die Götter erschaffen. „Der Tod ist der Ursprung jeglichen religiösen Diskurses, ob nun wahr oder falsch, und es ist sicher kein Zufall, dass die ersten religiösen Riten mit dem Totenkult in Verbindung stehen und die ersten Tempel Grabstätten waren. Die Religion der alten Ägypter war nahezu ausschließlich auf den Umgang mit dem Tod ausgerichtet." (Mancuso 2013, 21) Auch die Philosophie, so Mancuso, wäre ohne den Gedanken an das Schicksal nach dem Tod nicht entstanden. Der Wunsch, über den Tod zu obsiegen, sei der Ursprung von Religion und Philosophie gleichermaßen. Wenn es uns nicht gelingt, das Geheimnis des Todes zu entschlüsseln, woher sollen wir dann wissen, wie wir leben und welche Richtung wir unserem Dasein geben sollen? „Wer nicht weiß, weshalb er stirbt, weiß nicht, weshalb er lebt. Wer nicht weiß, was der Tod ist, weiß nicht, welche Möglichkeit das Leben anzubieten hat. Wer Angst vor dem Tod hat, hat auch Angst vor dem Leben.“ (Mancuso 2013, 23)

Mancuso geht es darum, die Seele im Lichte der Natur zu erkennen. Er betrachtet die Seele als Teil der Natur, als Prinzip des Lebens, als kosmische Wirklichkeit. Unter Natur versteht er den Urgrund des Seins, der alle Dinge entstehen lässt, die belebten wie die unbelebten. Die moderne Physik sagt uns, dass dieser Urgrund Energie ist. Deshalb sei die grundlegende Frage: Warum gibt es Energie und nicht Stillstand? Warum bewegt sich alles, statt zu ruhen? Die Energie schuf zuerst die Materie und im Verlauf der Evolution auch den Menschen. Wir sollten uns von der armseligen, materialistischen Vorstellung, die Materie sei formlos und tot, befreien. Der Atem des Lebens sei bereits im Staub der Materie enthalten. „Wir müssen also unsere Sicht der Dinge ändern, vor allem im Hinblick auf das, was in Gen 2,7 steht: ‚Da formte Gott der Herr den Menschen aus Erde vom Ackerboden und blies in seine Nase den Lebensatem.‘ Um im Bild der Bibel zu bleiben, müsste Gott den Lebensatem *zuerst* der Erde eingehaucht haben, der *materia-mater*, die dann aus sich selbst heraus das Leben in all seinen Formen, den Menschen eingeschlossen, hervorgebracht hat.“ (Mancuso 2013, 30)

Damit umreißt Mancuso den Hintergrund, vor dem er seine Überlegungen zur Seele und ihrem Schicksal entfaltet. Seiner Ansicht nach gipfelt das Schicksal der Seele nicht im Tod, sondern im Leben. Unsere gegenwärtige Lage sei dadurch gekennzeichnet, dass wir über das Leben nach dem Tod nichts wissen. Die jüngere Theologie habe sich bei dieser Frage ausschließlich auf die Bibel gestützt, die zum Großteil aus Büchern besteht, in denen von einem Leben nach dem Tode, das diesen Namen verdient, keine Rede ist. Da die heutigen Christen über das Leben nach dem Tod als solches nichts wissen, gründen sie ihre Hoffnungen allein auf die Auferstehung Christi. Es gibt ein diffuses Unbehagen gegenüber der traditionellen Lehre vom Weiterleben der Seele nach dem Tod des Körpers. „Die Katholiken haben sich weit von der Metaphysik der alten Griechen entfernt und können sich heute nicht mehr vorstellen, dass die Seele getrennt vom Körper überleben könne. Das ist nur logisch, denn solange sie keinen klaren Begriff von der Seele haben, wissen sie ja nicht, wovon sie reden, wenn sie ihn benutzen." (Mancuso 2013, 60) Kirche und Bibel böten dem gläubigen Menschen von heute zur Frage des Lebens nach dem Tod nur die Auferstehung Jesu als Stütze an. Im theologischen Menschenbild der jüngeren Zeit und im christlichen Denken herrsche eine vollständige Abwesenheit der „Seele".

Mancuso geht davon aus, dass die Seele an sich unsterblich ist. Die Auferstehung Jesu konnte nur deshalb geschehen, weil die Möglichkeit eines Lebens nach dem Tod bereits im Schoß der Schöpfung angelegt war, die aus dem göttlichen Schöpfungsakt hervorging. Im Übrigen gebe es zur Auferstehung Christi nicht viel zu sagen. Entweder man glaubt daran oder man glaubt nicht daran. Von den sieben Milliarden Menschen, die heute leben, sind mehr als zwei Drittel keine Christen. Sie können die Auferstehung Jesu nicht als Lösung für das Problem des Lebens nach dem Tod akzeptieren. Damit werde klar, dass es eine andere Möglichkeit geben müsse. Mancuso versteht seine Ausführungen über die Seele und ihr Schicksal als Entwurf einer universellen Theologie. Wenn wir auf eine sinnvolle Weise über die letzten Dinge nachdenken wollen, dann müssen wir gleichzeitig über die Seele nachdenken. „Der Himmel lebt in uns, er ist gleichzusetzen mit den weiten Räumen unserer Seele, in denen das Wunder des Guten geschieht, das als höchste, als vollkommenste Wirklichkeit die Transzendenz erkennen lässt." (Mancuso 2013, 64)

Mancuso deutet die drei vom griechischen Philosophen Aristoteles beschriebenen Seelenvermögen in einem modernen Kontext. Das vegetative Seelenvermögen zeigt sich bei uns Menschen im Atem und in allen unbewussten Mechanismen, die unsere Körperfunktionen regeln. Das sensitive Seelenvermögen äußert sich in bestimmten Zügen, die unserem Charakter und Temperament ein individuelles Gepräge verleihen. Im Gegensatz zu den Tieren besitzen wir Menschen ein intellektuelles Seelenvermögen, das seit Jahrhunderten als Vernunft bezeichnet wird. Mancuso spricht vom Geist als der Speerspitze der Seele. Geist ist mehr als Vernunft, und Vernunft ist mehr als Gehirn. Eine der größten spekulativen Errungenschaften des Christentums sieht Mancuso darin, dass es den Bruch innerhalb der Dimension des Geistes erkannte. Das Christentum weiß um die Zerrissenheit des Geistes, der neben dem Guten auch das Böse hervorbringen kann. Neben dem heiligen Geist gibt es auch den unreinen Geist. In der Legende vom Fall der Engel drückt das Christentum die Erkenntnis aus, dass der Ursprung des Bösen ebenfalls im Geist liegt. Die Natur hingegen kennt das Böse nicht, und auch auf der vegetativen und sensitiven Ebene der Seele gibt es das Böse nicht. Wenn man das Gute nicht kennt, kann das Böse gar nicht entstehen, dann herrscht nur Unwissenheit. Die geistige Dimension der Seele, die Intelligenz und Willen umfasst, ist mit dem Bösen vertraut, ja sogar fähig, es hervorzubringen. Edelste Aufgabe des Menschen ist es, den Geist in sich zu einem *heiligen* Geist zu machen, ihn auf das Gute hin auszurichten, auf das Licht der Gerechtigkeit und Ordnung, auf das Licht und die Weisheit, die am Ursprung der Welt stehen. Der gerechte Mensch übt sich im Guten und lebt im Guten, um der Liebe zum Guten willen.

Unsterblichkeit der Seele oder Auferstehung des Fleisches bezeichnet Mancuso als falsche Antithese. Die Idee von der Auferstehung des Fleisches nennt er eine antiquierte Vorstellung, die den Körper von der Seele und die Masse von der Energie trennt. „Das christliche Dogma von der Wiederauferstehung des Fleisches hat also wenig Sinn, wenn man es wörtlich versteht als Leben, das sich in einem fleischlichen Körper fortsetzt. Doch es lässt sich ja auch spekulativ verstehen als Fortdauern der Persönlichkeit, des personalen Prinzips unseres Ich. Die intellektuelle Seele, die als Einzige die Unsterblichkeit zu erlangen vermag, würde ihre Fähigkeit, *ich* zu sagen, nicht verlieren." (Mancuso 2013, 240)

Das Überleben des Todes ist nach Mancuso eine natürliche Eigenschaft der Seele. Die Seele lebt weiter, auch wenn der Körper tot ist. Dabei bleiben die persönlichen Eigenarten des Menschen erhalten. Die traditionelle Lehre von der Auferstehung des Fleisches ist als Hinweis darauf zu verstehen, dass das persönliche Leben weitergeht. Gegenüber der Trennung von Masse und Energie, von Körper und Seele, betont Mancuso: Energie kann weder geschaffen noch zerstört werden, Materie hingegen entsteht und vergeht. In unserer Welt gibt es keine Energie in Reinsubstanz. Sie kann nur über einen materiellen Träger existieren. Dasselbe gilt für Körper und Seele. Der Körper kann ohne die Seele nicht existieren. Er ist eine Konfiguration der Seele. Was Körper und Seele unterscheidet, ist nur eine verschiedene Konfiguration der Energie. Im Körper ist die Energie vollkommen gebunden, in der Seele ist sie teilweise frei und im Geist ist sie vollkommen frei. Körper und Seele sind eins, weil das Sein unteilbar ist. In der Ewigkeit kann es keinen Leib geben, weil es weder Raum noch Zeit gibt. Die einzige Dimension, die Gott zukommt, ist der Geist. „Dann ist es gleich, ob wir von der Unsterblichkeit der Seele oder der Wiederauferstehung des Fleisches sprechen, denn dann ist damit ein und dasselbe gemeint.“ (Mancuso 2013, 241)

Mancuso leitet die Unsterblichkeit der Seele aus der kosmischen Perspektive ab. Woher kommt das Leben? Wohin führt es und welches Ziel hat es? Gott schuf im Schöpfungsakt das unpersönliche ordnende Prinzip der Natura-Physis. Eine unpersönliche kosmische Weisheit lenkt die Welt. Sie formt die formlose Energie in immer höhere Komplexitätsgrade, „bis sie sich im Geist des Menschen als Weisheit selbst begreift“ (Mancuso 2013, 315). Gott, der Ursprung des ordnenden Prinzips, ist personale Liebe. Er schuf die Energie, aus der die Welt durch das ordnende Prinzip materiell geschaffen wird. Sinn der Schöpfung ist die Geburt der Freiheit. Seele ist *Freiheit*. Jeder Mensch ist, allein weil er Mensch ist, zur Unsterblichkeit bestimmt. Das ewige Leben besteht in der Gottesschau. Mancuso deutet dieses Leben als Vergöttlichung des Menschen, als Transformation des Menschen in reinen Geist, wobei seine personale Identität und Eigenart erhalten bleiben. Das Schicksal der Seele ist nicht der Tod, sondern das Leben bei Gott.

Materialistisch-monistische Deutungen – Ein Leben nach dem Tod mit materieller Grundlage

Kann ein Christ Materialist und trotzdem davon überzeugt sein, dass es ein Leben nach dem Tod gibt? Ist ein Überleben des Todes im Rahmen einer materialistischen Sicht des Menschen denkbar? Materialistisch orientierte Autoren betonen die Wichtigkeit des Körpers für die menschliche Person. Für sie ist ein Fortleben nach dem Tod ohne materielle Grundlage, ohne Körper, nicht vorstellbar. Das Weiterleben nach dem Tod hängt ausschließlich vom Weiterleben des Körpers ab. Der Körper garantiert die Identität der irdischen und der jenseitigen Person. Im Menschen gibt es keinen nicht-materiellen Teil, der den körperlichen Tod überleben kann. Deshalb lautet die entscheidende Frage: Wie kann ein physischer Körper den Tod überleben? Peter van Inwagen und Dean Zimmerman versuchen, diese Frage zu beantworten.

Peter van Inwagen: Austausch des Körpers im Tod

Der amerikanische Philosoph Peter van Inwagen konvertierte zum Christentum, sieht deshalb jedoch keinen Grund, seine materialistische Sicht der Welt und des Menschen aufzugeben. Er versucht, eine materialistische Deutung der menschlichen Person mit der christlichen Auferstehungshoffnung zu verbinden. Die Christen sprechen beim großen Glaubensbekenntnis die Worte: „Wir erwarten die Auferstehung der Toten und das Leben der kommenden Welt." Für die meisten von ihnen hätten diese Worte jedoch keine Bedeutung und sie ziehen auch keine Schlüsse daraus. Trotzdem sei der Glaube an die Auferstehung Jesu und an die Auferstehung der Toten für das Christentum weiterhin von zentraler Bedeutung. Der Glaube an die Auferstehung der Toten bilde zudem eines der vielen jüdisch-christlichen Elemente, die Eingang in den Islam gefunden haben.

Seine Vorstellung von der Auferstehung der Toten, bemerkt van Inwagen, lässt sich am besten veranschaulichen, indem man sie der platonischen Vorstellung vom Überleben des Todes gegenüberstellt. Platon zufolge leben wir nach dem Tod unseres Körpers als das weiter, was wir immer schon waren: eine Seele. Im Tod verlässt die Seele den Körper, sie befreit sich aus ihrem Gefängnis, ist aber dazu verdammt, das Unglück der Wiederverkörperung zu erleiden. Christen, Juden und Muslime, die an die Auferstehung der Toten glauben, akzeptieren wohl zwei von Platons Thesen über den Tod: „Dass die Person den Tod überlebt und dass die gestorbenen Personen nicht für immer entkörpert bleiben werden“ (van Inwagen 2010, 212). Wer an die Auferstehung glaubt, wird aber folgende Vorstellungen von Platon ablehnen: Dass der Körper ein Gefängnis ist, dass die Seele allein aufgrund ihres Wesens den Tod des Körpers überlebt und dass sie sich wiederholt verkörpern muss. Christen werden zudem darauf bestehen, dass das neue körperliche Leben, das die Seele nach dem Tod erwartet, ein völlig anderes sein wird als das vergangene Leben. „Die Lehre von der Auferstehung ist jedoch nicht mehr als eine Lehre. Es ist keine ausgearbeitete Metaphysik des Körpers, der Seele und des Todes.“ (van Inwagen 2010, 212)

Ist Auferstehung möglich, wenn der Materialismus wahr ist? Dieser schwierigen metaphysischen Frage, so van Inwagen, muss sich der Materialist, der an die Auferstehung der Toten glaubt, stellen. Nach materialistischer Sicht sind wir Menschen keine immateriellen Seelen, sondern materielle Objekte. Wir sind Lebewesen, die zu jedem Zeitpunkt ihres Lebens aus Atomen zusammengesetzt sind. Die Bausteine, aus denen unser Organismus besteht, werden allerdings immer wieder ausgewechselt. Die Tatsache, „dass die Atome, aus denen ein lebender Organismus besteht, in beständigem Fluss sind, konfrontiert den Materialisten, der an die Auferstehung glaubt, mit einer ernsten metaphysischen Schwierigkeit" (van Inwagen 2010, 214).

Van Inwagen illustriert diese Schwierigkeit anhand folgender Überlegung: Wir sollten uns vorstellen, man würde Gott darum bitten, er möge den antiken Philosophen Sokrates von den Toten auferwecken. Wie soll das geschehen? Wie soll Gott Sokrates zurückbringen, der vor langer Zeigt gelebt hat und längst zum Staub zurückgekehrt ist? Zudem war Sokrates zu unterschiedlichen Zeitpunkten aus unterschiedlichen Atomen zusammengesetzt. Die Bitte an Gott, Sokrates zurückzubringen, sei deshalb so sinnvoll wie die Bitte, den Schnee vom letzten Jahr oder das Licht vergangener Zeiten zurückzuholen.

„Wenn Sokrates ein materielles Ding, ein lebender Organismus, war, dann muss es, wenn zu irgendeiner Zeit nach Sokrates' Tod und physischer Auflösung ein Mann lebt, der *Sokrates* sein soll, irgendeine Art materialer und kausaler Verbindung zwischen der Materie, aus der Sokrates zum Zeitpunkt seines Todes zusammengesetzt war, und der Materie, aus der dieser Mann zu irgendeinem Zeitpunkt zusammengesetzt ist, geben. [...] Aber ‚physische Auflösung' und ‚materiale und kausale Verbindung' sind schwer zu vereinbaren." (van Inwagen 2010, 215) Es gibt keine materielle und kausale Verbindung, welche die zeitliche Lücke zwischen Sokrates' Tod und dem Zeitpunkt seiner Auferweckung überbrücken könnte. Sokrates' toter Körper kann Gott auch nicht bloß als Blaupause dienen, um eine Kopie von Sokrates herzustellen. Die Kausalkette würde in diesem Fall allein durch den Geist Gottes verlaufen. Wer eine zufriedenstellende materialistische Theorie der Auferstehung entwerfen will, so van Inwagen, muss zeigen, wie die Forderung nach einer materiellen kausalen Kontinuität erfüllt werden kann, oder zeigen, dass sie illusorisch ist. Er selbst hatte in einem früheren Artikel eine Lösung dieses Problems vorgeschlagen, die, wie er sagt, auf wenig Zustimmung stieß (vgl. van Inwagen 1978). Demzufolge könnte Gott Sokrates' Auferstehung von den Toten folgendermaßen zustande bringen:

„Er könnte 399 v. Chr. den frischen Leichnam des Sokrates an einen entfernten Ort versetzt haben, um ihn dort sicher aufzubewahren (und gleichzeitig den Schierling und den von diesem angerichteten physischen Schaden entfernen) und ihn durch ein *simulacrum* ersetzt haben, ein perfektes physisches Duplikat von Sokrates' Leichnam; später, am Tag der Auferstehung, könnte er den Leichnam des Sokrates wiederbeleben, und der wiederbelebte Leichnam, nicht länger ein Leichnam, sondern aufs Neue ein lebender Organismus, wäre Sokrates." (van Inwagen 2010, 216)

Gott könnte das auch mit einem Teil des Leichnams, zum Beispiel mit dessen Gehirn, machen. Es müsste ein Teil des Leichnams sein, dessen Anwesenheit in einem neuen, vollständigen menschlichen Organismus garantiert, dass dieser Organismus Sokrates ist. Gott könnte also im Augenblick des Todes den frischen Leichnam des Verstorbenen durch ein Duplikat, eine Kopie, ersetzen. Was die Hinterbliebenen als Leichnam zu Grabe tragen oder was im Krematorium eingeäschert wird, wäre ein von Gott geschaffenes Duplikat, ein sogenanntes Simulacrum, das nur scheinbar aussieht wie ein Körper. Das Original, den eigentlichen Körper des Toten, würde Gott im Jenseits zu neuem Leben erwecken.

Diese eher skurril anmutende Geschichte blieb nicht unwidersprochen. Der amerikanische Religionsphilosoph William Hasker meint, hier praktiziert Gott eine massive Täuschung, wenn die von uns bestatteten Körper nicht die Körper der gestorbenen Personen sind. Er fragt: „Und wie würde unsere Haltung gegenüber den ‚Überbleibseln' der Verstorbenen aussehen, wenn wir ernsthaft glaubten, van Inwagens Geschichte sei wahr?" (Hasker 2010, 176) Van Inwagen betont, dass das Leben nach der Auferstehung, wie die biblischen Berichte über die Auferstehung Jesu zeigen, ein physisches Leben, das Leben eines Organismus, ist. Er meint, auch nach unserer Auferstehung werden wir immer noch aus Up-Quarks, Down-Quarks und Elektronen zusammengesetzt sein, auch wenn diese ein wenig anders organisiert sein werden. „Wir werden wie ein schlecht funktionierender Mechanismus sein, der repariert worden ist und jetzt perfekt funktioniert – das heißt, auf physischer Ebene funktioniert, wie es von seinem perfekten Designer geplant war." (van Inwagen 2010, 217).

Van Inwagen möchte seine Vorstellung darüber, wie Gott die Auferstehung zustande bringen könnte, so verstanden wissen, dass er damit sagen wollte: „Er könnte es so machen, *wenn es keine andere Möglichkeit gibt.*" (van Inwagen 2010, 217) Sein Ziel sei es gewesen, für die metaphysische Möglichkeit der Auferstehung der Toten zu argumentieren. Heute sei er geneigt anzunehmen, dass es neben der Geschichte, die er erzählte, so gut wie sicher noch andere Möglichkeiten gibt, wie ein allmächtiges und allwissendes Wesen die Auferstehung der Toten zuwege bringen könnte, Möglichkeiten, die er sich noch nicht einmal vorzustellen vermag. Er nennt seine These, wie Gott die Auferstehung zuwege bringen könnte, jetzt eine „just-so story" (vgl. van Inwagen 2010, 218–219).

Van Inwagen will seine materialistische Sicht der menschlichen Person mit der christlichen Lehre von der Auferstehung der Toten versöhnen. Er betont, dass sein Modell der Auferstehung auf einen wesentlichen Punkt aufmerksam macht. Ein Materialist, der an die Auferstehung glaubt, muss daran festhalten, dass es eine Art physischer Kontinuität, eine materielle und kausale Verbindung zwischen der Person, die stirbt, und der Person, die aufersteht, geben muss. „Wenn menschliche Personen physische Substanzen sind, kann nichts als die physische Kontinuität die Identität der menschlichen Person durch die Zeit garantieren." (van Inwagen 2010, 225) Zwischen der toten Person und der auferstandenen Person muss es eine materielle und kausale Beziehung geben. Wenn wir materielle Wesen sind, dann wird Gott einen materiellen Teil von uns auferwecken, um unsere personale Identität zu garantieren.

Dean Zimmerman: Verdoppelung des Körpers im Tod

Der amerikanische Philosoph Dean Zimmerman bemerkt, es sei nicht leicht, Materialist zu sein und dennoch daran zu glauben, dass es für uns Menschen eine Möglichkeit gibt, den Tod zu überleben. Mit seinem Modell des „fallenden Aufzugs" versucht er zu zeigen, wie der Materialismus mit dem Glauben an die Auferstehung der Toten vereinbar ist (vgl. Zimmerman, 2010 a, 2010 b). Er möchte eine bessere Geschichte erzählen, als die „just-so-story", die Peter van Inwagen erzählte. Der Materialist muss, wie van Inwagen betont, zeigen, dass es eine physische und kausale Verbindung zwischen dem toten Körper und dem auferstandenen Körper gibt, denn nur dadurch kann die Identität der verstorbenen mit der auferstandenen Person garantiert werden. Zimmerman greift diese Forderung zwar auf, bietet aber einen anderen Lösungsvorschlag an als van Inwagen. In seinem Modell des Überlebens ist Gott kein heimlicher „Body-Snatcher", der sich auf unsichtbare Weise den Körper oder Teile davon im Augenblick des Todes schnappt und durch ein Duplikat (Simulacrum) ersetzt. Es findet also kein geheimer Körperaustausch statt. Dem Modell des fallenden Aufzugs zufolge geht das Leben des sterbenden Organismus in eine Richtung, die tote Materie in eine andere.

Nach dem Zerfall oder der Einäscherung meines Körpers, so Zimmerman, kann dieser nicht wiederhergestellt werden. Zwischen meinem zerstörten Körper und meiner leiblichen Auferstehung am jüngsten Tag gibt es keine kausalen Verbindungen mehr. Solche Verbindungen scheinen aber notwendig zu sein, wenn ich, und nicht bloß eine Kopie von mir, auferstehen soll. Wie könnte Gott bei meinem Tod das Überleben meines Körpers sichern?

Um seine Vorstellung vom Überleben des Todes zu verdeutlichen, verwendet Zimmerman das Bild eines abstürzenden Aufzugs. Der Tod gleicht einer Person in einem abstürzenden Paternosteraufzug. Zimmerman sagt, ich könnte dem Tod in einem abstürzenden Paternosteraufzug dadurch entkommen, dass ich, kurz bevor der Aufzug auf dem Boden aufprallt, hinausspringe. Im Sinne dieses Bildes garantiert Gott das Überleben meines Körpers dadurch, dass er ihn, kurz bevor er sein Leben verliert, verdoppelt. Unmittelbar nach meinem Ableben gestattet Gott jedem materiellen Teilchen meines Körpers, sich zu teilen. Auf diese Weise entstehen zwei Versionen von mir: Die eine Version ist der Leichnam, die andere Version ist der auferstandene Körper, der mit Gottes Hilfe die raumzeitliche Lücke vom Diesseits ins Jenseits überquert. Der auferstandene Körper ist mit mir identisch, da er am Leben ist und mit meinem diesseitigen Körper in kausaler Kontinuität steht. Es gibt zwar eine raumzeitliche Lücke zwischen dem diesseitigen und dem jenseitigen Körper, doch durch das Eingreifen Gottes erhält mein Körper die Fähigkeit, diese Lücke zu überspringen. Dadurch bleibt die lebenserhaltende direkte kausale Verbindung zwischen dem toten Körper und dem lebenden Organismus im Jenseits erhalten. Zimmerman geht davon aus, dass die physischen und kausalen Verbindungen, die das Leben erhalten, räumliche und zeitliche Lücken überspringen können. So müsse auch die Tatsache, dass ich gegenwärtig hier stehe, zumindest teilweise kausal aus der Tatsache erklärbar sein, dass ich vor einem Moment hier stand. Wenn der Körper, der damals hier stand, keine kausalen Verbindungen zu dem Körper hat, der jetzt hier steht, dann ist der spätere keine Fortsetzung des älteren, sondern ein Ersatz, der nur zufällig dem alten ziemlich ähnlich sieht (vgl. Zimmerman 2010 a, 127).

Zimmerman resümiert: „Demnach haben wir eine Geschichte, die alles enthält, was wir wollen: Der Haufen toter Materie, den ich hinterlasse, besteht aus dem Material, das wirklich Teil meines Körper war (es ist kein Simulacrum; Gott ist kein Body-Snatcher), und der auferstandene Körper ist wirklich identisch mit diesem gegenwärtigen – er steht in kausaler Kontinuität mit ihm, gerade so, wie die aneinandergrenzenden Stadien meines gegenwärtigen Körpers untereinander in kausaler Kontinuität stehen. Nur besteht in diesem Fall eine räumliche oder raumzeitliche Lücke; durch göttliche Intervention erhält mein armer Körper die Kraft, diese zu überqueren." (Zimmerman 2010 a, 133)

Der amerikanische Religionsphilosoph William Hasker bemerkt, dass im Modell von Zimmerman die auferstandene Person mit der verstorbenen Person nicht identisch sein kann. Es sei kategorisch ausgeschlossen, dass irgendjemand oder irgendetwas von sich selbst unterschieden sein kann. Zimmerman zufolge findet kein Körperaustausch, sondern eine Körperspaltung statt. Das eine Spaltungsprodukt ist der Leichnam, das andere die auferstandene Person. Das erfordere die Annahme einer „Engster-Nachfolger-Theorie" bezüglich der Frage, was die Identität der Person durch die Zeit garantiert, angesichts der Tatsache, dass diese sich körperlich verändert. Der Auferstehungsleib, so Hasker, sei nur deshalb derselbe wie die gestorbene Person, weil es keinen anderen Körper mit gleichem oder überlegenem Anspruch darauf gibt, die betreffende Person zu sein. Wären beide Körper wiederbelebt worden, dann könnten sie den gleichen Anspruch anmelden, und da nicht beide die gestorbene Person sein können, wäre es keiner von ihnen. Hasker kritisiert vor allem, dass die von Zimmerman vorgelegte „Engster-Nachfolger-Theorie" keine Identität im strengen Sinne begründen kann. Sein Fazit: „Wenn Sie ein Materialist sind, der Überleben und Auferstehung vertreten will, dann könnte es sehr wohl der Fall sein, dass das Körper-Austausch-Szenario van Inwagens die konkurrenzlose Alternative ist." (Hasker 2010, 177) Für Hasker ist es plausibel, dass die Identität der Person durch einen solchen Körperaustausch hindurch aufrechterhalten bleiben kann.

Zimmerman bemerkt, dass er persönlich nicht davon überzeugt ist, dass wir Menschen bloße Organismen sind. Das verwundert, denn seine Theorie des fallenden Aufzugs funktioniert nur, wenn wir bloße Organismen sind. Sich selbst bezeichnet er manchmal als christlichen Dualisten. Wichtige theologische Traditionen im Christentum würden eine dualistische Sicht der menschlichen Person favorisieren. Zimmerman *vermutet*, dass wir Menschen aufgrund unseres Gehirns immaterielle denkende

Wesen sind. Er meint zudem, selbst wenn die Seele des Menschen durch neuronale Aktivität hervorgebracht, aufrechterhalten und deshalb von Natur aus nicht unsterblich sein sollte, könnte Gott diese nach dem Tod bis zur Vereinigung mit dem (oder einem) Körper erhalten. Christen glauben an die leibliche Auferstehung und die Erneuerung des gesamten Kosmos. Sie erwarten, dass Gott bei der Auferstehung das Fortleben ihres Körpers sichert, eines Körpers, der, allem Anschein nach, im Grab verwest, eingeäschert wird, in einer Atomexplosion verdampft oder eines der vielen in der Literatur über die Auferstehung erwähnten Schicksale erleidet. Das Modell des fallenden Aufzugs mag zwar nicht die einzige Art und Weise sein, auf die Gott das Überleben des Körpers zustande bringen kann, es könnte aber *ein* Weg dazu sein. Was das Überleben seines eigenen Todes betrifft, so Zimmerman, möchte er sich lieber nicht auf das Modell des fallenden Aufzugs verlassen (vgl. Zimmerman 2010 b, 37, 50).

Vermittelnde Deutungen – Zwischen Dualismus und Materialismus

Lynne Rudder Baker: Konstitutionstheorie der Person

Was ist eine Person? Was macht die Identität einer Person aus? Die amerikanische Philosophin Lynne Rudder Baker betont, dass eine Person weder mit ihrem Körper noch mit einer immateriellen Seele identisch ist. Es ist zwar notwendig, dass die Person einen Körper hat, aber es ist nicht notwendig, dass sie den Körper hat, den sie tatsächlich hat. Obwohl die Bausteine ihres organischen Körpers im Laufe der Jahre ausgetauscht werden, übersteht sie diesen Austausch ohne Unterbrechung ihrer geistigen Funktionen. Der französische Philosoph René Descartes identifizierte sich selbst mit einem denkenden Etwas, das zweifelt, bejaht, verneint, überlegt und empfindet. Dieses Etwas, so Rudder

Baker, ist jedoch weder ein immaterieller Geist noch ein materielles Gehirn, sondern die Person. Der sogenannten Konstitutionstheorie der Person zufolge, die sie vertritt, „ist eine menschliche Person konstituiert durch einen menschlichen Organismus – aber nicht identisch mit ihm. Zum Wesen einer Person gehört es, eine Erste-Person-Perspektive zu besitzen, und es gehört zum Wesen eines Organismus, zusammenhängende biologische Funktionen zu besitzen“ (Rudder Baker 2010 a, 189). Es ist nicht das Gehirn, das denkt, sondern die Person denkt mithilfe ihres Gehirns. Es sind nicht die Beine und Füße, die gehen, sondern die Person geht mithilfe ihrer Beine und Füße. Was einen Menschen zu einer Person macht, ist, dass diese durch einen bestimmten menschlichen Organismus mit bestimmten kognitiven Fähigkeiten konstituiert ist.

Personen unterscheiden sich von allen anderen Wesen dadurch, dass sie eine Erste-Person-Perspektive besitzen. Diese Perspektive bildet die Grundlage ihres Selbstbewusstseins und ermöglicht ein Innenleben aus Empfindungen, Gedanken und Gefühlen, die man als die eigenen wahrnimmt. Die Erste-Person-Perspektive ist die notwendige und hinreichende Bedingung dafür, dass Personen ein Leben lang mit sich selbst identisch sind. Das, was etwas zu einer Person macht, ist nicht der „Stoff“, sondern der Besitz einer Erste-Person-Perspektive. Es spielt keine Rolle, ob etwas aus einem organischen Material oder aus Silikon gemacht ist, oder ob, wie im Fall Gottes, überhaupt kein „Stoff“ vorhanden ist.

Der Ausdruck *Erste-Person-Perspektive* oder *Erlebnisperspektive* bezieht sich auf die Tatsache, dass wir zu unserem eigenen Erleben einen direkten und unmittelbaren Zugang von innen her haben. Aktuelle Empfindungen und Gefühle erleben wir mit zweifelsfreier Gewissheit und auf eine einmalige und unverwechselbare Art und Weise. Unser Erleben und unser Bewusstsein sind in diesem Sinne subjektiv und an die Erste-Person-Perspektive gebunden. Diese Perspektive kann von außen, von einem objektiven Standpunkt aus, nicht eingenommen werden. Wissenschaft operiert aus der *Beobachterperspektive* oder der *Dritten-Person-Perspektive.* Sie versucht, das Bewusstsein und Erleben von außen zu erforschen, zum Beispiel anhand der verbalen Äußerungen von Personen, anhand von Verhaltensbeobachtung und mithilfe der Hirnforschung. Die Qualität des Erlebens, die Art, wie es für die betreffende Person ist, etwas zu empfinden, zu fühlen, sich an etwas zu erinnern oder etwas zu wissen, kann dadurch jedoch nicht erfasst werden. Erlebnisqualitäten sind nur der erlebenden Person selbst aus der Ersten-Person-Perspektive unmittelbar zugänglich. Niemand weiß, wie es für mich ist, das Blau des Herbsthimmels in den Dolomiten oder den ersten Schnee in den Bergen zu erleben. Erlebnisse gibt es nicht an sich. Sie sind immer jemandes Erlebnisse. Die beiden Perspektiven, die Erste-Person-Perspektive und die Dritte-Person-Perspektive, lassen sich nicht aufeinander reduzieren.

Haben Babys und Menschen im Koma auch eine Erste-Person-Perspektive? Menschliche Babys werden, wie Rudder Baker unterstreicht, mit einer „rudimentären Erste-Person-Perspektive" geboren. Sie können empfinden, nachahmen und sich so benehmen, dass man ihnen Überzeugungen und Wünsche zuschreiben muss, um ihr Verhalten zu erklären. Aufgrund der Tatsache, dass sie eine rudimentäre Erste-Person-Perspektive haben, sind Babys Personen und gehören der menschlichen Spezies an. Auch Menschen, die an Demenz erkrankt oder geistig behindert sind, besitzen nach wie vor eine Erste-Person-Perspektive. Sie können sich selbst immer noch als ein „Ich" begreifen. „Solange es für einen Patienten physisch (selbst im Koma) möglich ist, die Fähigkeit wiederzugewinnen, sich selbst aus der Perspektive der Ersten Person zu betrachten, handelt es sich um eine Person. Wenn die physische Voraussetzung dieser Fähigkeit für immer verloren ist (wie im Fall von Terry Schiavo), doch das Stammhirn immer noch funktioniert, handelt es sich nicht mehr um eine Person, sondern nur noch um einen Organismus." (Rudder Baker 2010 a, 192)

Die zentralen Aussagen der Konstitutionstheorie sind: Eine Person ist nur dann eine Person, wenn sie eine Erste-Person-Perspektive besitzt. Ohne diese Perspektive hören wir auf, als Personen zu existieren. Die Beziehung der Person zu ihrem Körper ist eine der Konstitution, nicht der Identität. Eine Person könnte aufhören, einen organischen Körper zu haben, ohne aufzuhören zu existieren. Was uns zu ein und derselben Person macht, was uns Identität und Dauerhaftigkeit (Persistenz) verleiht, ist nicht unser Organismus mit seinen biologischen Funktionen, sondern allein die Erste-Person-Perspektive. Diese bildet die Grundlage dafür, dass wir mit uns selbst durch die Zeit nummerisch identisch sind. „Die Persistenzbedingungen von Lebewesen – allen Lebewesen, ob menschlich oder nicht – sind biologisch; und die Persistenzbedingungen von Personen – allen Personen, ob menschlich oder nicht – sind nicht biologisch." (Rudder Baker 2010 a, 196) Verliert jemand die physischen Voraussetzungen für das Vermögen, sich selbst aus der Ersten-Person-Perspektive zu betrachten, dann ist er keine Person mehr, sondern nur noch ein Organismus.

Wie stellt sich aus Sicht der Konstitutionstheorie die Möglichkeit eines Lebens nach dem Tod dar? Die christliche Sicht der Auferstehung, so Rudder Baker, enthält drei Merkmale: Identität, Körperlichkeit und Wunder. Auferstehung verlangt erstens, dass die irdische Person und die auferstandene Person nummerisch identisch sein müssen. Die Person, die vor dem Tod existierte, muss dieselbe sein, die nach dem Tod existiert. Zweitens erfordert Auferstehung irgendeine Form körperlichen Lebens nach dem Tod, einen „unvergänglichen" oder „verherrlichten" Körper. Drittens ist nach christlicher Lehre das Leben nach dem Tod ein Wunder, ein Geschenk Gottes. Darin unterscheidet sich diese Lehre von der griechischen Vorstellung der Unsterblichkeit als einer natürlichen Eigenschaft der Seele. Rudder Baker will zeigen, dass die Konstitutionstheorie der Person die christliche Lehre von der Auferstehung besser unterstützt als andere Theorien, wie beispielsweise der Immaterialismus oder der Thomismus. Dem Immaterialismus zufolge garantiert allein die Seele die nummerische Identität der irdischen und der auferstandenen

Person. Dies widerspricht nach Rudder Baker aber dem, was wir über die natürliche Welt wissen. Wir Menschen haben uns durch natürliche Selektion entwickelt. Wir sind Teil der natürlichen Ordnung, immaterielle Seelen hingegen sind es nicht. Wie hätten sich immaterielle Seelen durch natürliche Selektion entwickeln können? Dem Animalismus zufolge ist eine menschliche Person identisch mit einem menschlichen Lebewesen. Sie ist nichts anderes als ihr menschlicher Körper. Hört ihr Körper ein für alle Mal auf zu existieren, dann hört auch die Person auf zu existieren. Ein Leben nach dem Tod ist für die Vertreter des Animalismus nur denkbar, wenn der auferstandene unvergängliche Körper derselbe ist wie der vergängliche irdische Körper. Irdische Körper sind Organismen, und diese sind ihrem Wesen nach kohlenstoffbasiert. „Alles, was kohlenstoffbasiert ist, ist vergänglich. Alles, was unvergänglich ist, ist daher nicht kohlenstoffbasiert, und es handelt sich weder um einen Organismus noch um einen menschlichen biologischen Körper. Da auferstandene Körper unvergänglich sind, sind sie nicht kohlenstoffbasiert und von daher nicht identisch mit Organismen, menschlichen biologischen Körpern." (Rudder Baker 2010 a, 200). Mit der Lehre von der leiblichen Auferstehung ist es nicht vereinbar, den vergänglichen menschlichen Körper als Wesensmerkmal einer Person zu betrachten. Der Thomismus, die philosophisch-theologische Lehre, die auf dem Werk des Thomas von Aquin beruht, übernimmt von Aristoteles die Sicht des Menschen als einer Substanz, für die der Körper den Stoff und die Seele die Form bereitstellt. Der Mensch ist demnach zusammengesetzt aus einer Geistseele (Form) und einem Körper (Stoff). Rudder Baker erörtert zwei Schwierigkeiten, die sich, ihrer Meinung nach, für die christliche Lehre von der Auferstehung aus dem Thomismus ergeben. Die erste Schwierigkeit ist die gleiche, mit der auch der Animalismus konfrontiert ist: Eine menschliche Person kann zu unterschiedlichen Zeitpunkten nicht nummerisch verschiedene Körper besitzen; der auferstandene Leib einer Person muss nummerisch identisch sein mit ihrem Körper auf der Erde. Die zweite Schwierigkeit ist die Frage, wie körperlose Seelen zu individuieren sind. Thomas zufolge ist die Seele keine Substanz. „Es ist schwer einzusehen, wie Thomas von Aquin die aristotelische Sicht, dass es der Stoff ist, der die Dinge individuiert, mit der Ansicht vereinbaren will, dass die Seele eine substanzielle Form ist, die abgesondert von einem Körper ‚subsistieren' – und Gott erfahren – kann, ohne einen Körper zu haben." (Rudder Baker 2010 a, 202) Der Konstitutionstheorie zufolge hängt die Identität einer Person von ihrer Ersten-Person-Perspektive ab. Darin sieht Rudder Baker den großen Vorteil dieser Theorie, denn sie vermeide das Problem der nummerischen Identität von vergänglichen und unvergänglichen Körpern – ein Problem, das sowohl den Animalismus als auch den Thomismus belastet. Es stellt sich jedoch die Frage: Aufgrund welcher Kriterien hat eine Person über die Zeit hinweg immer die gleiche Erste-Person-Perspektive? Was garantiert, dass die auferstandene Person im Jenseits die gleiche Erste-Person-Perspektive besitzt wie die Person im Diesseits? Auf diese Frage, so Rudder Baker, gibt es keine gehaltvolle nichtzirkuläre Antwort. In den christlichen Erzählungen sei die Erste-Person-Perspektive jedoch sehr wichtig. Vom Menschen her gesehen würde es ohne diese Perspektive keine Sünder und keine Büßer geben. Von der göttlichen Seite her gesehen erfordere das Sühneopfer Christi, dass Christus leidet. Ein wichtiger Aspekt seines Leidens bestand in der Vorwegnahme seines Todes, und das wäre ohne eine Erste-Person-Perspektive unmöglich gewesen. In der christlichen Erzählung spielt die Erste-Person-Perspektive eine zentrale Rolle. Christen haben deshalb gute Gründe dafür, den Besitz der Ersten-Person-Perspektive als das wesentlichste Merkmal unseres Menschseins zu betrachten (vgl. Rudder Baker 2010 b, 176).

Der amerikanische Philosoph Kevin Corcoran bemängelt an der Konstitutionstheorie, dass sie keine Aussagen über die Beziehungen der Personen untereinander, über ihre wechselseitige Beeinflussung und Abhängigkeit, macht. Sie thematisiert nicht, dass Personen Beziehungswesen und Gemeinschaftswesen sind.

Ohne ein ganzes Netz von Beziehungen unter den Menschen hätte sich eine Erste-Person-Perspektive wahrscheinlich nie entwickeln können. Unser Anfang und unser Ende, so betonen jüdische und christliche Schriften gleichermaßen, geschieht in Gemeinschaft mit anderen (vgl. Corcoran 2010).

Josef Quitterer kritisiert an der Konstitutionstheorie, dass das *Haben* einer Ersten-Person-Perspektive allein nicht ausreicht, um die Identität der Person durch die Zeit zu garantieren, vor allem nicht in Zeiten der Bewusstlosigkeit und dramatischer Veränderungen der Persönlichkeit. Viel entscheidender sind das *Vermögen* oder die *Disposition* der Person, eine Erste-Person-Perspektive zu haben. Unser Identitätserleben durch die Zeit wird nicht ausschließlich durch geistige Fähigkeiten wie das Nachdenken über uns selbst garantiert. Das Erleben, mit uns selbst durch die Zeit identisch zu sein, ist viel ursprünglicher und grundlegender als jedes Nachdenken darüber. Es ist bereits in der Organisationsstruktur unseres Organismus grundgelegt, und zwar längst vor der Entwicklung der geistigen Tätigkeiten, mit denen wir uns auf uns selbst beziehen. Das Vermögen, eine Erste-Person-Perspektive zu haben, benötigt wie jedes Vermögen einen Träger oder eine Substanz. Die Identität des Vermögens ist somit abhäng von der Identität ihres Trägers (vgl. Quitterer 2010 a).

Thomas von Aquin: Auferstehung des ganzen Menschen

Thomas von Aquin versucht, die Seelenlehre des Aristoteles mit dem christlichen Glauben an die leibliche Auferstehung zu verbinden. Wie für Aristoteles ist auch für Thomas die Seele das innere Zentrum aller Lebewesen, das, was das Lebendige vom Leblosen unterscheidet. Belebte Körper nehmen Nahrung auf, wachsen und bewegen sich. Die Ursache dafür liegt in ihnen selbst und nicht außerhalb von ihnen. Der primäre Grund für die Lebendigkeit kann nicht die Körperlichkeit an sich sein, denn sonst müssten alle Körper Leben haben und Leben bewirken können. Wie Aristoteles unterscheidet Thomas verschiedene Arten von Lebewesen und spricht ihnen jeweils andere Vermögen zu: den Pflanzen das vegetative Vermögen, den Tieren das sensitive Vermögen und den Menschen das geistige Vermögen. Im Gegensatz zu den Pflanzen und Tieren ist der Mensch ein denkendes, vernunftbegabtes Lebewesen, ein *animal rationale*.

Thomas betont die Einheit von Körper und Seele. Er lehnt die dualistische Vorstellung Platons ab, derzufolge der Mensch letztlich seine Seele sei, die einen Körper habe; der Körper sei demnach das Gefängnis der Seele, und die Seele sei das, was den Menschen eigentlich ausmacht. Zudem kritisiert er die Abwertung des Körpers durch Platon und missbilligt auch dessen These von der Seelenwanderung. Der Mensch besteht nicht aus zwei entgegengesetzten Größen: Körper und Seele. Diese sind nicht zwei Wirklichkeiten oder zwei Teile des Menschen. Wirklich ist immer nur der eine Mensch, ganz Seele und ganz Körper. Menschliche Tätigkeiten sind stets Tätigkeiten des ganzen Menschen. Der Mensch ist eine substanzielle Einheit, er ist Körper und er ist Seele (vgl. Neuner 2000, 225–227). Die menschliche Seele, die Geistseele, verwirklicht auch die Leistungen und Fähigkeiten der Tierseele und der Pflanzenseele. Zwar haben wir Menschen das vegetative Leben der Ernährung und des Wachstums mit den Pflanzen gemeinsam, ebenso das sinnliche Leben der Wahrnehmung und des Begehrens mit den Tieren, aber das Leben gemäß der Vernunft ist nur uns eigen. „Es gibt keine andere substanzielle Form des Menschen als nur die Geistseele, und wie sie selbst virtuell die sensitive und vegetative Seele enthält, so enthält sie virtuell auch andere niedere Formen." (Sth I, q. 76, a. 4) Der einzelne Mensch unterscheidet sich von allen anderen Menschen vor allem aufgrund seines Körpers. Wegen seiner Leiblichkeit wird er zu einem Individuum und damit auch zu einer Person (vgl. Neuner 2000, 226). Einerseits betont Thomas ganz im Sinne von Aristoteles die Einheit von Materie und Form, von Körper und Seele, andererseits weist er darauf hin, dass mit der Höherentwicklung der Lebewesen die Form von der Materie unabhängiger wird. Im

Vergleich mit den Pflanzen und Tieren erreicht der Mensch aufgrund seines Geistes einen relativ hohen Grad an Unabhängigkeit von der Materie. Er kann die Umwelt und sich selbst zum Gegenstand seiner Erkenntnis machen. In seiner Körperlichkeit gehört er zwar ganz zur Welt des Vergänglichen, in seiner Geistigkeit nähert er sich aber den rein geistigen Wesen, den Engeln und Gott.

In welchem Sinn kann im Rahmen der aristotelischen Philosophie überhaupt von einem Leben nach dem Tod gesprochen werden? Nach Aristoteles ist die Menschenseele in erster Linie „das, wodurch wir primär leben, wahrnehmen und denken" (De anima II 2, 414 a 12). Vernunft und Denkkraft, die Geistseele, ist auch für Aristoteles vom Körper abtrennbar, wie das Ewige vom Vergänglichen. Wie kann aber die Geistseele, die vom Leib trennbar ist, noch Form des Gesamtorganismus sein? Muss sie nicht mit dessen Tod ebenfalls zugrunde gehen? Die Form einer Statue hört auch auf zu bestehen, wenn die Statue zerstört wird. Aristoteles wich dieser Schlussfolgerung aus: Seiner Ansicht nach hören nur die niederen Seelenteile mit dem Tode auf zu bestehen, jedoch nicht der Geist als tätige Vernunft. Der tätige Geist ist unvergänglich, während die Bewusstseinsinhalte vergehen. Daher ist anzunehmen, dass der Geist nach dem Tod keine Erinnerungen mehr an die Erfahrungen des vorangegangenen Lebens hat (vgl. Röd, 1994, 169–170). Aristoteles unterscheidet zwischen tätiger und leidender, zwischen aktiver und passiver Vernunft. Die aktive Vernunft ist unsterblich und ewig, ihrem Wesen nach reine Wirklichkeit (vgl. De anima III 5, 430a 17f). Die anderen Seelenteile gehen mit dem Tod des Organismus zugrunde. Unsterblichkeit bedeutet bei Aristoteles nicht individuelle Unsterblichkeit, sondern Unsterblichkeit der göttlichen Vernunft, an der die menschliche Geistseele teilhat. Streng genommen ist die Annahme einer vom Leib abtrennbaren Seele mit der Auffassung der Seele als Form des Gesamtorganismus nicht vereinbar. Wenn man Seele als Lebensprinzip versteht, dann geht sie mit dem Tod des Leibes zugrunde (vgl. Hirschberger 1957, 187). Für Aristoteles ist die Seele ja Form des lebendigen Organismus, der Grund dafür, dass man von einem Wesen sagen kann, dass es lebt. Die Seele kann nicht für sich allein existieren, sondern braucht zu ihrer Existenz einen Träger, einen Organismus. So verstanden kann die Seele nach dem Tod ihres Organismus nicht weiterexistieren. Diese naturalistische Deutung der aristotelischen Seelenlehre berücksichtigt allerdings jene Stellen nicht, an denen Aristoteles vom Vernunftprinzip spricht. Was nach Aristoteles auch ohne Körper weiterexistieren kann, ist nur das aktive Prinzip der menschlichen Vernunft, die tätige Vernunft. Angesichts der Mehrdeutigkeit der Texte war die Frage, ob die Annahme einer individuellen Unsterblichkeit mit den Voraussetzungen der aristotelischen Seelenlehre verträglich ist, stets kontrovers. Den Schriften des Aristoteles ist keine einheitliche Theorie über das Verhältnis von Körper und Geist zu entnehmen. Vertreter sehr verschiedener Auffassungen konnten sich deshalb auf seine Seelenlehre berufen. Für die christliche Deutung der individuellen Unsterblichkeit wurde diese Lehre ebenso in Anspruch genommen wie für pantheistische Auffassungen oder für eine naturalistische Seelendeutung (vgl. Röd, 1994, 171–172). Bei Aristoteles finden sich sowohl Ansatzpunkte für die Unsterblichkeit der Seele als auch für das Gegenteil.

Obwohl Thomas in seiner Deutung des Verhältnisses von Körper und Geist auf die Seelenlehre des Aristoteles zurückgreift, verteidigt er die Auffassung von der individuellen unsterblichen Seele. Der menschlichen Seele räumt er gegenüber der Tierseele und Pflanzenseele eine Sonderstellung ein. Aristoteles zufolge scheint nur die tätige Vernunft unsterblich zu sein, jedoch nicht die ganze menschliche Seele. Thomas geht in seiner Argumentation für die Unsterblichkeit der individuellen Seele von den menschlichen Lebensvollzügen aus. Diese sind auf die Einheit von Körper und Seele angewiesen. Trinken, Essen und sinnliche Wahrnehmung hängen vom vegetativen und sensitiven Seelenvermögen ab. Sie sind ohne Körper nicht möglich. Welche Tätigkeit, so fragt Thomas, kann die menschliche Seele ausüben, ohne auf den Körper angewiesen zu sein? Welcher menschliche Lebensvollzug funktioniert unabhängig vom Körper? Nur wenn die Seele eine körperunabhängige Tätigkeit ausüben kann, ist ihre Existenz getrennt vom Körper möglich. Der Mensch besitzt ein Vermögen, das unabhängig vom Körper funktioniert. Aristoteles nannte es die tätige Vernunft. Diese wird nur durch die Seele selbst realisiert. Abstrahieren und Erkennen des Wesens von Dingen sind Beispiele für eine vom Körper getrennte Seelentätigkeit. Der Körper ist zwar wegen der durch die Sinne vermittelten Vorstellungen eine notwendige Voraussetzung der rationalen Erkenntnis, aber am Akt der Erkenntnis selbst ist er nicht beteiligt. Das Denken als solches ist etwas Nichtsinnliches, auch wenn es den Stoff dafür von den Sinnen bezieht. Darin zeigt sich seine Selbstständigkeit. Thomas folgert daraus, dass die menschliche Seele etwas sein muss, das auch unabhängig vom Körper existieren kann. Die Pflanzenseele und die Tierseele gehen mit dem Tod des Lebewesens zugrunde, weil sie eine derartige Selbstständigkeit nicht besitzen. Für Thomas ist das Hauptargument für die Unsterblichkeit der individuellen menschlichen Seele die Nichtsinnlichkeit des Denkens, die er von Aristoteles übernimmt. Der Inhalt des rationalen Erkennens ist unabhängig von den raumzeitlichen Bestimmungen des Körpers, die den Inhalt des sinnenhaften Erkennens bedingen. Den Unterschied zwischen dem rationalen und dem sinnenhaften Erkennen kann man sich in etwa so vorstellen: Damit Sie den Text, der vor Ihnen liegt, lesen können, muss er hier und jetzt für Sie wahrnehmbar sein; nach der Lektüre des Textes hängt das, was Sie für den Sinn des Gelesenen halten, nicht mehr davon ab, dass der Text vor Ihnen liegt.

Weil Thomas zufolge Denken und vernunftgemäßes Wollen etwas Unkörperliches sind, muss auch die ganze Seele des Menschen unkörperlich sein (vgl. Hirschberger, 1957, 416–420). Kann die Seele als Form des menschlichen Leibes in seinen verschiedenen vegetativen, sensitiven und intellektuellen Funktionen zugleich Substanz sein? Thomas bejaht diese Frage. Für ihn ist die menschliche Seele einerseits Form des Körpers im aristotelischen Sinne, andererseits etwas, was unter bestimmten Umständen auch allein weiterexistieren kann. Einesteils ist sie an den Körper gebunden, anderenteils aber auch nicht. Substanzielle Formen haften nach Thomas entweder unauflösbar einem konkreten Ding an oder sie sind selbstständig. Die Form einer Statue hört auf zu bestehen, wenn die Statue zerfällt. Selbstständige substanzielle Formen nennt Thomas subsistierende Formen. Bei diesen unterscheidet er weiter zwischen Formen, die getrennt von der Materie bestehen können, wie zum Beispiel die Engel, und Formen, die zwar selbstständig sind, aber etwas Materielles formen. Mit dieser Unterscheidung geht Thomas über Aristoteles hinaus. Es geht ihm darum, Raum zu schaffen für die Annahme der Unsterblichkeit der menschlichen Seele. Die menschliche Seele kann für Thomas keine Form sein wie die Tierseele, die unlösbar an das konkrete Lebewesen gebunden ist, denn dann könnte sie den Tod nicht überdauern. Thomas schreibt der menschlichen Seele eine Sonderstellung zu: Obwohl sie als Form des Lebewesens Mensch diesem innewohnt, existiert sie nach dessen Tod abgesondert weiter (vgl. Röd 1994, 349–350). Dabei ist sich Thomas durchaus bewusst, dass diese Existenzform der Seele ihrer Natur, Form des Körpers zu sein, widerspricht. Aus diesem Grunde kann die Existenz der Seele nach dem Tod nicht von Dauer sein. Sie ist nur dann auf Dauer gewährleistet, wenn sie bei der Auferstehung wieder Form des Körpers wird. Für den Menschen gibt es ein Leben nach dem Tod nur als verkörpertes Wesen.

Die amerikanische Philosophin Eleonore Stump fragt: Wie sollen wir nach der Darstellung von Thomas begreifen, was zwischen dem Tod auf Erden und der Auferstehung im Jenseits mit einem menschlichen Wesen geschieht? Thomas akzeptierte zweifellos die christliche Lehre, dass die Seele nach dem Tod und vor der Auferstehung des Körpers in einem separierten Zustand weiterexistiert. Für ihn stand jedoch auch außer Zweifel, dass ein menschliches Wesen aus Materie und Form zusammengesetzt ist. Er identifizierte den Menschen nicht mit seiner Seele. Manche Interpreten von Thomas, wie van Inwagen, deuten dies so, dass ein menschliches Wesen mit dem Tod aufhört zu existieren, denn die vom Körper getrennte Seele ist nicht dasselbe menschliche Wesen wie die Person, deren Seele sie ist. Demnach scheint es so zu sein, dass *ich* den körperlichen Tod nicht überlebe, wenn meine Seele nicht *ich* ist, aber meine Seele alles ist, was nach dem Tod meines Köpers weiterexistiert (vgl. Stump 2010, 95). Stump betont hingegen, es sei überdeutlich, dass für Thomas die Existenz der getrennten Seele hinreichend für die Existenz des menschlichen Wesens ist, dessen Seele sie ist. Am Beispiel des Todes von Sokrates erläutert sie, wie die Position von Thomas zu verstehen ist: Der Geist der vom toten Körper getrennten Seele des Sokrates ist der Geist des Sokrates. „Die intellektuellen Fähigkeiten der separierten Seele des Sokrates sind die intellektuellen Fähigkeiten des Sokrates zu seinen Lebzeiten. So sind zum Beispiel die Erinnerungen, die Sokrates während seines irdischen Lebens gewann, die Erinnerungen der separierten Seele des Sokrates. Und insofern der Wille eine rationale Fähigkeit ist, ist der Wille der separierten Seele des Sokrates derselbe Wille wie der Wille, den Sokrates zu Lebzeiten hatte." (Stump 2010, 85) Wenn die vom Körper getrennte Seele denken, wissen, wollen, fühlen, wünschen und trauern kann, was ist sie dann, wenn nicht ein menschliches Wesen, eine menschliche Person?

Stump meint, man müsse sich fragen, wie es für ein menschliches Wesen möglich ist, materiell zusammengesetzt zu sein und dennoch seine Existenz in Abwesenheit seines Körpers fortsetzen zu können. Hier sei die Unterscheidung zwischen Konstitution und Identität im Denken von Thomas von entscheidender Bedeutung. „Eine menschliche Person ist nicht mit ihrer Seele identisch; vielmehr ist eine menschliche Person mit einer individuellen Substanz in der Spezies *vernunftbegabtes Lebewesen* identisch. Ein einzelnes Exemplar dieser Art ist normaler- und natürlicherweise aus Form und Materie zusammengesetzt, die zu einem menschlichen Körper konfiguriert ist." (Stump 2010, 95) Für Thomas ist Konstitution nicht Identität. Ein Einzelexemplar kann mit weniger als der normalen, natürlichen Vollzahl seiner Teile existieren. Es kann existieren, wenn es nur von einem seiner Hauptteile, der Seele, konstituiert wird. „Und obwohl eine Person so nicht mit ihrer Seele identisch ist, ist die Existenz der Seele hinreichend für die Existenz einer Person." (Stump 2010, 95) Zwar ist nach Thomas der Mensch nicht identisch mit seiner Seele, aber er kann existieren, wenn er aus nichts anderem als einem seiner Hauptteile, nämlich seiner Form oder Seele, besteht. Stump resümiert: „So können wir Thomas so verstehen, dass er der Meinung ist, ein menschliches Wesen sei aus Materie und Form zusammengesetzt, aber nicht identisch mit den Komponenten, die es konstituieren." (Stump 2010, 97)

Auf den Tod des Sokrates bezogen, bedeutet dies: Die materielle und kausale Kontinuität zwischen der Materie, aus der Sokrates zum Zeitpunkt seines Todes bestand, und der Materie, aus der er zu jedem nachfolgenden Zeitpunkt besteht, wird von der substanziellen Form selbst gewährleistet. Wenn Gott Sokrates auferweckt, dann tut er damit nicht etwas Ähnliches, wie den Schnee des letzten Jahres zurückzuholen, denn anders als der Schnee des letzten Jahres hat Sokrates niemals zu existieren aufgehört. Die Hauptteile (Konstituenten) des auferstandenen Sokrates sind dieselben wie jene während seines irdischen Lebens: Die Seele (substanzielle Form) und die „materia prima", die von der Seele zu einem Körper konfiguriert wird. „Anders als der Schnee vom letzten Jahr oder die Atome aus dem irdischen Leben des Sokrates hat die *materia prima* selbst keine eigene Form. Sie existiert nur der Potenz nach; und um dieselbe Materie zu sein, die sie zuvor war, braucht sie nur von derselben Form konfiguriert zu werden wie zuvor." (Stump 2010, 98)

Werden wir bei der Auferstehung denselben Körper haben wie vor unserem Tod? Körper verwesen, zerfallen, werden verbrannt, von Tieren gefressen oder verdampfen in einer Atomexplosion. Wie also können wir im Jenseits denselben Körper haben, den wir jetzt besitzen? Nach der skizzierten Interpretation von Thomas lassen sich diese Fragen so beantworten: Im Tod trennt sich unsere Geistseele, die unzerstörbar ist, von unserem Körper. Unsere substanzielle Form, die Geistseele, garantiert die nummerische Identität unseres irdischen und unseres auferstandenen Körpers. Wann immer unsere substanzielle Form, die Geistseele, verkörpert wird, wird der Körper von unserem Fleisch und Gebein sein. Da unsere Geistseele im Tod nicht zerstört wird, können wir als dieselben Personen auferstehen (vgl. Niederbacher 2010). Es gibt keine Auferstehung der Seele, sondern eine Auferstehung des ganzen Menschen.

Bei all den bisher geschilderten Vorstellungen und Überlegungen darüber, was mit uns nach dem Tod geschieht, kann von einem vollständigen Tod des Menschen eigentlich keine Rede sein. Entweder garantiert die unsterbliche Seele das Fortleben nach dem Tod oder der Mensch stirbt deshalb nicht wirklich, weil Gott seinen Körper im Tod entfernt und durch eine Kopie ersetzt, bzw. weil er eine Verdoppelung des Körpers ermöglicht, sodass es im Diesseits einen Leichnam und im Jenseits einen auferstandenen Leib gibt. Eine völlig andere Sichtweise des Todes vertritt die sogenannte Ganztodtheologie.

Ganztodtheologie

Oscar Cullmann: Der Mensch stirbt ganz und gar

Der evangelische Exeget und Theologe Oscar Cullmann fragt: Was lehrt das Neue Testament über das Los des Menschen nach dem Tod? Die meisten Christen, Protestanten und Katholiken gleichermaßen, würden auf diese Frage antworten: die Unsterblichkeit der Seele. Cullmann nennt dies eines der größten Missverständnisse des Christentums. Das Neue Testament lehrt nicht die Unsterblichkeit der Seele. Die griechische Vorstellung von der Unsterblichkeit der Seele, so seine Hauptthese, ist mit dem Auferstehungsglauben unvereinbar. „Das gesamte urchristliche

Denken ist heilsgeschichtlich orientiert, und alles, was über Tod und ewiges Leben gesagt ist, steht und fällt mit dem Glauben an ein *reales Geschehen*, an *reale Ereignisse*, die sich in der Zeit abspielen. Hier liegt der radikale Unterschied gegenüber dem griechischen Denken." (Cullmann 2010, 13–14) Tod und ewiges Leben sind im Neuen Testament an das Christusgeschehen gebunden.

Wie gegensätzlich die biblische und die griechische Sicht des Todes sind, zeigt sich am deutlichsten, wenn man den Tod des Philosophen Sokrates mit dem Tod Jesu vergleicht. „In Platos eindrucksvoller Beschreibung vom Tod des Sokrates im ‚Phaidon' steht wohl das Höchste und Erhabenste, was je über die Unsterblichkeit der Seele gelehrt worden ist." (Cullmann 2010, 14) Platon zufolge gehören Körper und Seele zwei völlig verschiedenen Welten an. Im Tod verlässt die unsterbliche Seele ihr Gefängnis, den vergänglichen Körper. Der Tod ist deshalb der große Befreier, der große Freund der Seele. Platon zeigt, wie Sokrates in völliger Ruhe und Gelassenheit in den Tod geht. Sein Tod ist ein schöner Tod. Es gibt keine Spur von Todesschrecken. Am letzten Tag seines Lebens erörtert er mit seinen Schülern die Gründe für die Unsterblichkeit der Seele. Er kann den Tod nicht fürchten, denn dieser erlöst ihn vom Körper. Sokrates stirbt in wunderbarer Harmonie mit seiner Lehre. Jesus hingegen stirbt ganz anders. Er weiß, dass ihm der Tod bevorsteht, so wie Sokrates an seinem Todestag den Tod erwartete. Doch Jesus „ergreift Furcht und Angst", und seine „Seele ist zu Tode betrübt", schreibt der Evangelist Markus (Mk 14,34). Jesus fürchtet den Tod, er hat Angst vor dem Tod. Für ihn ist der Tod nichts Göttliches, wie für Sokrates, der ruhig dem Tod als seinem Freund entgegengeht, sondern der Feind Gottes. Für Jesus bedeutet Tod die größte Verlassenheit, die Trennung von Gott. Er fleht zu Gott, dass er es ihm erspare, durch den Tod hindurchgehen zu müssen. Über die Todesszene der beiden sagt Cullmann: „Mit erhabener Ruhe trinkt Sokrates den Schierlingsbecher. Jesus aber ‚schreit' mit dem Psalmwort: ‚Mein Gott, mein Gott, warum hast du mich verlassen?'" (Cullmann 2010, 16) Jesus erlebt den Tod in seinem ganzen Grauen, nicht nur an seinem Leib, sondern auch in seiner Seele. Er erlebt den Tod nicht als Freund, wie Sokrates, sondern als Feind, der uns von Gott trennt, der das Leben und der Schöpfer allen Lebens ist. „Wo der Tod als Feind Gottes aufgefasst wird, da kann es keine ‚Unsterblichkeit' geben ohne ein reales Christus-Geschehen, ohne eine *Heilsgeschichte*, deren Mitte und Ende der Sieg über den Tod ist. Diesen Sieg kann Jesus nicht davontragen, indem er einfach als unsterbliche Seele weiterlebt, also im Grunde *nicht* stirbt." (Cullmann 2010, 17) Wer den Tod selbst besiegen will, muss sterben. Er muss wirklich aufhören zu leben, und nicht bloß als unsterbliche Seele weiterleben. Er muss das Leben selbst, das kostbarste Gut, das Gott uns geschenkt hat, verlieren. Wenn aus dem wahrhaftigen Tod Leben hervorgehen soll, dann ist ein neuer *Schöpfungsakt* Gottes notwendig, der nicht nur einen Teil des Menschen ins Leben zurückruft, sondern den ganzen Menschen. Tod bedeutet das totale Ende des Menschen. Der Mensch stirbt ganz und gar, und allein Gott kann ihn zum Leben erwecken. Cullmann betont: „Glaube an die Unsterblichkeit ist nicht Glaube an ein alles umwälzendes Geschehen. Un-sterblichkeit ist ja nur eine negative Aussage: Die Seele stirbt nicht (sie lebt einfach weiter). Auferstehung ist eine *positive* Aussage: Der ganze Mensch, der wirklich gestorben ist, wird durch einen neuen Schöpfungsakt Gottes zum Leben gerufen. Es geschieht etwas. Ein Schöpfungswunder! Denn vorher ist auch etwas geschehen, etwas Furchtbares: Von Gott geschaffenes Leben ist zerstört worden." (Cullmann 2010, 17–18)

Im jüdischen Denken ist der Tod etwas Unnatürliches, Abnormes und Gottwidriges. Er kam erst durch die Sünde in die Welt, wie uns die biblische Erzählung von der Erschaffung der Welt lehrt. Der Tod ist ein Fluch, und die ganze Schöpfung ist in den Fluch mit einbezogen worden. „Alles, was dem Leben entgegengesetzt ist, Tod und Krankheit, stammt nach biblischem Glauben aus der Sünde." (Cullmann 2010, 18). Der Tod kann nur besiegt werden, indem die Sünde gesühnt wird. Die Sicht des Menschen im Neuen Testament ist völlig anders als die griechische. Sie schließt sich an die jüdische Auffassung vom Menschen an. Das Neue Testament verwendet für die Begriffe Leib, Seele, Fleisch und Geist zwar die gleichen Worte wie die griechischen Philosophen, aber sie bedeuten etwas ganz anderes. Zwar kennt das Neue Testament den Unterschied zwischen Leib und Seele, zwischen dem äußeren und dem inneren Menschen, meint damit aber keinen Gegensatz, so als wäre der innere Mensch von Natur aus gut, der äußere hingegen von Natur aus schlecht. Leib und Seele gehören zusammen, beide sind ursprünglich gut, insofern sie von Gott geschaffen sind. „Sie sind beide schlecht, insofern die Sünden- und Todesmacht des Fleisches sie ergriffen hat." (Cullmann 2010, 21) Erlösung besteht deshalb in der Erlösung beider, der Seele und des Leibes, von der Todesmacht des Fleisches. Die Sünde hat den ganzen Menschen erfasst, nicht nur seinen Leib, sondern auch seine Seele. Folge davon ist, dass der Tod sich nicht nur auf den ganzen Menschen, sondern auch auf die ganze Schöpfung erstreckt. Hinter der pessimistischen Auffassung des Todes steht die optimistische Schöpfungsbetrachtung. Die christliche Hoffnung bezieht sich nicht nur auf den Menschen, sondern auf die Gesamtschöpfung. Die Auferstehung des Leibes ist nur ein Teil der gesamten Neuschöpfung am Ende der Zeiten. „Weil Auferstehung des Leibes ein neuer Schöpfungsakt ist, der das All umfasst, ist sie nicht ein Geschehen, das mit dem individuellen Tode eines jeden, sondern erst am Ende eintritt. Sie ist nicht ein Übergang aus dem Diesseits ins Jenseits, wie dies nach griechischem Glauben für die unsterbliche, vom Körper befreite Seele der Fall ist, sondern sie ist ein Übergang vom jetzigen Zeitenäon zum zukünftigen." (Cullmann 2010, 21–22)

Weil wir selbst Sünder sind, können wir die Sünde nicht besiegen. „Ein *anderer* hat es für uns getan, und er konnte es nur tun, indem er sich in den Bereich des Todes begab, das heißt: selbst starb und die Sünde sühnte, sodass der Tod als Sold der Sünde überwunden ist. Urchristlicher Glaube verkündet, dass Jesus dies getan hat, indem er mit Leib und Seele auferstanden ist, nachdem er wirklich tot war. […] Gott hat hier das für das Ende erwartete Wunder der Neuschöpfung schon vorweggenommen. Wiederum hat er Leben geschaffen wie am Anfang, aber neues Leben." (Cullmann 2010, 22) Am Schluss betont Cullmann, dass es nirgends sonst in der Welt eine Auferstehungsmaterie oder einen Geistleib gibt, außer in Jesus Christus.

Gisbert Greshake: Auferstehung im Tod

Der katholische Dogmatiker Gisbert Greshake erörtert das Verhältnis „Unsterblichkeit der Seele" und „Auferstehung des Leibes" in Abgrenzung gegenüber der evangelischen Ganztodtheologie (vgl. Greshake 2010). Zunächst charakterisiert er die zentralen Aussagen dieser Theologie des Todes, derzufolge der Mensch absolut dem Tod verfallen ist. Im Menschen gibt es nichts, was den Tod überdauern könnte, auch keine unsterbliche Seele. Das Leben läuft leer aus. Was bleibt, ist die Treue Gottes. Nur Gott kann den Menschen neu zum Leben erwecken. Die christliche Auferstehungshoffnung muss sich deshalb gegen jede Vorstellung von einer Unsterblichkeit der Seele richten. Diese Hoffnung kann weder philosophisch noch intellektuell verantwortet werden. Sie ist eine Hoffnung wider alle Hoffnung. Ein Leben jenseits der Todesschwelle ist allein Gegenstand von Glaube und Hoffnung. Daher könne man auch allen Einwänden vonseiten der Philosophie und der Naturwissenschaften gegen ein Leben nach dem Tode getrost recht geben. „In der Ungreifbarkeit unableitbarer christlicher Hoffnung ist das Hoffnungsgut unangreifbar geworden." (Greshake 2010, 30) Die Auferstehung von den Toten ist der skandalöse Anspruch der Glaubensverkündigung. Es gibt keine Kontinuität zwischen dem irdischen und dem jenseitigen Menschen. Auferstehung bedeutet absolute Neuschöpfung. Evangelische Theologen verknüpfen die Auferstehungshoffnung strikt mit der Auferstehung Jesu. Cullmann wirft der katholischen Theologie eine Übergewichtung des Gedankens der Unsterblichkeit der Seele vor. Sie opfere die Hoffnung auf das Handeln Gottes dem Vertrauen auf die natürliche Seelenkraft. Was der Apostel Paulus im ersten Korintherbrief schreibt, werde durch Platons *Phaidon* ersetzt. Dort sagt Paulus über die Auferstehung der Toten: „Was gesät wird, ist verweslich, was auferweckt wird, unverweslich. Was gesät wird, ist armselig, was auferweckt wird, herrlich. Was gesät wird, ist schwach, was auferweckt wird, ist stark. Gesät wird ein irdischer Leib, auferweckt ein überirdischer Leib." (1 Kor 15,42–45)

Dem gegenüber fragt Greshake: Was meint Unsterblichkeit der Seele in der katholischen Tradition? Was bedeutet der Ausdruck „natürliche Unsterblichkeit"? Ist es tatsächlich richtig, Auferstehung und Unsterblichkeit als unvereinbare Gegensätze zu betrachten? In der katholischen Tradition meint Unsterblichkeit der Seele: „... menschliches Sein ist von Gott, von Schöpfung her darauf angelegt, zum Heil oder zum Gericht vor dem lebendigen Gott zu stehen und deshalb auch die Todesgrenze zu überwinden" (Greshake 2010, 32). Unsterblichkeit der Seele bedeutet keineswegs Sicherheit vor dem Tod. Der Gedanke des Gerichts vor Gott verdeutlicht vielmehr den bedrohlichen Aspekt des Todes, und zwar viel schärfer als die protestantische Lehre vom Ganztod, bei der es keine Kontinuität zwischen dem Leben im Diesseits und dem Leben im Jenseits gibt. Die Schöpfung wird der Neuschöpfung geopfert. Zwischen der menschlichen Geschichte und der göttlichen Vollendung besteht ein radikaler Bruch. Damit, so Greshake, werde die unausweichliche Verantwortung des Menschen zerstört und die Ernsthaftigkeit des Todes und damit des Lebens banalisiert.

Für Greshake gilt es, die Gegenüberstellung von Unsterblichkeit der Seele (im Tod) und Auferstehung des Leibes (am Ende der Geschichte) zu überwinden. Wie können die Unsterblichkeit einer leibfreien Seele und die mythologische Vorstellung von der Auferstehung des Leibes vermieden werden? Die einzig angemessene Rede von der christlichen Hoffnung über den Tod hinaus ist die Rede von der Auferstehung des ganzen Menschen im

Tod. Wie kann man diese Hoffnung im gegenwärtigen Weltbild und Menschenbild denkbar und vorstellbar machen? „Ist es möglich, Hoffnung über den Tod hinaus in Kategorien zu formulieren, die ohne die traditionellen Vorstellungen einer seligen leibfreien Seele unmittelbar nach dem Tod und eines am Ende auferweckten Leibes auskommen und statt dessen eher dem heutigen Denken entsprechen?" (Greshake 2010, 35) Dem katholischen Theologen Karl Rahner zufolge lässt der Mensch im Tod seine Leiblichkeit und damit seine Welt und seine Geschichte nicht einfach hinter sich. Diese kommen im Tod vielmehr zur Vollendung. Auferstehung des Leibes bedeutet Auferstehung des einen, ganzen, leiblich verfassten Menschen und nicht die Seligkeit der unsterblichen Seele. Eine größere Zahl katholischer Theologen, so Greshake, vertritt heute die These, dass im Tod die Auferstehung des Leibes geschieht. Er verweist auf den holländischen Katechismus, in dem es heißt: „Das Leben nach dem Tode ist also schon so etwas wie die Auferweckung des neuen Leibes. Dieser Auferstehungsleib ist nicht dasselbe wie die Moleküle und Atome, die in die Erde eingegangen sind. Als neuer Mensch wacht man auf, wird man erweckt." (zit. nach Greshake 2010, 38) Hier wird betont, dass die individuelle Auferstehung von den Toten im Tode erfolgt und dass der Auferstehungsleib etwas anderes ist als die Leiche. „Mit dieser Lösung ist nun der Graben überbrückt zwischen der Vollendung der Seele im Tod und der Vollendung des Leibes am Ende der Geschichte." (Greshake 2010, 38) Körper und Seele müssen zu keinem Zeitpunkt getrennt existieren. Dies stimmt mit der alten These des Thomas von Aquin überein, „wonach die Identität von Erden- und Auferstehungsleib nicht durch die Selbigkeit der Materie, sondern allein durch die geistige Subjektivität des Menschen (Seele) vermittelt ist" (Greshake 2010, 38).

Die These von der Auferstehung im Tod beinhaltet, dass die Auferstehung nicht für alle Menschen gemeinsam am Ende der Zeiten stattfindet, sondern für jeden Menschen im Augenblick seines persönlichen Todes. Der Theologe Hans Kessler formuliert dies so: „Die Hoffnung auf Auferstehung im Tod besagt, dass Gott ‚*im Augenblick*' unseres Todes eine Verwandlung (Transformation) mit uns bewirkt, auch wenn unsere materiell-biologischen Körper im Grab vergehen." (Kessler 2014, 198) Damit sei keineswegs die Wiederherstellung des Lebens vor dem Tod gemeint, sondern ein Übergang und Eintritt „in etwas *alle Empirie und alle Raum-Zeit Übersteigendes*, uns Verborgenes und ganz Anderes, auf das man innerweltlich nur in Bildern und Gleichnissen (hinaus-)verweisen kann" (Kessler 2014, 199).

Kosmologie: Tod und ewiges Leben

Die Kosmologie, die Lehre von der Welt, befasst sich mit der Frage nach dem Ursprung, der Entwicklung und der grundlegenden Beschaffenheit des gesamten Universums. Welches Bild entwirft die moderne Kosmologie von der Zukunft unseres Planeten und des gesamten Universums? Für die Vorstellung eines Lebens jenseits des Todes ist dieses Bild von Bedeutung.

Stefan Bauberger: Physik und die Auferstehungshoffnung

Die moderne Kosmologie zeichnet ein ziemlich düsteres Szenario von der fernen Zukunft des Universums. Auf unserem Planeten wird es noch etwa eine Milliarde Jahre lang Leben geben. Die Sonne wird immer heißer werden und schlussendlich das Leben auf der Erde verunmöglichen. Nach etwa 3,5 Milliarden Jahren wird das Wasser auf der Erde verdampfen. Spätestens nach sechs Milliarden Jahren wird die Erde von der Sonne verbrannt worden sein. Es ist natürlich denkbar, dass die Menschen in der Zwischenzeit auf Planeten anderer Sterne ausgewandert sind. In hundert Billionen Jahren werden jedoch auch die letzten Sterne verlöscht sein. Insgesamt wird das Universum immer lebensfeindlicher. Im Gegensatz zum früher prognostizierten „Wärmetod“ müsse man heute von einem zu erwartenden „Kältetod“ des Universums ausgehen (vgl. Bauberger 2014, 30–31). „Im Universum wird es irgendwann keine Menschen und auch keine anderen intelligenten Lebewesen mehr geben – und irgendwann auch keinerlei Leben mehr. Das tote Universum wird dann ewig weiterexistieren.“ (Bauberger 2014, 34)

Die im Rahmen der Physik diskutierten möglichen Auswege aus diesem pessimistischen Szenario hält der Physiker und Philosoph Bauberger eher für verzweifelte Versuche, dem Unvermeidlichen zu entkommen. Er meint, diese negative Bilanz entspreche durchaus der biblischen Aussage, dass ohne Hoffnung auf Gott der Tod den Sieg davonträgt, wie der Apostel Paulus in seinem Brief an die Korinther schreibt: „Wenn aber Christus nicht auferweckt worden ist, dann ist euer Glaube nutzlos, und ihr seid immer noch in euren Sünden; und auch die in Christus Entschlafenen sind dann verloren.“ (1 Kor 15,17–18)

Wie könnten Auferstehung und ewiges Leben angesichts der Tatsache, dass sowohl der individuelle als auch der kollektive Tod unausweichlich sind, gedacht werden? Die christliche Hoffnung richtet sich darauf, dass Gott die physikalische Ordnung, die alte Ordnung des Todes, durchbricht. Durch sein Wirken entsteht etwas völlig Neues. Diese Sicht von Tod und Auferstehung betont das ganz Neue, den Bruch zwischen der alten und der neuen Ordnung, zwischen dem irdischen Leben und dem Leben der Auferstehung. Sie grenzt sich auch ab gegenüber der Idee der Unsterblichkeit der Seele. Wenn Auferstehung als das Durchbrechen der materiellen Ordnung gedacht wird, was soll dann „Auferstehung des Fleisches“ bedeuten? Wird die christliche Wertschätzung des körperlichen Lebens dadurch nicht aufgegeben? Auch vonseiten der Physik stellt sich die kritische Frage, was Durchbrechen der materiellen Ordnung bedeuten soll. Sowohl das theologische Argument der Inkarnation als auch Argumente aus der Physik sprechen dagegen, „das Durchbrechen der alten Ordnung des Todes einfach im Sinn einer neuen Ordnung in der

Materie zu denken. Vielmehr muss das ganz Neue dieses Durchbrechens irgendwie innerhalb der materiellen Ordnung oder (bildhaft ausgedrückt) quer zu dieser Ordnung seinen Platz haben" (Bauberger 2014, 37).

In der christlichen Botschaft, so Bauberger, geht es zum einen darum, die Radikalität und Sinnlosigkeit des Todes gegen jede Form seiner Verharmlosung anzuerkennen. Zum anderen müsse die christliche Botschaft über die Vorstellung hinausgehen, dass jeder Augenblick des Lebens seinen ganz besonderen Wert erst angesichts des unvermeidlichen Todes gewinnt. Sie muss erstens die Radikalität des Todes betonen: Tod ist wirklicher Tod, und nicht bloß die Befreiung der Seele aus der materiellen Existenz. Zur vollen menschlichen Existenz gehört die körperliche Existenz. Zweitens muss sie den Sieg des Lebens über den Tod in der Auferstehung Christi betonen: Das Leben in Christus ist das ganz andere Leben. Zu dieser ganz anderen Wirklichkeit gehört das Hindurchgehen durch den Tod dazu. Gerade weil es das ganz andere Leben, die ganz andere Wirklichkeit ist, gehört das Hindurchgehen durch den Tod zu ihm dazu. „Diskontinuität und Kontinuität müssen nicht nur zwischen Auferstehung und irdischer, materieller Existenz zusammengedacht werden, sondern auch in Bezug auf die Identität der Person in der Auferstehung." (Bauberger 2014, 38) Die Frage, was die Identität der irdischen und der auferstandenen Person garantiert, ist nach Bauberger nicht so wichtig. Er problematisiert die Auffassung von einer kontinuierlichen Identität der Person durch die Zeit. Diese sei für die Frage der Auferstehung und des ewigen Lebens vielleicht gar nicht so entscheidend, sondern entspringe einem modernen westlichen Denken, das aufgrund eines falschen Ideals vom Selbst verhindert, Vergänglichkeit und Ewigkeit zusammenzudenken.

Kann die Frage, wie Auferstehung und ewiges Leben angesichts der Unausweichlichkeit des individuellen und kollektiven Todes theologisch zu verstehen sind, durch ein anderes Verständnis der Zeit beantwortet werden, das von der Mystik inspiriert ist? Mystiker sprechen von einem völlig veränderten Zeiterleben, von einem erfüllten Jetzt. Im Sinne dieses Zeitverständnisses wäre Ewigkeit nicht als unendliche Fortsetzung der Zeit zu sehen, sondern als ewiges Jetzt. Das Leben der Auferstehung könnte als Erfüllung des Lebens im jeweiligen Jetzt gedacht werden. Ewigkeit wäre so etwas wie eine andere Dimension quer zur Zeit, die sich in jedem Augenblick zeigen kann. Dieses Verständnis von Zeit würde es erlauben, das ganz Andere der Auferstehung mit der konkreten Begrenztheit des körperlichen Lebens zusammenzudenken.

Die Auferstehung Jesu wird biblisch allerdings als tatsächliches Weiterexistieren Jesu in der Zeit verstanden. Bauberger schränkt deshalb ein, dass die geschilderte Lösung, Ewigkeit und das Leben der Auferstehung quer zur Zeit zu denken, wohl keine vollständige Antwort auf das Problem von Tod und Leben darstelle. Der Radikalität des Problems sei aber durchaus angemessen, wenn eine gewisse Ratlosigkeit zurückbliebe. Eine neue Sicht der Zeit sei aber ein wichtiger Ansatz für das Verständnis von Auferstehung und ewigem Leben.

Markolf Niemz: Sterbliches Ich, unsterbliche Seele

Der Physiker und Medizintechniker Markolf Niemz fragt: Was sagt die Physik über die Möglichkeit einer postmortalen Existenz? Weil sich die Physik weder mit dem Leben noch mit dem Tod befasst, fragt er: Was sagt ein Physiker darüber? Der Ausdruck „postmortale Existenz“ deutet etwas an, was über den Tod hinaus existiert. Bevor wir uns den Kopf darüber zerbrechen, was das sein könnte, sollten wir überlegen, was eigentlich vor dem Tod existiert. Wer oder was bin ich? Was bedeutet Sterben? Was bleibt, wenn ich tot bin?

Den Philosophen, Psychologen und Hirnforschern ist es nicht gelungen, das Geheimnis des Ichs vollends zu lüften. Die wichtigste Botschaft der Quantenphysik zur Frage, was oder wer bin ich, lautet: Ich und die Natur bilden eine untrennbare Einheit. Ein isoliertes Ich ist eine Illusion. Ich bin kein unbeteiligter Zuschauer. Jeder Beobachter ist untrennbar mit seiner Umgebung verbunden. Beide wirken ständig wechselseitig aufeinander ein: die Umgebung auf ihren Beobachter und der Beobachter auf seine Umgebung. Das Ich könne lediglich als das Wechselwirken eines Körpers mit seiner Umgebung umschrieben werden. Zum Fühlen und zum Lernen ist das Ich auf einen Körper angewiesen. Daraus folgt: *„Mit seinem Körper stirbt das Ich."* (Niemz 2014, 43)

Jedes Lebewesen muss irgendwann sterben. Der Tod ist in jeder Zelle vorprogrammiert. Ein räumlich begrenzter Lebensraum wie unsere Erde erzwingt den Tod des Einzelnen. Es ist notwendig, dass wir sterben, damit langfristig noch komplexere Lebewesen entstehen können. Doch welchen Sinn hat die Entwicklung immer komplexerer Lebewesen, wenn die Erde in einigen Milliarden Jahren ohnehin in die Sonne hineinstürzen wird? Die Evolution auf der Erde wird dann abgeschlossen sein, und alle Lebewesen auf ihr werden gestorben sein. „Folglich muss der Sinn im Leben etwas mit dem Sterben zu tun haben. Könnte es sein, dass wir alle spätestens beim Sterben etwas Unsterbliches erschaffen?" (Niemz 2014, 44) Sterben besteht aus einem körperlichen und einem geistigen Vorgang. Der geistige Vorgang ist viel schwieriger zu erfassen als der körperliche, und er ist einer wissenschaftlichen Untersuchung nicht zugänglich. Als Medizintechniker, so Niemz, habe er persönlich viele Menschen kennengelernt, die eine Nahtoderfahrung gemacht haben. Die Gewissheit, mit der diese Menschen davon sprechen, dass das Sterben nicht das Ende von allem sei, fasziniere ihn immer wieder. Nahtod-Erfahrene berichten häufig, dass ihnen eine allumfassende Liebe und Erkenntnis zuteil geworden sei. Alle Zusammenhänge waren klar erkennbar. „Demnach umfasst Sterben viel mehr als das Leben. *Sterben bedeutet, alles zu lieben und zu erkennen.*" (Niemz 2014, 45)

Viele Menschen wünschen sich, dass sie nach dem Tod weiterexistieren. Auch er selbst, so Niemz, habe viele Jahre an ein „Leben nach dem Tod“ geglaubt, bis er die Widersprüchlichkeit dieser Redewendung erkannt habe und sich fragte: Wie kann der Tod dem Leben ein Ende setzen, wenn das Leben danach weitergeht? Wozu habe ich einen Körper, wenn ich auch ohne ihn existieren kann? Vor allem diese zweite Frage habe ihn dazu geführt, nicht mehr an das unsterbliche Ich zu glauben.

Die Frage, was bleibt, wenn ich tot bin, beantwortet er nun so: Der Tod beendet zwar das Leben, macht es aber nicht zunichte. Was erlebt worden ist, lässt sich nicht ungeschehen machen. Aus einem sterblichen Ich lasse sich nicht folgern, dass nach dem Tod gar nichts mehr ist. Die Seele könnte unsterblich sein. Nahtod-Erfahrene nennen Liebe und Erkenntnis die wichtigsten Werte des Lebens. Deshalb setzt Niemz die Seele des Menschen mit der von ihm erschaffenen Liebe und Erkenntnis gleich. „Eine Seele, die aus Liebe und Erkenntnis besteht, ist immateriell. Folglich könnte sie einen Weg einschlagen, der dem materiellen Körper aufgrund seiner Masse verwehrt ist: Die Seele könnte beim Sterben ins Licht eintauchen.“ (Niemz 2014, 46) Das Licht fungiert als Speicher für die Seele. Natürlich lasse sich die Existenz einer solchen Seele und ihre Reise ins Licht nicht beweisen. Doch gebe es Hinweise, dass diese Annahme nicht völlig aus der Luft gegriffen ist. Niemz verweist darauf, dass Nahtod-Erfahrene davon berichten, wie sie sich durch einen Tunnel auf ein Licht zubewegten. Dieses Zusteuern auf ein Licht lasse sich sogar physikalisch deuten. Er selbst glaube an die Auferstehung der Seele, aber nicht an die Auferstehung des Ich. „Das Leben, das ich hier und jetzt führe, wird ein Bestandteil des Lichts und geht als solches in die Ewigkeit ein. Somit findet das ewige Leben nicht nach dem Tod statt, sondern hier und jetzt.“ (Niemz 2014, 47)

Niemz zufolge gibt es für den Menschen kein Leben nach dem Tod, aber nach seinem Tod gibt es noch Leben. Seine Seele, die immateriell ist, taucht nach dem Tod in das Licht ein. Unter „Seele“ versteht er die vom Menschen geschaffene Liebe und Erkenntnis, das Wertvollste im Leben. Trotzdem hält er an der Vorstellung eines ewigen Lebens fest. Dieses findet allerdings nicht nach dem Tod, sondern hier und jetzt statt, denn Leben wird es im grenzenlosen Universum immer geben. Genau das sei mit „ewigem Leben" gemeint. Das widerspricht jedoch der Sicht der modernen Kosmologie, die davon ausgeht, dass es in ferner Zukunft im Universum kein Leben mehr geben wird.

Die Frage nach der Identität der verstorbenen und der auferstandenen Person stellt sich für Niemz nicht. Auch die Frage, ob man bei der von der Person geschaffenen Liebe und Erkenntnis, die bei ihrem Tod in den Speicher des Lichts eintauchen, überhaupt noch von einer Person sprechen kann, bleibt unbeantwortet.

Robert Russell: Transformation des Kosmos

Der christliche Theologe und Naturwissenschaftler Robert John Russell fragt: Welche Beziehung besteht zwischen der Auferstehung Jesu vor zweitausend Jahren und der allgemeinen Auferstehung am Jüngsten Tag, an dem nach christlicher Hoffnung die Auferstehung der Toten stattfindet? Damit verbunden ist auch die Frage nach der persönlichen Identität zwischen Tod und Auferstehung. Was könnte Auferstehung in einem Universum bedeuten, das dazu bestimmt ist, sich auszudehnen und für immer abzukühlen, bis jede Art von Leben vollkommen ausgelöscht ist und alle Spuren, dass es jemals Leben gegeben hat, restlos beseitigt sein werden? Es wird dann nur noch eine endlose Ausdehnung von Elementarteilchen geben (vgl. Russell 2010). Ist die Vorstellung von einem Leben nach dem Tod angesichts dieser Zukunft des Universums nicht völlig absurd? Worauf gründet die christliche Hoffnung auf ein ewiges Leben? Wie konnte Christus von den Toten auferweckt werden? Russell verweist auf den Apostel Paulus, der über die Beziehung zwischen der Auferstehung Christi und der allgemeinen Auferstehung der Toten am Ende der Zeiten in seinem Brief an die Korinther betont: „Wenn es keine Auferstehung der Toten gibt, ist auch Christus nicht auferweckt worden. Ist aber Christus nicht auferweckt worden, dann ist unsere Verkündigung leer und euer Glaube sinnlos. [...] Gott hat Christus auferweckt. Er hat ihn eben nicht auferweckt, wenn Tote nicht auferweckt werden. Denn wenn Tote nicht auferweckt werden, ist auch Christus nicht auferweckt worden." (1 Kor 15,13–16)

Eschatologie ist die Lehre von den letzten Dingen. Aus theologischer Sicht ist sie die Lehre von der Hoffnung auf Vollendung des Einzelnen (individuelle Eschatologie) und der gesamten Schöpfung (universale Eschatologie). Russell vertritt die These, dass die Theologie der Auferstehung als Transformation der Welt auf ein tieferes Verständnis der Struktur der physischen Zeit hinweist, als in der gegenwärtigen Physik gewöhnlich angenommen wird. Diesem anderen Zeitverständnis zufolge ist die eschatologische Zukunft in der Tat sowohl im Ostergeschehen der Auferstehung Christi als auch in allen geschichtlichen Ereignissen vorwegnehmend (proleptisch) gegenwärtig. Christliche Vorstellungen von Eschatologie gründen auf der leiblichen Auferstehung Jesu und der Transformation des Universums in die neue Schöpfung. Neue Schöpfung bedeutet die totale Transformation der Welt durch einen neuen radikalen Akt Gottes. Dieser hat am ersten Ostertag begonnen und dauert in die Zukunft hinein fort. Eschatologie als Transformation leitet sich weitgehend von einer Sicht der Auferstehung her, die Elemente der Kontinuität und Diskontinuität zwischen Jesus von Nazaret und dem auferstandenen Jesus betont. Das leere Grab spielt dabei eine Schlüsselrolle für das Verständnis davon, was körperliche Auferstehung bedeutet. Es geht darum, die physisch-materielle Kontinuität der Person Jesu als irreduziblen Bestandteil des christlichen Verständnisses der Auferstehung als Transformation zu untermauern. Darauf beruht auch die Frage nach der Kontinuität unserer personalen Identität zwischen Tod und ewigem Leben.

Die moderne Kosmologie stellt die Idee der Transformation des Universums durch einen neuen radikalen Akt Gottes massiv infrage. Sie konfrontiert uns mit der düsteren Realität eines Universums, in dem in ferner Zukunft alles Leben zwangsläufig und unerbittlich ausgelöscht sein wird. Kosmologen beschreiben die Zukunft des Universums entweder als endlos kalt oder als unvorstellbar heiß, je nachdem, ob das Universum offen oder geschlossen ist. Heute glauben die meisten, dass das Universum höchstwahrscheinlich offen ist. Wegen der dunklen Energie wird es sich immer schneller ausdehnen und weiter abkühlen. Das bedeutet, dass alle seine frühen Strukturen der ersten zwanzig bis dreißig Milliarden Jahre, von der Geburt der Galaxien bis zum Beginn lebender Organismen auf der Erde, zwangsläufig für immer verschwinden werden, ohne irgendwelche Spuren zu hinterlassen. Die kosmologische Zukunft ist ein unendliches, kaltes, dunkles, stilles und grenzenlos sich ausdehnendes Universum.

Eingehender erörtert Russell verschiedene Antworten, die auf die Urknall-Kosmologie in Beziehung zur christlichen Eschatologie gegeben wurden. Eschatologie sei mit Kosmologie unvereinbar, lautet eine Antwort. Wenn gezeigt werden kann, dass das Universum sich auf einen allumfassenden Tod zubewegt, dann ist der christliche Glaube widerlegt und die christliche Hoffnung verloren. Eine andere Antwort besteht darin, Eschatologie auf Kosmologie zu reduzieren und von einer „physischen Eschatologie" zu sprechen. Russell erwähnt hier den Physiker Freeman Dyson, der von einem sich ausdehnenden und sich abkühlenden Universum ausgeht und meint: Wenn das Leben auf physische Informationsverarbeitung reduzierbar ist, dann kann es in die unendliche Zukunft hinein fortbestehen, neue Erfahrungen verarbeiten, diese in Formen eines nichtbiologischen Gedächtnisses speichern und letztlich das Universum für seine Zwecke rundum erneuern. Russell meint jedoch, dies entspreche nicht der christlichen Vorstellung von Eschatologie als „neuer Schöpfung", die in einem radikal neuen Akt Gottes gründet, der mit dem ersten Ostern begann und in der eschatologischen Zukunft enden wird. Eine solche Form der Eschatologie übersteigt unendlich das, was eine physische Eschatologie uns zu bieten hat, obwohl diese Elemente enthält, die sich für die christliche Eschatologie durchaus als fruchtbar erweisen können. Wir sollten uns keine allzu großen Sorgen über den Konflikt zwischen Kosmologie und Eschatologie machen, lautet eine weitere Antwort. Eschatologie sei für die Kosmologie irrelevant, denn hier handle es sich um zwei verschiedene Welten. Zudem seien wissenschaftliche Theorien vorläufig und würden durch neue Theorien ersetzt oder in solche eingebaut werden. Eine völlig andere Antwort lautet: Eschatologie bedeute ein Zugehen auf Gott und in Gott hinein und übersteigt jeden wörtlichen Sinn von Zukunft. Unser endgültiges Ziel ist die Gottesschau, etwas jenseits von Raum und Zeit. Russell meint, diese Deutung vermeide zwar einen Konflikt mit der Kosmologie, aber das Universum und alles nichtmenschliche Leben in ihm habe kein eschatologisches Ziel. Nur der Geist des Menschen habe ein solches. „Eschatologie als spirituelle Unsterblichkeit" lautet eine weitere Antwort. Wir Menschen erlangen objektive Unsterblichkeit dadurch, dass Gott uns in seinem Gedächtnis behält. Nach dem Tod bleiben wir weiterhin ein „Erfahrungszentrum" innerhalb von Gott. Diese Deutung, so Russel, wird weder der leiblichen Auferstehung Jesu gerecht noch antwortet sie auf die Herausforderung der Wissenschaft bezüglich der fernen Zukunft des Kosmos. Er verweist auf den evangelischen Theologen Jürgen Moltmann, der betont: Es gibt keine vom Körper getrennte Seele und keine von der Natur getrennte Menschheit. Es gibt auch keine Erlösung der Menschen ohne Erlösung der Natur. Ohne einen „neuen Himmel und eine neue Erde" gibt es für die Menschen kein Heil. Ohne Veränderung der kosmischen Bedingungen des Lebens kann es für die Menschen kein ewiges Leben geben. Jede Kreatur wird in Gott ihre individuelle Vollendung finden (vgl. Russell 2010, 250).

Der Physiker und Theologe John Polkinghorne bietet Russell zufolge den besten Vorschlag, um auf die Herausforderungen der Kosmologie zu antworten. Für Polkinghorne beruht Eschatologie auf der Transformation des Universums in eine neue Schöpfung, analog der leiblichen Auferstehung Jesu Christi. Die neue Schöpfung ist keine zweite Schöpfung aus dem Nichts, sondern eine auferweckte Welt. An ihr sind sowohl Kontinuität als auch Diskontinuität beteiligt, ähnlich wie am verwandelten und verklärten Leib des auferstandenen Herrn, der die Narben der Passion trägt. Bezüglich der Kontinuität kann die wissenschaftliche Kosmologie eine konstruktive Perspektive anbieten. Zuerst gelte es aber, sich mit der Pattsituation zwischen der kosmischen Zukunft „Kälte oder Hitze" und der eschatologischen Zukunft der neuen Schöpfung zu befassen. Russell macht darauf aufmerksam, dass die Herausforderung nicht von der Wissenschaft als solcher kommt, sondern von den *philosophischen Annahmen,* die wir routinemäßig in die Wissenschaft einbringen. Es ist vor allem die Annahme, dass die Ereignisse, welche die Wissenschaft vorhersagt, auch tatsächlich eintreffen müssen. Theologisch betrachtet sei es durchaus möglich, beides zu akzeptieren: zum einen eine völlig andere Annahme bezüglich der *zukünftigen* Vorhersagen der Wissenschaft, und zum anderen alle Erklärungen der Wissenschaft über die *vergangene* Geschichte des Universums. Entscheidend sei die Frage, ob die Naturgesetze deskriptiv oder präskriptiv sind. Russell meint, es gebe gute Gründe für die Annahme, dass sie deskriptiv sind. Theologisch kann man die Naturprozesse, welche die Wissenschaft beschreibt, als Folge der permanenten Schöpfertätigkeit Gottes betrachten und die Regelmäßigkeit dieser Prozesse als Zeichen seiner Treue deuten. Gott ist frei, auf radikal neue Weise zu handeln, sowohl in der Geschichte der Menschheit als auch in der Geschichte des Universums. Deshalb könne man behaupten, dass die wissenschaftlichen Vorhersagen zwar korrekt, aber trotzdem nicht anwendbar sind, denn Gott hat auf radikal neue Weise zu Ostern gehandelt und handelt weiterhin, um die neue Schöpfung hervorzubringen. Die Zukunft des Universums wäre nur dann das, was die Wissenschaft vorhersagt, Hitze- oder Kältetod, wenn Gott zu Ostern nicht gehandelt hätte und in Zukunft nicht weiter handelte. Durch sein Handeln zu Ostern hat der Prozess der Transformation des Universums in die neue Schöpfung begonnen. Ostern ist ein vorwegnehmendes Ereignis, in dem die radikal neue eschatologische Zukunft in der Zeit erscheint und in dem die Auferstehung Jesu offenbar wird (vgl. Russell 2010, 253–256).

Peter Strasser: Transformation der Person im Tod

Der Religionsphilosoph Peter Strasser fragt nach den Bedingungen der Möglichkeit eines Lebens nach dem Tod. Er unterstreicht, dass die Frage, ob es für uns ein Fortleben nach dem Tod gibt, auf das Engste mit der Frage nach unserer Identität verknüpft ist (vgl. Strasser 2004, 97–110). Nicht jede Form des Weiterlebens wäre für uns ein Leben nach dem Tod, denn wir wollen ja als diejenigen weiterleben, die wissen, dass sie weiterleben. Andernfalls bestünde für uns als Individuen zwischen dem schlichen Tot-Sein und einem Leben nach dem Tod kein Unterschied. Gehört zu uns als Person der Körper wesentlich dazu? Ist es möglich, den Tod ohne Körper zu überleben? Die christliche Vorstellung von einem persönlichen Überleben des Todes charakterisiert Strasser folgenderweise: „Der einzelne Mensch wird für immer von der Not seines Fleisches befreit, sein Körper wird verklärt. Und *so* wird er für immer leben: als der, der er war und ist, eine Einheit aus Seele und Leib.“ (Strasser 2006, 152) Der Mensch wird nach christlicher Vorstellung mit Seele und Körper erlöst. Der Körper sichert die Individualität des Weiterlebens. Er wird auf geheimnisvolle Weise verklärt, aber verklärt *als* Körper.

Von einem Leben nach dem Tod, betont Strasser wiederholt, kann nur dann die Rede sein, falls die Person, die überlebt, weiß, dass sie die Person ist, die überlebt. Wir leben nach dem Tod gewiss nur dann weiter, wenn wir wissen, dass wir es sind, die weiterleben. Aber was müssen wir wissen, um *das* zu wissen? In seiner Antwort auf diese Frage unterscheidet er zwischen Basisidentität und personaler Identität. Die Basisidentität besteht darin, dass wir in der Lage sind, unsere Bewusstseinsinhalte als *unsere* Bewusstseinsinhalte zu registrieren. Sollten wir unser Gedächtnis verlieren, so wüssten wir immerhin, dass *wir* es sind, die nichts mehr von uns wissen, auch wenn wir uns an unsere Geschichte vor dem Gedächtnisverlust nicht mehr erinnern. Basisidentität umfasst die Fähigkeit, sich als ein in Raum und Zeit lokalisiertes Individuum zu begreifen, sich von anderen Personen und Dingen abgrenzen zu können. Was passiert, wenn wir sterben und keinen Körper mehr haben, um uns lokalisieren und abgrenzen zu können? Wie wissen wir dann, dass wir dieselbe Person sind wie vor dem Tod? Nur wenn wir *das* wissen, haben wir das Leben im Diesseits überlebt. „Wenn wir darüber nachdenken, ob es ein Leben nach dem Tod gibt, dann müssen wir auch darüber nachdenken, wie über die Basisidentität hinaus unsere personale Identität gerettet wird." (Strasser 2004, 104) Die Frage nach der personalen Identität ist einerseits die Frage nach den Merkmalen, über die wir identifizierbar sind und uns selbst identifizieren. Doch welche Eigenschaften sind für uns als Person so wesentlich, dass wir die personale Identität verlören, wenn sie uns nicht mehr zukämen? Worin bestehen unsere Wesenseigenschaften? Strasser meint, im Alltag haben wir keine Ahnung, welche der Eigenschaften, mit deren Hilfe wir uns selbst identifizieren, zugleich die für uns wesentlichen Eigenschaften sind. Wir können uns nicht nur überlegen, wie es wäre, einen anderen Beruf oder eine andere Haarfarbe zu haben. Wir können uns auch überlegen, wie es wäre, eine andere Hautfarbe, einen anderen Lebenslauf oder andere Eltern zu haben (vgl. Strasser 2006, 36). Solange wir leben, wissen wir nicht mit Sicherheit, worin unsere wesentlichen Eigenschaften bestehen. Wir kennen sie nicht. Im Diesseits identifizieren wir uns zwar durch unsere Biografie, aber in gewisser Weise bleibt diese uns äußerlich. Unser Leben hätte auch völlig anders verlaufen können. Das konfrontiert uns mit der Frage, wer wir *eigentlich* sind. Wenn wir unsere Biografie und unsere gegenwärtige Situation bedenken, dann gewinnen wir den Eindruck, dass im Bild, das wir von uns selbst haben, eine *Wesenstendenz* steckt. Unser Wesen ist offenbar nicht etwas, was wir einfach vorfinden. Zu unserem Begriff des Personseins gehört es dazu, dass wir die Wesen sind, die nach der Realisierung ihres Wesens streben. „Wir sind als Personen auf dem Weg zu uns selbst, auch wenn wir zugeben müssen, dass der Weg im Leben nicht vollendbar ist. Die Offenheit zwischen Basisidentität und personaler Identität lässt uns in der Bemühung verharren, *die zu werden, die wir sind.*" (Strasser 2004, 106). Strasser spricht von der Forderung, die aristotelische Perspektive einzulösen. Ein Leben nach dem Tod sei nur *so* vorstellbar, dass unsere personale und unsere Wesensidentität in eins fallen. Die Vorstellung eines Lebens nach dem Tod schließt ein, dass wir zu uns selbst gefunden haben, dass wir die geworden sind, die wir sind, identisch mit unserem Wesen.

Nach dem Tod werden wir als die, die wir sind, nur in transformierter Form weiterexistieren. Strasser möchte ein Verständnis dafür vermitteln, was „Transformation" meint, und versucht dies anhand des Übergangs vom Bewusstsein eines Hundes, das über kein Selbstbewusstsein verfügt, zum Bewusstsein des Menschen, das über Selbstbewusstsein verfügt, zu veranschaulichen. Wie entsteht aus dem bloß bewussten Leben selbstbewusstes Leben? Wie dieser Übergang genau vor sich geht, ist ein Mysterium. Wir können uns jedenfalls nicht vorstellen, was es heißt, Bewusstsein ohne Selbstbewusstsein zu haben. Es hätte keinen Sinn zu sagen, wir empfinden heftige Schmerzen, sind uns dessen aber nicht bewusst.

Wie ist das jedoch bei Hunden? Können sie Schmerz, Trauer und Freude empfinden? Ihr Verhalten scheint dies nahezulegen. Strasser meint dazu allerdings: „Ich projiziere das Erleben, das ich selbst als Freude, Trauer oder Schmerz kenne, auf meinen Hund, ohne etwas dagegen tun zu können, dass ich damit ichhafte Erlebnisse unterstelle, also etwas, was mein Hund grundsätzlich nicht hat." (Strasser 2004, 109) Derartige Schwierigkeiten treten auf, sobald im Bereich des Bewusstseins eine Transformation stattgefunden hat. Es werden dann gleichzeitig zwei Behauptungen vertreten, die einander widersprechen. Einmal die Behauptung, dass zwischen gewissen Bewusstseinsereignissen vor der Transformation und gewissen Bewusstseinsereignissen nach der Transformation eine inhaltliche Gleichheit besteht. Diese rechtfertigt es, auf beide dieselben Begriffe anzuwenden, wie beispielsweise „Schmerz“, „Trauer“, „Angst“ und „Freude“. Die andere Behauptung besagt, dass die fraglichen Ereignisse vor und nach der Transformation miteinander nicht vergleichbar sind. Ich kann meine Empfindungen, die notwendig ichhaft sind, nicht mit denen eines Hundes vergleichen, noch kann der Hund seine Empfindungen mit den meinen vergleichen.

Ein Leben nach dem Tod setzt eine Transformation des Bewusstseins voraus. „Wir können dabei die Transformation vom Bewusstsein zum Selbstbewusstsein als Modell auffassen und daran die Überlegung knüpfen, was eine *weitergehende Transformation* zum Inhalt haben könnte.“ (Strasser 2004, 109) Mit der Tatsache des Selbstbewusstseins ist die Kluft zwischen Basisidentität und personaler Identität nicht zu schließen. Solange ich bloß weiß, dass ich der bin, der ich bin, weiß ich nicht, *wer* ich bin. Alle empirischen Merkmale, die im Laufe meines Lebens meine personale Identität festlegen und verdichten, bleiben mir mehr oder minder äußerlich. Um der zu werden, der ich bin, bedarf es einer Transformation. Ist die Transformation vollzogen, dann bin ich immer noch der, der ich bin, aber auf eine Weise, die mir im Zustand der Gehirnabhängigkeit meines Bewusstseins genauso wenig zugänglich ist, wie meinem Hund die Erlebnisse, die ich ihm zuschreibe (vgl. Strasser 2004, 109–110). Das Leben nach dem Tod ist der Zustand, in dem wir zu uns selbst gefunden haben. Unsere persönliche Vollendung ist ein Jenseitszustand. Nach dem Tod werden wir in transformierter Form weiterleben. Unserem Dasein als Person wohnt jedoch von Anfang an eine Tendenz zur Transformation inne. Das fällt uns erst auf, wenn wir die Frage nach dem Jenseits ernst nehmen. Wir sind Personen auf dem Weg zu uns selbst. Die Bedeutung davon, dass ich bin, der ich bin, weiß ich erst dann, wenn ich weiß, was es bedeutet, dass ich sein werde, der ich bin. Dieses Wissen lässt sich im Diesseits nicht gewinnen, doch unsere Existenz als die bestimmte Person, die wir sind, birgt von Anfang an eine Tendenz zur Transformation in sich. Die Vorstellung eines erlösten „Lebens nach dem Tod" zeigt uns das Grenzideal des Personseins als ein Befreitsein von allen Äußerlichkeiten, die den Sinn des Selbstseins blockieren. „Wenn wir uns vorstellen, wir würden nach dem Tod weiterleben, dann jedenfalls nicht so, dass wir dann Eigenschaften hätten, von denen sich sagen ließe, wir könnten ihrer auch entbehren." (Strasser 2006, 38)

Zusammenfassung

In welcher Form ist ein Leben und Erleben jenseits der Todesgrenze denkbar? Alle Vorstellungen von einem Leben nach dem Tod sind mit der Frage konfrontiert, was die Identität der irdischen und der jenseitigen Person garantiert. Christlichen Denkern zufolge, die einen Dualismus vertreten, beruht die Selbigkeit der verstorbenen und der auferstandenen Person auf der immateriellen, unsterblichen Seele. Alvin Plantinga argumentiert für den Dualismus und gegen den Materialismus. Rein materielle Objekte haben kein Bewusstsein, sie können nicht denken, fühlen und wollen. Denken, Fühlen und Wollen sind grundlegende und unmittelbare Tätigkeiten der immateriellen Seele. Christen glauben an die leibliche Auferstehung der Toten. Die Seele garantiert, dass die irdische Person mit der leiblich auferstandenen Person nummerisch identisch ist. Vito Mancuso zufolge ist die Möglichkeit eines Lebens nach dem Tod bereits im Schoß der Schöpfung angelegt. Das Überleben des Todes ist eine natürliche Eigenschaft der unsterblichen Seele. Jeder Mensch ist von Natur aus zur Unsterblichkeit bestimmt. Die Trennung von Seele und Körper, von Energie und Masse, entstammt einer veralteten Vorstellung. Im Grunde handelt es sich um unterschiedliche Konfigurationen von Energie. Energie, der Urgrund der Natur, kann weder geschaffen noch zerstört werden, Materie hingegen entsteht und vergeht. Mancuso deutet das Leben nach dem Tod als

Vergöttlichung, als Transformation des Menschen in reinen Geist. Den Gegensatz von Unsterblichkeit der Seele und Auferstehung des Leibes nennt er ein Missverständnis. In der Ewigkeit gibt es weder Raum noch Zeit und deshalb auch keinen Leib. Insofern meinen Unsterblichkeit der Seele und Auferstehung des Leibes ein und dasselbe. Das Schicksal der Seele ist nicht der Tod, sondern das ewige Leben bei Gott.

Christliche Materialisten, die an ein Leben nach dem Tod glauben, gehen davon aus, dass die Selbigkeit der verstorbenen und der auferstandenen Person auf der Selbigkeit des Körpers vor und nach dem Tod beruht. Aus ihrer Sicht sind wir Menschen keine immateriellen Seelen, sondern materielle Objekte. Es gibt in uns keinen nicht stofflichen Teil, der unseren Tod überleben könnte. Materialisten, die an die Auferstehung glauben, müssen davon ausgehen, dass zwischen der Person, die stirbt, und der Person, die aufersteht, eine physisch kausale Verbindung besteht. Peter van Inwagen versucht, die materialistische Sicht der menschlichen Person mit der christlichen Auferstehungshoffnung zu verbinden. Seiner „just-so-story" zufolge könnte Gott, wenn es keine andere Möglichkeit gibt, im Augenblick des Todes den Körper des Verstorbenen durch eine Kopie ersetzen. Was begraben oder eingeäschert wird, wäre ein Duplikat des Toten. Das Original würde Gott im Jenseits zu neuem Leben erwecken. Kritiker dieser Story monieren, dadurch würde Gott die Hinterbliebenen der Verstorbenen massiv täuschen. Dean Zimmerman entwickelte mit seinem Modell des „abstürzenden Aufzugs" einen anderen Lösungsvorschlag. Im Augenblick des Todes tauscht Gott nicht heimlich den Körper des Verstorbenen aus und ersetzt ihn durch eine Kopie. Im Tod findet im Gegensatz dazu eine Verdoppelung des Körpers statt. Gott gestattet allen materiellen Elementen des Körpers, sich zu teilen, sodass zwei Versionen entstehen: die eine Version ist der Leichnam, die andere ist der auferstandene Körper im Jenseits. Durch das Eingreifen Gottes erhält der Körper die Fähigkeit, die raumzeitliche Lücke zwischen Diesseits und Jenseits zu überspringen. Dies mag, so Zimmerman, nicht die einzige Weise sein, auf die Gott das Überleben des Körpers ermöglichen kann, es könnte aber *ein* Weg dazu sein.

Für Denker, die eine vermittelnde Position zwischen Dualismus und Materialismus einnehmen, beruht die Selbigkeit der verstorbenen und der auferstandenen Person auf der Einheit von Seele und Körper vor und nach dem Tod. Materialistisch sind diese Deutungen insofern, als menschliche Personen stets einen Körper benötigen. Sie besitzen einen Körper und eine Erste-Person-Perspektive. Ihre personale Identität hängt jedoch von ihrer Ersten-Person-Perspektive ab. Wenn Gott einen Menschen nach seinem Tod mit einem Auferstehungsleib und seiner Ersten-Person-Perspektive ausstattet, dann ist die verstorbene Person mit der auferstandenen identisch. Lynne Rudder Baker betont, dass Personen weder mit ihrem Körper noch mit einer immateriellen Seele identisch sind. Es ist zwar notwendig, dass sie einen Körper haben, aber es ist nicht notwendig, dass sie den Körper haben, den sie tatsächlich haben. Die notwendige und hinreichende Bedingung dafür, dass eine Person ein Leben lang mit sich selbst identisch ist, ist ihre Erste-Person-Perspektive. Diese Perspektive ist das wesentliche Merkmal des Menschseins. Was uns Identität und Dauerhaftigkeit verleiht, ist nicht unser Organismus, sondern allein die Erste-Person-Perspektive. Auferstehung erfordert, dass die irdische Person und die auferstandene Person nummerisch identisch sein müssen. Die Person, die vor dem Tod existierte, muss dieselbe sein, die nach dem Tod existiert. Der Konstitutionstheorie von Rudder Baker zufolge hängt die Identität einer Person von ihrer Ersten-Person-Perspektive ab und nicht von ihrem Körper. Unbeantwortet bleibt die Frage, was garantiert, dass die auferstandene Person im Jenseits dieselbe Erste-Person-Perspektive besitzt wie die Person im Diesseits. Nach christlicher Lehre, so Rudder Baker, ist das Leben nach dem Tod auf ein Wunder Gottes und nicht auf die Unsterblichkeit der Seele zurückzuführen.

Thomas von Aquin verbindet die aristotelische Seelenlehre mit der christlichen Lehre von der leiblichen Auferstehung. Er betont die Einheit von Körper und Seele, von Materie und Form, und identifiziert den Menschen nicht mit seiner Seele. Nach Aristoteles gehen die niedrigen Seelenvermögen des Menschen im Tod zugrunde, jedoch nicht die Geistseele, der Geist als tätige Vernunft. Die tätige Vernunft ist unvergänglich, unsterblich und ewig. Streng genommen ist die Vorstellung einer vom Leib abtrennbaren Seele nicht vereinbar mit der Auffassung, dass die Seele Form des Gesamtorganismus ist. Die Schriften von Aristoteles enthalten keine einheitliche Theorie über das Verhältnis von Körper und Geist. Obwohl Thomas sich auf die aristotelische Seelenlehre beruft, verteidigt er die Auffassung von der individuellen unsterblichen Seele. Für ihn ist die menschliche Seele einerseits zwar Form des Körpers im aristotelischen Sinne, andererseits aber etwas, was unter bestimmten Umständen auch ohne Träger existieren kann. Obwohl sie Form des Lebewesens Mensch ist, existiert sie nach dem Tod abgesondert weiter. Diese Existenzform widerspricht ihrer Natur, Form des Körpers zu sein. Nach dem Tod ist die Existenz der Seele auf Dauer nur dann gewährleistet, wenn sie bei der Auferstehung wieder Form eines Körpers wird. Für den Menschen gibt es ein Leben nach dem Tod nur als verkörpertes Wesen. Damit der auferstandene Körper mit dem irdischen Körper nummerisch identisch ist, müssen Thomas zufolge zumindest einige seiner elementaren Teile aus dem irdischen Körper stammen, denn Auferstehung bedeutet nicht komplette Neuschöpfung.

Eleonore Stump deutet die Ausführungen von Thomas dahingehend, dass ein menschliches Wesen zwar aus Materie und Form zusammengesetzt ist, aber nicht mit den Komponenten identisch ist, die es konstituieren. Im Tod trennt sich die Geistseele vom Körper. Wann immer sie als substanzielle Form verkörpert wird, ist die auferstandene Person mit der irdischen Person identisch. Es gibt nur eine Auferstehung des ganzen Menschen.

Vertreter der sogenannten Ganztodtheologie, wie Oscar Cullmann, lehnen die Vorstellung von einer unsterblichen Seele ab, weil sie mit dem christlichen Auferstehungsglauben nicht vereinbar ist. Der Tod bedeutet das totale Ende des Menschen. Der Mensch stirbt ganz und gar, und allein Gott kann ihn zu neuem Leben erwecken. Auferstehung bedeutet absolute Neuschöpfung. Es gibt keine Kontinuität zwischen der irdischen und der auferstandenen Person. Die christliche Auferstehungshoffnung gilt nicht nur dem einzelnen Menschen, sondern auch der gesamten Schöpfung. Jesus ist mit Leib und Seele auferstanden, nachdem er wirklich tot war. Gott hat in der Auferstehung Jesu das Wunder der Neuschöpfung am Ende der Zeiten bereits vorweggenommen.

Gisbert Greshake stellt die zentralen Aussagen der Ganztodtheologie infrage. Dieser zufolge verfällt der Mensch absolut dem Tod. Deshalb könne die christliche Hoffnung auf ein Leben nach dem Tod weder philosophisch noch intellektuell verantwortet werden. Sie sei Hoffnung wider alle Hoffnung. Allen Einwänden vonseiten der Philosophie und der Naturwissenschaften gegen die Vorstellung von einem Leben nach dem Tod könne man deshalb getrost recht geben. Auferstehung von den Toten sei der skandalöse Anspruch der Glaubensverkündigung. Für Greshake hingegen ist die einzig angemessene Rede von der christlichen Hoffnung über den Tod hinaus die Rede von der Auferstehung des ganzen, leiblich verfassten Menschen im Tod. Die individuelle Auferstehung von den Toten erfolgt im Tod. Der Auferstehungsleib ist etwas anderes als eine Leiche. Auferstehung im Tod bedeutet, dass Körper und Seele zu keinem Zeitpunkt getrennt existieren müssen. Dies entspreche der These des Thomas von Aquin, dass die Identität der irdischen und der jenseitigen Person nicht durch die Selbigkeit der Materie, sondern allein durch die Seele garantiert wird.

Was sagt die moderne Kosmologie über die Möglichkeit eines Lebens nach dem Tod? Sie zeichnet ein düsteres Bild von der fernen Zukunft des Universums, in dem es keine Form von Leben mehr geben wird. Der individuelle und der kollektive Tod sind unausweichlich. Im Gegensatz dazu hoffen die Christen darauf, dass Gott die physische Ordnung durchbricht. Das völlig veränderte Zeiterleben, von dem Mystiker sprechen, könnte zum Verständnis der christlichen Hoffnung auf ein Leben über den Tod hinaus beitragen. Ewigkeit wäre demnach als erfülltes Jetzt und nicht als endlose Fortsetzung der Zeit zu sehen. Was bleibt von uns, wenn wir tot sind? Was wir erlebt haben, so Markolf Niemz, lässt sich nicht ungeschehen machen. Er versteht unter „Seele" die vom Menschen geschaffene Liebe und Erkenntnis. Die Seele ist unsterblich und taucht im Tod in das Licht ein. Von einer Auferstehung des Menschen mit Leib und Seele ist hier keine Rede. Robert Russell und Stefan Bauberger verweisen auf ein anderes Zeitverständnis, um die christliche Hoffnung auf ein Leben nach dem Tod aus der Sicht der Kosmologie zu erörtern. Entscheidend sei die Frage, ob die Naturgesetze deskriptiv oder präskriptiv zu verstehen sind. Russell spricht von einer totalen Transformation des Universums durch das Handeln Gottes. Gott ist frei, in der Geschichte der Menschheit und des Universums auf radikal neue Weise zu handeln. Der Prozess der Transformation des Universums in die neue Schöpfung hat mit der Auferstehung Jesu bereits begonnen und dauert in die Zukunft hinein fort.

Die Frage, ob es für uns ein Leben nach dem Tod gibt, hängt aufs Engste mit der Frage nach unserer Identität zusammen. Wer sind wir eigentlich und was sind unsere wesentlichen Eigenschaften? Peter Strasser betont, dass unser Wesen nicht etwas ist, was wir einfach vorfinden. Solange wir leben, wissen wir nicht mit Sicherheit, worin unsere Wesenseigenschaften bestehen. Wir sind Personen auf dem Weg zu uns selbst. Dieser Weg ist im Leben nicht vollendbar. Das Leben nach dem Tod ist ein Zustand, in dem wir zu uns selbst gefunden haben, in dem unsere personale und unsere Wesensidentität in eins fallen. Die persönliche Vollendung ist ein Jenseitszustand. Damit wir die werden, die wir unserem Wesen nach sind, bedarf es einer Transformation. Wir werden nur in transformierter Form weiterexistieren. Die Tendenz zur Transformation wohnt bereits von Anfang an in uns. Das transformierte Bewusstsein ist uns in unserem jetzigen gehirnabhängigen Bewusstsein allerdings ebenso wenig zugänglich wie den Tieren das Selbstbewusstsein.

Aus aristotelisch-thomistischer Sicht, die hier resümierend favorisiert wird, zeichnet die Seele den Menschen als Lebewesen Mensch aus. Seele steht für die Lebendigkeit, Einmaligkeit und Unverwechselbarkeit des Menschen. Sie formt den Körper zu einem individuellen menschlichen Leib, bildet das innere Lebenszentrum und gewährleistet die Identität des Menschen. Ein Leben nach dem Tod ist nur durch die Fortexistenz der Seele möglich. Der christliche Glaube an die Auferstehung des ganzen Menschen mit Leib und Seele beinhaltet, dass die Seele, die sich im Tode vom Körper trennt, wieder verkörpert wird. Die verkörperte Seele garantiert, dass die auferstandene Person mit der verstorbenen Person identisch ist.

Sämtliche Überlegungen über ein Leben nach dem Tod sind nicht als Aussagen über Ereignisse jenseits der Todesgrenze zu verstehen. Über ein Leben jenseits von Raum und Zeit können wir nur metaphorische Aussagen machen. Was uns bleibt, sind lediglich Bilder und Vorstellungen, um eine Wirklichkeit anzudeuten, die alles übersteigt, was wir uns ausmalen können.

Nachwort

Die Seele gilt seit alters her als Urbild des Lebens und Erlebens. Nach wie vor prägt der Begriff „Seele“ das Selbstverständnis des Menschen. Im Alltag meinen wir mit „Seele“ vor allem das eigene Erleben: Empfindungen, Gefühle, Stimmungen und die Intensität, mit der wir sie erleben. Für besondere Eigenschaften der Seele halten wir ihre Innerlichkeit, Unkörperlichkeit, Unfassbarkeit und Unsterblichkeit.

Die menschliche Seele zeichnet den Menschen als Lebewesen Mensch aus. Die Materie des Körpers wird erst durch die Seele zu einem lebendigen Organismus, zu einem Leib. Die Seele steht für die Lebendigkeit, die Einmaligkeit und Individualität des Menschen, für den Urgrund seines körperlich-geistigen Erlebens. Sie ist der Träger der Lebensprozesse und des Bewusstseins: der Wahrnehmungen, der Empfindungen, der Erinnerungen, der Gefühle, des Denkens und Wollens. Die Seele ist das, was der Körper eines Toten nicht mehr besitzt.

Wissenschaftlich lässt sich die Existenz einer Seele nicht beweisen. Die Seele ist kein Gegenstand, den man von außen beobachten und erforschen kann. Sie ist weder sichtbar noch körperlich fassbar, und sie entzieht sich einer eindeutigen Bestimmung in Raum und Zeit. Deshalb ist auch das Gehirn nicht der Ort, das Organ oder der Macher der Seele.

Psychologie, Hirnforschung, Philosophie und Religion deuten den Begriff „Seele“ sehr verschieden. Ihr Umgang damit reicht von strikter Ablehnung bis zur Frage nach dem Wesen und der Unsterblichkeit der Seele. Für die empirischen Wissenschaften Psychologie und Hirnforschung ist der Begriff „Seele“ zu umfassend. Die Psychologie erforscht das menschliche Erleben und Verhalten und die Hirnforschung dessen neurobiologische Grundlagen. Die Seele, sagt der antike Philosoph Aristoteles, kann sich nur mithilfe des Körpers äußern. Deshalb kann man das Erleben und Verhalten des Menschen durchaus als Äußerung und Wirkung der Seele betrachten. Seelisches Erleben ist über seine körperlichen Begleiterscheinungen und das Ausdrucksverhalten zugänglich und erforschbar. So gesehen, befasst sich sowohl die Psychologie als auch die Hirnforschung mit Aspekten des Seelischen, auch wenn beide den Begriff „Seele“ weitgehend vermeiden.

Die gegenwärtige philosophische Leib-Seele-Debatte berührt den Begriff „Seele“ überhaupt. Sie ersetzt diesen jedoch durch die Begriffe „Geist“ und „Bewusstsein“. Die Gegenüberstellung von Leib und Seele im Titel dieser Debatte ist nicht korrekt, denn der Ausdruck „Leib“ bezeichnet den beseelten, lebendigen Körper. Ein lebloser, ein entseelter Körper ist eine Leiche oder ein Kadaver. Den verschiedenen philosophischen Deutungen des Verhältnisses von Körper und Geist, von Gehirn und Bewusstsein, gelingt es nicht, der körperlich-geistigen Einheit unseres Erlebens gerecht zu werden. Die Beziehung zwischen Körper und Geist, zwischen Gehirn und Bewusstsein, bleibt weiterhin ein ungelöstes Rätsel.

Wie unterschiedlich der Begriff „Seele“ gedeutet wird, zeigt auch die Frage nach der Möglichkeit eines Lebens nach dem Tod. Für die Vertreter des Dualismus ist das Fortleben der Person aufgrund der Unsterblichkeit der Seele möglich. Die Seele garantiert die Identität des Menschen über den Tod hinaus. Der christliche Glaube an die Auferstehung des Menschen mit Leib und Seele beinhaltet, dass die Seele, die sich im Tod vom Körper trennt, wieder „verkörpert“ wird. Es gibt nur die Auferstehung des ganzen Menschen. Vertreter der Ganztodtheologie und Vertreter des christlichen Materialismus lehnen die Idee einer unsterblichen Seele ab. Der Ganztodtheologie zufolge ist ein Leben nach dem Tod nur als absolute Neuschöpfung des Menschen durch Gott denkbar. Christliche Materialisten stellen sich ein Leben nach dem Tod so vor, dass Gott für das Überleben des Körpers im Jenseits sorgt.

Die Auseinandersetzung mit dem Thema „Seele“ fordert dazu auf, den Menschen in seiner Lebendigkeit, seiner Ganzheit, seiner Einmaligkeit und seiner Ahnung von etwas Übernatürlichem oder Göttlichem nicht aus dem Blick zu verlieren. Seele ist ein Grenzbegriff, der andeutet, was den Menschen im Grunde ausmacht.

Literatur

Angstwurm, H. (1999). Todesdefinition sowie Hinweise zum Hirntod, Teilhirntod und Herztod. *Der Internist 3*, 283–285.

Aristoteles (1995). *De anima. Über die Seele.* Hrsg. von H. Seidl. Hamburg: Meiner.

Bandura, A., Ross, D., & Ross, S. A. (1963). Imitation of film-mediated aggressive models. *Journal of Abnormal and Social Psychology, 66*, 3–11.

Bandura, A. (1979). *Sozial-kognitive Lerntheorie.* Stuttgart: Klett-Cotta.

Bauberger, St. (2014). Was die Physik über Auferstehung und ewiges Leben sagt. In: T. Kläden (Hrsg.), *Worauf es letztlich ankommt. Interdisziplinäre Zugänge zur Eschatologie* (S. 27–40). Freiburg: Herder.

Beck, A. T. (1979). *Wahrnehmung der Wirklichkeit und Neurose. Kognitive Psychotherapie emotionaler Störungen.* München: Pfeiffer.

Beckermann, A. (1999). *Analytische Einführung in die Philosophie des Geistes.* Berlin: de Gruyter.

Bieri, P. (1992). Was macht Bewusstsein zu einem Rätsel? *Spektrum der Wissenschaft, Oktober 1992,* 48–56.

Bieri, P. (1993). *Analytische Philosophie des Geistes* (2. Aufl.). Bodenheim: Athenäum Hain Hanstein.

Biermann-Ratjen, E. M., Eckert, J. & Schwartz, H. J. (2015). *Gesprächspsychotherapie. Verändern durch Verstehen* (10. Aufl.). Stuttgart: Kohlhammer.

Bigelow, H. J. (1850). Dr. Harlow's case of recovery from the passage of an iron bar through the head. *American Journal of the Medial Sciences, 19,* 13–22.

Brentano, F. (1874). *Psychologie vom empirischen Standpunkt.* Leipzig: Duncker & Humblot.

Brüntrup, G. (2008). *Das Leib-Seele-Problem. Eine Einführung* (3. Aufl.). Stuttgart: Kohlhammer.

Brüntrup, G., Rugel, M. & Schwartz, M. (Hrsg.) (2010). *Auferstehung des Leibes – Unsterblichkeit der Seele.* Stuttgart: Kohlhammer.

Carrier, M. & Mittelstraß, J. (1989). *Geist, Gehirn, Verhalten. Das Leib-Seele-Problem und die Philosophie der Psychologie.* Berlin: de Gruyter.

Chalmers, D. J. (1996 a). *The Conscious Mind. In Search of a Fundamental Theory.* New York, Oxford: Oxford University Press.

Chalmers, D. J. (1996 b). Das Rätsel des bewussten Erlebens. *Spektrum der Wissenschaft, Februar,* 40–47.

Churchland, P. M. (1990). Eliminative Materialism and the Propositional Attitudes. In: W. G. Lycan (eds.), *Mind and Cognition* (pp. 206–223). Cambridge, Massachusetts: B. Blackwell.

Churchland, P. M. (1995). *The Engine of the Reason, the Seat of the Soul: A Philosophical Journey into the Brain.* Cambridge, Massachusetts: MIT Press.

Cohen, N. J. & Eichenbaum, H. (1993). *Memory, Amnesia, and the Hippocampal System.* Cambringde: MIT-Press.

Corcoran, K. (2010). Constitution, Resurrection, and Relationality. In: G. Gasser (Ed.), *Personal Identity and Resurrection: How Do We Survive Our Death?* (S. 191–205). Farnham: Ashgate.

Crick, F. (1994). *Was die Seele wirklich ist. Die naturwissenschaftliche Erforschung des Bewusstseins.* München: Artemis & Winkler.

Csikszentmihalyi, M. (2010). *Das flow-Erlebnis: Jenseits von Angst und Langeweile – im Tun aufgehen* (11. Aufl.). Stuttgart: Klett-Cotta.

Csikszentmihalyi, M. (2015). *Flow: Das Geheimnis des Glücks* (18. Aufl.). Stuttgart: Klett-Cotta.

Cullmann, O. (2010). Unsterblichkeit der Seele oder Auferstehung der Toten? Die Antwort des Neuen Testaments. In: G. Brüntrup, M. Rugel & M. Schwartz (Hrsg.), *Auferstehung des Leibes – Unsterblichkeit der Seele* (S. 13–24). Stuttgart: Kohlhammer.

Damasio, A. R. (1997). *Descartes' Irrtum. Fühlen, Denken und das menschliche Gehirn.* München: Deutscher Taschenbuch Verlag.

Damasio, A. R. (1999). *The Feeling of What Happens. Body and Emotion in the Making of Consciousness.* New York: Harcourt Brace.

Damasio, A. R. (2000). *Ich fühle, also bin ich. Die Entschlüsselung des Bewusstseins.* München: List.

Damasio, A. R. (2002). Wie das Gehirn Geist erzeugt. *Spektrum der Wissenschaft 3,* 6–11.

Damasio, A. R. (2003). *Looking for Spinoza. Joy, Sorrow, and the Feeling Brain.* Orando: Harcourt.

Damasio, A. R. (2010). *Selbst ist der Mensch. Körper, Geist und die Entstehung des menschlichen Bewusstseins* (3. Aufl.). München: Siedler.

Damasio, A. R. (2012). *Self Comes to Mind. Constructing the Conscious Brain.* London: Vintage Books.

Davidson, D. (1990). *Handlung und Ereignis.* Frankfurt: Suhrkamp Taschenbuch.

Dennett, D. C. (1991). *Consciousness Explained.* Boston: Little, Bronn.

Dennett, D. C. (2001). Qualia eliminieren. In: H. D. Heckmann & S. Walter (Hrsg.), *Qualia. Ausgewählte Beiträge* (S. 453–502). Paderborn: mentis.

Descartes, René (1992). *Meditationes de prima philosophia.* Lateinisch/deutsch. Hrsg. Lüder Gäbe. Hamburg: Felix Meiner.

Descartes, René (1996). *Die Leidenschaften der Seele. Les passions de l'âme* (2. Aufl.). Hrsg. Klaus Hammacher. Hamburg: Felix Meiner.

Di Franco, M. (2009). *Die Seele. Begriffe, Bilder und Mythen*. Stuttgart: Reclam.

Dierken, J. & Krüger, M. D. (Hrsg.) (2015). *Leibbezogene Seele? Interdisziplinäre Erkundungen eines kaum noch fassbaren Begriffs*. Tübingen: Mohr Siebeck.

Eccles, J. C. (1996). *Wie das Selbst sein Gehirn steuert*. München: Piper.

Eccles, J. C. & Zeier, H. (1984). *Gehirn und Geist. Biologische Erkenntnisse über Vorgeschichte, Wesen und Zukunft des Menschen*. Frankfurt: Fischer.

Edelmann, W. (1986). *Lernpsychologie. Eine Einführung* (2. Aufl.). München: Psychologie Verlags Union.

Edwards, A. E. & Acker, L. E. (1962). A demonstration of the long-term retention of a conditional galvanic skin response. *Psychosomatic Medicine, 24*, 459–463.

Ekman, P. (1988). *Gesichtsausdruck und Gefühl. 20 Jahre Forschung von Paul Ekman*. Paderborn: Junfermann.

Ellis, A. (1982). *Die rational-emotive Therapie. Das innere Selbstgespräch bei seelischen Problemen und seine Veränderung* (3. Aufl.). München: Pfeiffer.

Flohr, H. W. (2002). Die physiologischen Grundlagen des Bewusstseins. In: T. Elbert und N. Birbaumer (Hrsg.), *Enzyklopädie der Psychologie. Biologische Grundlagen der Psychologie, Bd. 6* (S. 35–86). Göttingen: Hogrefe.

Frankl, V. E. (1977). *Das Leiden am sinnlosen Leben*. Freiburg: Herder.

Frege, G. (1892). Über Sinn und Bedeutung. *Zeitschrift für Philosophie und philosophische Kritik, 100*, 25–50.

Freud, S. (1895). *Studien über Hysterie*. Gesammelte Werke, Bd. I (S. 75–312). Frankfurt am Main: Fischer.

Freud, S. (1920). *Jenseits des Lustprinzips*. Gesammelte Werke, Bd. XIII (S. 1–69). Frankfurt am Main: Fischer.

Freud. S. (1923). *Das Ich und das Es*. Sigmund Freud Studienausgabe Bd. III (S. 288–325). Frankfurt am Main (2000): Fischer Taschenbuch Verlag.

Freud, S. (1927). *Die Zukunft einer Illusion*. Sigmund Freud Studienausgabe Bd IX (S. 135–189). Frankfurt am Main (2000): Fischer Taschenbuch Verlag.

Freud, S. (1953). *Abriss der Psychoanalyse. Das Unbehagen in der Kultur*. Frankfurt am Main: Fischer Bücherei.

Gasser, G. (Hrsg.) (2010). *Personal Identity and Resurrection: How Do We Survive Our Death?* Farnham: Ashgate.

Gasser, G. & Quitterer, J. (Hrsg.) (2010). *Die Aktualität des Seelenbegriffs. Interdisziplinäre Zugänge.* Paderborn: Schöningh.

Gazzaniga, M. S. (1967). The split-brain in man. *Scientific American 217,* 24–29.

Gazzaniga, M. S. (2011). *Who's in Charge? Free Will and the Science of the Brain.* New York: Harper Collies.

Gazzaniga, M. S. (2012). *Die Ich-Illusion. Wie Bewusstsein und freier Wille entstehen.* München: Hanser.

Gerrig, R. J. & Zimbardo Ph. (2015). *Psychologie* (20. Aufl.). Hallbergmoos: Pearson Studium.

Gevarter, W. B. (1987). *Intelligente Maschinen. Eine Einführung in die Künstliche Intelligenz und Robotik.* Weinheim: VCH Verlagsgesellschaft.

Gierer, A. (1989). Überlegungen zur Leib-Seele-Beziehung: Gibt es Grenzen der Decodierbarkeit? In: E. Pöppel (Hrsg.), *Gehirn und Bewusstsein* (S. 73–85). Weinheim: VCH Verlagsgesellschaft.

Goller, H. (1992). *Emotionspsychologie und Leib-Seele-Problem.* Stuttgart: Kohlhammer.

Goller, H. (2003). *Das Rätsel von Körper und Geist. Eine philosophische Deutung.* Darmstadt: Wissenschaftliche Buchgesellschaft.

Goller, H. (2015). *Wohnt Gott im Gehirn? Warum die Neurowissenschaften die Religion nicht erklären.* Kevelaer: Butzon & Bercker.

Grawe, K., Donati, R. & Bernauer, F. (1994). *Psychotherapie im Wandel. Von der Konfession zur Profession.* Göttingen: Hogrefe.

Grawe, K. (2004). *Neuropsychotherapie.* Göttingen: Hogrefe.

Greshake, G. (2010). Das Verhältnis „Unsterblichkeit der Seele" und „Auferstehung des Leibes" in problemgeschichtlicher Sicht. In: G. Brüntrup, M. Rugel & M. Schwartz (Hrsg.), *Auferstehung des Leibes – Unsterblichkeit der Seele* (S. 25–42). Stuttgart: Kohlhammer.

Greve, W. (1996). Die Grenzen empirischer Wissenschaft. Philosophische Schwierigkeiten einer psychologischen Theorie der Willensfreiheit. In: M. v. Cranach & K. Foppa (Hrsg.), *Freiheit des Entscheidens und Handelns. Ein Problem der nomologischen Psychologie* (S. 104–121). Heidelberg: Roland Asanger.

Haeffner, G. (2000). *Philosophische Anthropologie* (3. Aufl.). Stuttgart: Kohlhammer.

Haeffner, G. (2015). Erinnerungen an die Seele. *Stimmen der Zeit 6518,* 555–566.

Hampe, M. (2010). Innere und äußere Fremdheit. Freuds Theorie seelischer Komplexität. In: K. Crone, R. Schnepf & J. Stolzenberg (Hrsg.), *Über die Seele* (S. 330–350). Berlin: Suhrkamp.

Hasker, W. (2010). Emergenter Dualismus und Auferstehung. In: G. Brüntrup, M. Rugel & M. Schwartz (Hrsg.), *Auferstehung des Leibes – Unsterblichkeit der Seele* (S. 165–187). Stuttgart: Kohlhammer.

Heckel, Th. (2010). Die Seele im hellenistischen Judentum und frühen Christentum. In: G. Gasser & J. Quitterer (Hrsg.), *Die Aktualität des Seelenbegriffs. Interdisziplinäre Zugänge* (S. 327–342). Paderborn: Schöningh.

Hell, D. (2005). *Aufschwung für die Seele. Wege innerer Befreiung.* (2. Aufl.). Freiburg: Herder.

Hell, D. (2009). *Die Wiederkehr der Seele. Wir sind mehr als Gehirn und Geist.* Freiburg: Herder.

Hinterhuber, H. (2001). *Die Seele – Natur- und Kulturgeschichte von Psyche, Geist und Bewusstsein.* Wien/New York: Springer.

Hinterhuber, H. (2012). Seele und Gehirn. Kulturgeschichtliche und neurowissenschaftliche Gedanken zu Psyche, Geist und Bewusstsein. In: A. Lang & P. Marinković, (Hrsg.), *Bios – Cultus – (Im)mortalitas. Zur Religion und Kultur – Von den biologischen Grundlagen bis zu Jenseitsvorstellungen* (S. 219–231). Rahden/Westf.: Marie Leidorf.

Hirschberger, J. (1957). *Geschichte der Philosophie. Band I: Altertum und Mittelalter.* Freiburg: Herder.

Huxley, T. H. (1874). On the hypothesis that animals are automata, and its history. In: T. H. Huxley (1904), *Collected Essays, Vol. 1* (pp. 199–250), London: Macmillan.

Izard, C. E. (1999). *Die Emotionen des Menschen. Eine Einführung in die Grundlagen der Emotionspsychologie* (4. Aufl.). Weinheim: Psychologie Verlags Union.

Jackson, F. C. (1986). What Mary Didn't Know. *Journal of Philosophy 83*, 291–295.

Jackson, F. C. (2001). Epiphänomenale Qualia. In: H. D. Heckmann & S. Walter (Hrsg.), *Qualia. Ausgewählte Beiträge* (S. 123–138). Paderborn: mentis.

Jaspers, K. (1973). *Allgemeine Psychopathologie* (9. Aufl.). Berlin: Springer.

Jonas, H. (1987). *Macht oder Ohnmacht der Subjektivität? Das Leib-Seele-Problem im Vorfeld des Prinzips Verantwortung.* Frankfurt: Suhrkamp.

Kessler, H. (2014). *Was kommt nach dem Tod? Über Nahtoderfahrungen, Seele, Wiedergeburt, Auferstehung und ewiges Leben.* Kevelaer: Butzon & Bercker.

Kläden, T. (2010). Anima forma corporis. Zur Aktualität der nichtdualistischen Sicht des Menschen bei Thomas von Aquin. In: Gasser, G. & Quitterer, J. (Hrsg.), *Die Aktualität des Seelenbegriffs. Interdisziplinäre Zugänge* (S. 253–270). Paderborn: Ferdinand Schöningh.

Koch, Chr. (2013). *Bewusstsein. Bekenntnisse eines Hirnforschers*. Berlin: Springer.

Kriz, J. (1994). *Grundkonzepte der Psychotherapie. Eine Einführung* (4. Aufl.). Weinheim: Psychologie Verlags Union.

Kuiper, P. C. (1975). *Psychoanalyse – zeitgemäß oder veraltet?* Stuttgart: Klett.

Kuiper, P. C. (2000). *Seelenfinsternis. Die Depression eines Psychiaters* (6. Aufl.). Frankfurt: Fischer.

Kurthen, M. (2010). Neurowissenschaft des Selbst. In: Gasser, G. & Quitterer, J. (Hrsg.), *Die Aktualität des Seelenbegriffs. Interdisziplinäre Zugänge* (S. 155–189). Paderborn: Ferdinand Schöningh.

Kurthen, M. (2015). Suche nach der Seele in der Hirnforschung. In: J. Dierken & M. D. Krüger (Hrsg.), *Leibbezogene Seele? Interdisziplinäre Erkundungen eines kaum noch fassbaren Begriffs* (S. 125–146). Tübingen: Mohr Siebeck.

Lang, A. & Marinković, P. (Hrsg.) (2012). *Bios – Cultus – (Im)mortalitas. Zur Religion und Kultur – Von den biologischen Grundlagen bis zu Jenseitsvorstellungen.* Rahden/Westf.: Marie Leidorf.

Lang, A. (2012). Archäologisches zu Religion im Paläolithikum. In: A. Lang & P. Marinković (Hrsg.), *Bios – Cultus – (Im)mortalitas. Zur Religion und Kultur – Von den biologischen Grundlagen bis zu Jenseitsvorstellungen* (S. 69–85). Rahden/Westf.: Marie Leidorf.

Lange, F. A. (1875) *Geschichte des Materialismus und Kritik seiner Bedeutung in der Gegenwart* (2. Aufl.). Iserlohn: Baedeker.

LeDoux J. (1998). *Das Netz der Gefühle. Wie Emotionen entstehen*. München: Hanser.

LeDoux, J. (2002). *Synaptic Self. How Our Brains Become Who We Are*. Harmondsworth: Wiking Pinguin.

Levine, J. (2001). Warum der Physikalismus Qualia auslässt. In: H. D. Heckmann & S. Walter (Hrsg.), *Qualia. Ausgewählt Beiträge* (S. 79–105). Paderborn: mentis.

Lindworsky, J. (1923). Der Wille. *Seine Erscheinung und seine Beherrschung* (3. Aufl.). Leipzig. Johann Ambrosius Barth.

Linke, D. B. & Kurthen, M. (1988). *Parallelität von Gehirn und Seele. Neurowissenschaft und Leib-Seele-Problem*. Stuttgart: Enke.

Lüke, U. (2010). Seele – Was ist das? Ein interdisziplinärer Verständigungsversuch zwischen Biologie und Theologie. In: G. Gasser & J. Quitterer (Hrsg.), *Die Aktualität des Seelenbegriffs. Interdisziplinäre Zugänge* (S. 285–308). Paderborn: Schöningh.

Lyssy, R. (2001). *Swiss Paradise. Ein autobiographischer Bericht*. Zürich. Rüffer & Rub.

Mack, W. (2015). Psychologie ohne „Seele" und „Leib". In: J. Dierken & M. D. Krüger (Hrsg.), *Leibbezogene Seele? Interdisziplinäre Erkundungen eines kaum noch fassbaren Begriffs* (S. 167–193). Tübingen: Mohr Siebeck.

MacLean, P. D. (1970). The triune brain, emotion, and scientific bias. In: F. O. Schmitt et al. (Eds.), *The Neurosciences. Second Study Program* (S. 336–349). New York: The Rockefeller University Press.

Mahoney, M. J. (1977). *Kognitive Verhaltenstherapie. Neue Entwicklungen und Integrationsschritte*. München: Pfeiffer.

Mancuso, V. (2013). *Die Seele und ihr Schicksal*. München: Kösel.

Marinković, P. (2010). Seele – Geist ohne Körper? Exegetische Anmerkungen zum Personverständnis im Judentum der persischen und hellenistischen Zeit. In: G. Gasser & J. Quitterer (Hrsg.), *Die Aktualität des Seelenbegriffs. Interdisziplinäre Zugänge* (S. 309–326). Paderborn: Schöningh.

Marinković, P. (2012). Næpæš – psyche – immortalitas. Hoffnung auf Unsterblichkeit in der biblischen Tradition der hellenistisch-römischen Zeit? In: A. Lang & P. Marinković, (Hrsg.), *Bios – Cultus – (Im)mortalitas. Zur Religion und Kultur – Von den biologischen Grundlagen bis zu Jenseitsvorstellungen* (S. 187–198). Rahden/Westf.: Marie Leidorf.

Markowitsch, H. J. & Welzer, H. (2005). *Das autobiographische Gedächtnis. Hirnorganische Grundlagen und biosoziale Entwicklung*. Stuttgart: Klett-Cotta.

McGinn, C. (1989). Can We Solve the Mind-Body Problem? *Mind 98*, 349–366.

McGinn, C. (2001). *Wie kommt der Geist in die Materie? Das Rätsel des bewussten Erlebens* (2. Aufl.). München: Beck.

Mumm, P. A. (2012). Die Seele als „kalter Hauch" des Todes – der sprachgeschichtliche Hintergrund von *psyche*. In: A. Lang & P. Marinković, (Hrsg.), *Bios – Cultus – (Im)mortalitas. Zur Religion und Kultur – Von den biologischen Grundlagen bis zu Jenseitsvorstellungen* (S. 181–186). Rahden/Westf.: Marie Leidorf.

Nagel, T. (1986). *The View from Nowhere*. New York: Oxford University Press.

Nagel, T. (1993). Wie ist es, eine Fledermaus zu sein? In: P. Bieri (Hrsg.), *Analytische Philosophie des Geistes* (261–275). Bodenheim: Athenäum Hain Hanstein.

Neuner, P. (2000). Ergebnisse der Hirnforschung als Herausforderungen an Theologie und Glauben. In: G. Rager (Hrsg.), *Ich und mein Gehirn* (S. 201–238). München: Karl Alber.

Niederbacher, B. (2010). The Same Body Again? Thomas Aquinas on the Numerical Identity of the Resurrected Body. In: G. Gasser (Ed.), *Personal Identity and Resurrection: How Do We Survive Our Death?* (S. 145–159). Farnham: Ashgate.

Niederbacher, B. & Runggaldier, E. (Hrsg.) (2006). *Die menschliche Seele. Brauchen wir den Dualismus?* Heusenstamm: Ontos.

Niemz, M. H. (2014). Was sagt die Physik über die Möglichkeit einer postmortalen Existenz? In: T. Kläden (Hrsg.), *Worauf es letztlich ankommt. Interdisziplinäre Zugänge zur Eschatologie* (S. 41–48). Freiburg: Herder.

Nocke, F. J. (2014). Hoffnung über den Tod hinaus. Diskussionen und Wandlungen in der neueren Eschatologie. In: T. Kläden (Hrsg.), *Worauf es letztlich ankommt. Interdisziplinäre Zugänge zur Eschatologie* (S. 204–222). Freiburg: Herder.

Oeser, E. (2002). *Geschichte der Hirnforschung. Von der Antike bis zur Gegenwart.* Darmstadt: Wissenschaftliche Buchgesellschaft.

Pasnau, R. (2002). *Thomas Aquinas on Human Nature.* Cambridge: Cambridge University Press.

Pauen, M. & Roth, G. (2008). *Freiheit, Schuld und Verantwortung. Grundzüge einer naturalistischen Theorie der Willensfreiheit.* Frankfurt am Main: Suhrkamp.

Peschl, M. F. (2005) (Hrsg.). *Die Rolle der Seele in der Kognitions- und Neurowissenschaft. Auf der Suche nach dem Substrat der Seele.* Würzburg: Königshausen & Neumann.

Plantinga, A. (2010). Materialismus und christlicher Glaube. In: G. Brüntrup, M. Rugel & M. Schwartz (Hrsg.), *Auferstehung des Leibes – Unsterblichkeit der Seele* (S. 139–164). Stuttgart: Kohlhammer.

Platon: *Phaidon.*

Ploog, D. (1987). Der Ausdruck der Gemütsbewegungen bei Mensch und Tieren. In: K. R. Scherer, A. Stahnke & P. Winkler (Hrsg.), *Psychobiologie. Wegweisende Texte zur Verhaltensforschung von Darwin bis zur Gegenwart* (S. 298–308). München: dtv.

Pöppel, E. (2000). *Grenzen des Bewusstseins. Wie kommen wir zur Zeit, und wie entsteht Wirklichkeit?* Frankfurt am Main: Insel.

Popper, K. R. & Eccles, J. C. (1982). *Das Ich und sein Gehirn* (2. Aufl.). München: Piper.

Quitterer, J. (2005). Was die Seele wirklich erklärt. In: M. F. Peschl (Hrsg.), *Die Rolle der Seele in der Kognitions- und Neurowissenschaft. Auf der Suche nach dem Substrat der Seele* (S. 111–127). Würzburg: Königshausen & Neumann.

Quitterer, J. (2010 a). Hylomorphism and the Constitution View. In: G. Gasser (Hrsg.), *Personal Identity and Resurrection: How Do We Survive Our Death?* (S. 177–190) Farnham: Ashgate.

Quitterer, J. (2010 b). Das Erklärungspotential des Seelenbegriffs. In: G. Gasser & J. Quitterer (Hrsg.), *Die Aktualität des Seelenbegriffs. Interdisziplinäre Zugänge* (S. 271–283). Paderborn: Schöningh.

Rachman, St. & Bergold, J. B. (1976). Verhaltenstherapie bei Phobien (3. Aufl). München: Urban & Schwarzenberg.

Raichle, M. E. (2010). Im Kopf herrscht niemals Ruhe. *Spektrum der Wissenschaft* 6, 60–66.

Remenyi, M. (2016). *Auferstehung denken. Anwege, Grenzen und Modelle personaleschatologischer Theoriebildung.* Freiburg: Herder.

Ricken, F. (1988). *Philosophie der Antike.* Stuttgart: Kohlhammer.

Röd, W. (1994). *Der Weg der Philosophie von den Anfängen bis ins 20. Jahrhundert.* München: Beck.

Rogers, C. R. (1976). *Die klientenzentrierte Gesprächspsychotherapie* (2. Aufl.). München: Kindler.

Rogers, C. R. (1979). *Entwicklung der Persönlichkeit. Psychotherapie aus der Sicht eines Therapeuten* (3. Aufl.). Stuttgart: Klett-Cotta.

Rorty, R. (1993 a). Leib-Seele-Identität, Privatheit und Kategorien. In: P. Bieri (Hrsg.), *Analytische Philosophie des Geistes* (S. 93–120). Bodenheim: Athenäum Hain Hanstein.

Rorty, R. (1993 b). Unkorrigierbarkeit als das Merkmal des Mentalen. In: P. Bieri (Hrsg.), *Analytische Philosophie des Geistes* (S. 243–260). Bodenheim: Athenäum Hain Hanstein.

Rosenzweig, M. R., Bennet, E. L., & Diamond, M. C. (1972). Brain changes in response to experience. *Scientific American, 26,* 21–29.

Roth, G. (1994). *Das Gehirn und seine Wirklichkeit.* Frankfurt am Main: Suhrkamp.

Roth, G. (2001). Die neurobiologischen Grundlagen von Geist und Bewusstsein. In: M. Pauen & G. Roth (Hrsg.), *Neurowissenschaften und Philosophie* (S. 155–209). München: Fink.

Roth, G. (2003). *Fühlen, Denken, Handeln. Wie das Gehirn unser Verhalten steuert.* Frankfurt: Suhrkamp.

Roth, G. (2005). Hat die Seele in der Hirnforschung noch einen Platz? In: M. F. Peschl (Hrsg.), *Die Rolle der Seele in der Kognitions- und Neurowissenschaft. Auf der Suche nach dem Substrat der Seele* (S. 27–39). Würzburg: Königshausen & Neumann.

Roth, G. & Strüber, N. (2015). *Wie das Gehirn die Seele macht* (4. Aufl.). Stuttgart: Klett-Cotta.

Rudder Baker, L. (2010 a). Personen und die Metaphysik der Auferstehung. In: G. Brüntrup, M. Rugel & M. Schwartz (Hrsg.), *Auferstehung des Leibes – Unsterblichkeit der Seele* (S. 189–208). Stuttgart: Kohlhammer.

Rudder Baker, L. (2010 b). Persons and the Metaphysics of Resurrection. In: G. Gasser (Ed.), *Personal Identity and Resurrection: How Do We Survive Our Death?* (S. 161–176) Farnham: Ashgate.

Runggaldier, E. (1996). *Was sind Handlungen?* Stuttgart: Kohlhammer.

Russell, R. J. (2010). Scientific Insights into the Problem of Personal Identity in the Context of a Christian Theology of Resurrection and Eschatology. In: G. Gasser (Ed.), *Personal Identity and Resurrection: How Do We Survive Our Death?* (S. 241–258). Farnham: Ashgate.

Scharfetter, Ch. (1999). *Schizophrene Menschen: Diagnostik, Psychopathologie, Forschungsansätze* (5. Aufl.). Weinheim: Beltz.

Scharfetter, Chr. (2012). *Was weiß der Psychiater vom Menschen? Unterwegs in der Psychiatrie: Menschenbild, Krankheitsbegriff und Therapieverständnis* (2. Aufl.). Sternenfels: Verlag Wissenschaft & Praxis.

Schneider, F., Bermpohl, F., Heinzel, A. et al. (2008). The resting brain and our self: self-relatedness modulates resting state neural activity in cortical midline structures. *Neuroscience 11*, 120–131.

Schockenhoff, E. (2000). Wer oder was handelt? Überlegungen zum Dialog zwischen Neurobiologie und Ethik. In: G. Rager (Hrsg.), Ich und mein Gehirn: persönliches Erleben, verantwortliches Handeln und objektive Wissenschaft (S. 239–287). München: Karl Alber.

Searle, J. R. (1994). *The Rediscovery of the Mind*. Cambridge, Mass.: MIT-Press (deutsch: Die Wiederentdeckung des Geistes. Frankfurt: Suhrkamp 1996).

Searle, J. R. (1997). *The Mystery of Consciousness*. New York: NYREV, Inc.

Searle, J. R. (2001). *Geist, Sprache und Gesellschaft. Philosophie in der wirklichen Welt.* Frankfurt am Main: Suhrkamp.

Shewmon, D. A. (2007). Mental disconnect: „Physiological decapitation" as a heuristic for understanding „brain death". In: M. S. Sorondo (Ed.) *Working Group on the Signs of Death* (S. 292–333). Vatican City: Pontifical Academy of Sciences.

Singer, W. (2005). Conditio humana aus neurobiologischer Sicht. In: M. F. Peschl (Hrsg.), *Die Rolle der Seele in der Kognitions- und Neurowissenschaft. Auf der Suche nach dem Substrat der Seele* (S. 41–61). Würzburg: Königshausen & Neumann.

Skinner, B. F. (1965). *Science and Human Behavior.* London: Collier Macmillan Publishers.

Solms, M. (2011). Aus dem „Es" heraus beginnt das Bewusstsein. *Psychologie Heute 12/2011*, 40–45.

Sperry, R. W. (1982). Some effects of disconnecting the cerebral hemispheres. *Science, 217*, 1223–1226.

Sperry, R. W., Zaidel, E. & Zaidel, D. (1979). Self recognition and social awareness in the disconnected minor hemisphere. *Neuropsychologia 17*, 153–166.

Spinoza, B. de (1976). *Die Ethik nach geometrischer Methode dargestellt.* Hamburg: Meiner.

Steger, F. & Brunner, J. (2015). Vom Verschwinden der Seele in der neuzeitlichen Medizin – oder: Von den zahlreichen Lokalisationsbemühungen in der Geschichte der Medizin. In: J. Dierken & M. D. Krüger (Hrsg.), *Leibbezogene Seele? Interdisziplinäre Erkundungen eines kaum noch fassbaren Begriffs* (S. 13–27). Tübingen: Mohr Siebeck.

Strasser, P. (2004). *Gibt es ein Leben nach dem Tod? Gehirne, Computer und das wahre Selbst.* München: Wilhelm Fink.

Strasser, P. (2006). *Theorie der Erlösung. Eine Einführung in die Religionsphilosophie.* München: Wilhelm Fink.

Stump, E. (2010). Auferstehung, Wiederzusammensetzung und Rekonstitution: Thomas von Aquin über die Seele. In: G. Brüntrup, M. Rugel & M. Schwartz (Hrsg.), *Auferstehung des Leibes – Unsterblichkeit der Seele* (S. 81–100). Stuttgart: Kohlhammer.

Swinburne, R. (2006). Wodurch ich ich bin – Eine Verteidigung des Substanzdualismus. In B. Niederbacher und E. Runggaldier (Hrsg.), *Die menschliche Seele. Brauchen wir den Dualismus?* (S. 41–59). Heusenstamm: Ontos.

Tetens, H. (1994). *Geist, Gehirn, Maschine. Philosophische Versuche über ihren Zusammenhang*. Stuttgart: Reclam.

Tetens, H. (2015). *Gott denken. Ein Versuch über rationale Theologie.* Stuttgart: Reclam.

Thomas v. Aquin: *Summa Theologiae.*

van Inwagen, P. (1978). The Possibility of Resurrection. *International Journal for Philosoph of Religion* 9, 114–121.

van Inwagen, P. (2010). „Ich erwarte die Auferstehung der Toten und das Leben der kommenden Welt." In: G. Brüntrup, M. Rugel & M. Schwartz (Hrsg.), *Auferstehung des Leibes – Unsterblichkeit der Seele* (S. 209–225). Stuttgart: Kohlhammer.

Vogt, C. (1847). *Physiologische Briefe für Gebildete aller Stände.* Giesen: Rickersche Buchhandlung.

Völker, U. (Hrsg.) (1980). *Humanistische Psychologie. Ansätze einer lebensnahen Wissenschaft vom Menschen.* Weinheim: Beltz.

Walter, S. (2001). Einleitung: Das Argument der Erklärungslücke. In: H. D. Heckmann & S. Walter (Hrsg.), *Qualia. Ausgewählt Beiträge* (S. 65–78). Paderborn: mentis.

Zimbardo, P. G. & Ruch, F. L. (1978). *Lehrbuch der Psychologie. Eine Einführung für Studenten der Psychologie, Medizin und Pädagogik* (3. Aufl.). Berlin: Springer.

Zimmerman, D. (2010 a). Die Kompatibilität von Materialismus und Überleben: Das Modell des „Fallenden Aufzugs". In: G. Brüntrup, M. Rugel & M. Schwartz (Hrsg.), *Auferstehung des Leibes – Unsterblichkeit der Seele* (S. 117–138). Stuttgart: Kohlhammer.

Zimmerman, D. (2010 b). Bodily Resurrection: The Falling Elevator Model Revisited. In: G. Gasser (Hrsg.), *Personal Identity and Resurrection. How Do We Survive Our Death?* (S. 33–50). Farnham: Ashgate.

Zoglauer, Th. (1998). *Geist und Gehirn. Das Leib-Seele-Problem in der aktuellen Diskussion*. Göttingen: Vandenhoeck & Ruprecht.

Verzeichnis der Abbildungen

Die hier nicht aufgenommenen Abbildungen sind gemeinfrei.

Abb. 12: Corpus callosum (Hirnbalken)
© Gerrig, Richard J., Zimbardo, Philip G.: Psychologie, 18., aktualisierte Auflage, Pearson Studium, München 2008, S. 96.

Abb. 13: Sehbahnen des menschlichen visuellen Systems
© Gerrig, Richard J., Zimbardo, Philip G.: Psychologie, 18., aktualisierte Auflage, Pearson Studium, München 2008, S. 123

Abb. 14: Die neuronalen Pfade der visuellen Information
© Gerrig, Richard J., Zimbardo, Philip G.: Psychologie, 18., aktualisierte Auflage, Pearson Studium, München 2008, S. 96

Abb. 15: Koordination zwischen Auge und Hand
© Gerrig, Richard J., Zimbardo, Philip G.: Psychologie, 18., aktualisierte Auflage, Pearson Studium, München 2008, S. 97

Abb. 19: Die wichtigsten Strukturen des limbischen Systems
© Gerrig, Richard J., Zimbardo, Philip G.: Psychologie, 18., aktualisierte Auflage, Pearson Studium, München 2008, S. 92